実務に役立つ

被用者年金一元化法の詳解

―改正の要点と準拠法令―

特定社会保険労務士 脇 美由紀 著
服部年金企画 編

ビジネス教育出版社

はじめに

　平成27年10月1日に厚生年金保険制度と共済年金制度が一元化されました。
　年金制度は複雑でわかりにくいといわれていますが、今回の一元化によって間違いなく難解さが増しました。共済年金の知識が求められるようになり、これまで培ってきた知識や経験だけで年金業務を行うことが難しくなっています。現在でも、年金相談の現場では混乱が続いています。
　ただ、年金制度は法令として文章化されているからこそ、私たちにも理解することができるともいえます。予測できない事例に対しては、法令にあたる姿勢が重要になるでしょう。法令を読み解けばおのずと答えが見えてきます。

　本書は、法令を読み解くことにより、今後の年金実務に活かすことを目的としています。執筆に際して、次の3点に重点を置きました。
① 厚生年金保険法の改正部分を網羅し読み解くこと
② 解説の根拠となる該当条文を示すこと
③ 実務に役立つ内容にすること

　①については、厚生年金保険法本則および附則の改正部分をすべて書き出し、関連法令も含めて読み解いた上で、実務上必要と思われる改正の要点を掲載しています。最大の特徴としては、平成27年9月30日に発出された政省令の解説に力を入れている点です。政省令の分量は2,000ページにも及びましたが、寸暇を惜しんですべてを一つひとつ読み解き、必要な項目を抽出し解説しました。これにより、今後想定される新たな実務に対応できるものと考えています。
　②については、何故そのような取扱いなのかと疑問を持った時に、根拠を自ら確認できるように該当条文を掲載しています。当初、本書は条文をメインにした逐条解説とする予定でしたが、その仕上がり想定は実務に不向きな非常に難しい内容となってしまいました。そこで、解説をメインにした形式に変更した経緯があります。
　実務家の中には、根拠を重視される方も多々いらっしゃるので該当条文を示すことにこだわりました。すべての改正条文の掲載はできませんが、重要項目に関してはできる限り掲載しています。
　③については、できる限り読みやすくすることにより、実務に役立てていただきたいと考え、様々な工夫をしています。その最大のものは、図表や事例を多数盛り込んでいることです。難解な法令および解説も多々ありますが、図表や事例に目を通していただければ、改正の概要をつかみやすいと思います。

　なお、本書に掲載している法令等は、原則として平成28年4月1日現在において公布または施行されているものを対象にしています。

　　　　　　平成28年8月　　　特定社会保険労務士　　　脇　美由紀

目 次

第1章　適用関係

I　厚生年金保険の被保険者と被保険者期間················12
　1　被用者年金一元化とは··································12
　2　公務員も厚生年金に加入······························13
　3　年金の手続きはどこが行うか·····················15
　4　公務員等の資格取得日································18
　5　被保険者の資格の取得と喪失·····················20
　6　被保険者の種別の変更································22
　7　異なる被保険者の種別に係る資格の得喪······23
　8　被保険者資格の得喪の確認·························24

II　厚生年金保険の被保険者期間·····························25
　1　被保険者期間の計算方法······························25
　2　同月に資格の取得と喪失がある場合············27
　3　改正前の共済組合等の期間の扱い···············30
　4　退職一時金を受けた期間······························33
　5　旧共済組合員期間··36
　6　標準報酬月額および標準賞与額···················39
　7　資格取得時の標準報酬月額の決定···············42
　8　平均標準報酬額とは····································44
　9　老齢厚生年金等の額の計算に関する経過措置······46

第2章　保険給付の通則等

　1　保険給付の種類··50
　2　端数の処理方法··51
　3　2月期支払いの年金額の加算······················53
　4　年金の支払いの調整の特例·························55
　5　改正前に支給されている厚生年金保険の給付······58
　6　改正前に支給されている共済年金の給付·····59

第3章　老齢厚生年金

I　老齢厚生年金··64
　1　老齢厚生年金の受給要件······························64
　2　老齢厚生年金の年金額の計算·····················65
　3　受給資格期間短縮の特例······························68

	4	退職改定のしくみ……………………………………………………70
	5	退職改定された年金額の支給時期……………………………72
Ⅱ	老齢厚生年金の支給繰下げ………………………………………75	
	1	支給繰下げ制度の概要……………………………………………75
	2	2以上の種別の被保険者期間を有する者……………………77
	3	支給繰下げができない場合等…………………………………78
	4	支給繰下げの申出にかかるみなし措置………………………81

第4章　60歳台前半の老齢厚生年金

Ⅰ	特別支給の老齢厚生年金……………………………………………86	
	1	特別支給の老齢厚生年金の概要………………………………86
	2	支給開始年齢（男子または第1号厚年以外の女子）………87
	3	支給開始年齢（第1号厚年の女子）……………………………89
	4	支給開始年齢（特定警察職員等）……………………………91
	5	2以上の種別の被保険者期間を有する者……………………93
Ⅱ	障害者の特例………………………………………………………………95	
	1	障害者の特例の概要………………………………………………95
	2	障害者の特例の支給開始時期…………………………………96
	3	2以上の種別の被保険者期間を有する者……………………97
	4	被保険者である場合の支給停止………………………………98
	5	被保険者である場合の経過措置………………………………99
Ⅲ	長期加入者の特例………………………………………………………101	
	1	長期加入者の特例の概要………………………………………101
	2	2以上の種別の被保険者期間を有する者…………………104
	3	被保険者である場合の支給停止………………………………105
	4	被保険者である場合の経過措置………………………………106
Ⅳ	老齢厚生年金の支給の繰上げ………………………………………107	
	1	経過的な繰上げ支給の老齢厚生年金………………………107
	2	経過的な繰上げ支給の老齢厚生年金（2以上の種別期間）………109
	3	老齢厚生年金の繰上げ支給……………………………………110
	4	老齢厚生年金の繰上げ支給（2以上の種別期間）………112

第5章　加給年金額と振替加算

Ⅰ	加給年金額の加算………………………………………………………114	
	1	加給年金額の概要………………………………………………114
	2	2以上の種別の被保険者期間を有する場合………………115
	3	2以上の種別にかかる年金の加給年金額の加算時期……116

	4	加給年金額の加算の優先順位······118
	5	改正前の退職共済年金の受給権者······121
	6	改正前の退職共済年金および老齢厚生年金の受給権者······123
	7	加給年金額の加算の具体的事例······125
II	配偶者加給年金額の停止······130
	1	配偶者加給年金額の支給停止の概要······130
	2	2以上の種別の被保険者期間を有する者······132
	3	旧共済組合員等期間の扱い······133
	4	改正前に加給年金額が加算されている老齢厚生年金······134
	5	加給年金額の停止の具体的事例······136
III	振替加算······142
	1	振替加算額の概要······142
	2	配偶者が2以上の種別の被保険者期間を有する場合······143
	3	配偶者が繰り上げた老齢厚生年金を受給している場合······146
	4	受給権者自身の要件······148
	5	改正前から振替加算額が加算されている老齢基礎年金······150
	6	振替加算額の加算の具体的事例······151

第6章　支給停止

I	65歳以降の在職老齢年金······156
	1	在職老齢年金の概要······156
	2	在職老齢年金の対象となる月······159
	3	前月から被保険者資格を有する者······160
	4	在職老齢年金が適用される「被保険者である日」とは······162
	5	国会議員等にも在職老齢年金を適用······163
	6	国会議員または地方議会議員である者の届出······166
	7	「70歳以上の使用される者」とは······167
	8	2以上の種別の被保険者期間がある者の在職老齢年金······169
	9	種別変更時の退職改定と在職老齢年金······173
II	65歳前の在職老齢年金······176
	1	65歳前の在職老齢年金のしくみ······176
	2	在職老齢年金の対象となる月······181
	3	2以上の種別の被保険者期間がある者の在職老齢年金······183
III	激変緩和措置······189
	1	老齢厚生年金の受給権者である公務員等······189
	2	特老厚の受給権者である公務員等······193
	3	老齢厚生年金と改正前の退職共済年金の受給権者······198

4　特老厚と改正前の特退共の受給権者…………………………… 204
　　5　昭和12年4月1日以前生まれの受給権者 ……………………… 209
　　6　激変緩和措置の準用………………………………………………… 212
　Ⅳ　基本手当等との調整……………………………………………………… 214
　　1　基本手当との調整…………………………………………………… 214
　　2　高年齢雇用継続給付との調整……………………………………… 216
　　3　2以上の種別の被保険者期間がある者の高年齢雇用継続給付との調整 … 218

第7章　障害厚生年金

　Ⅰ　本来請求の障害厚生年金………………………………………………… 222
　　1　障害厚生年金の概要………………………………………………… 222
　　2　旧共済組合員等期間中に初診日がある場合……………………… 224
　　3　保険料納付要件……………………………………………………… 226
　Ⅱ　事後重症の障害厚生年金………………………………………………… 228
　　1　事後重症の障害厚生年金の概要…………………………………… 228
　　2　旧共済組合員等期間中に初診日がある障害……………………… 229
　　3　事後重症の障害厚生年金の保険料納付要件……………………… 231
　Ⅲ　基準障害による障害厚生年金…………………………………………… 235
　　1　基準障害による障害厚生年金の概要……………………………… 235
　　2　改正前の共済期間中に初診日がある場合………………………… 236
　Ⅳ　障害手当金………………………………………………………………… 238
　　1　障害手当金の支給要件……………………………………………… 238
　Ⅴ　障害厚生年金等の特例…………………………………………………… 240
　　1　障害厚生年金の計算の概要………………………………………… 240
　　2　2以上の種別期間がある者の障害厚生年金等の額……………… 242
　　3　障害厚生年金に関する事務の特例………………………………… 244
　　4　同月得喪期間内に初診日がある場合……………………………… 246

第8章　遺族厚生年金

　Ⅰ　遺族厚生年金の要件……………………………………………………… 250
　　1　遺族厚生年金の概要………………………………………………… 250
　　2　共済組合員等の死亡………………………………………………… 252
　　3　旧共済組合等期間のみを有する者の死亡………………………… 256
　　4　追加費用対象期間を有する者の特例……………………………… 258
　Ⅱ　短期要件の遺族厚生年金………………………………………………… 259
　　1　短期要件の遺族厚生年金の計算式………………………………… 259
　　2　2以上の種別の被保険者期間がある者の死亡…………………… 261

	3	事務を行う実施機関	263
	4	同月得喪期間内に初診日がある傷病により死亡	265
Ⅲ	長期要件の遺族厚生年金		270
	1	長期要件の遺族厚生年金の年金額	270
	2	2以上の種別の被保険者期間がある者の死亡	272
	3	老齢厚生年金の受給権者	274
	4	2以上の種別の老齢厚生年金の受給権を有する配偶者	276
Ⅳ	中高齢寡婦加算		277
	1	中高齢寡婦加算等の概要	277
	2	2以上の種別の被保険者期間がある者の死亡	280
Ⅴ	遺族		282
	1	遺族の要件	282
	2	遺族共済年金の転給の廃止	284
	3	所在不明による遺族厚生年金の支給停止	287

第9章　脱退一時金

	1	脱退一時金の概要	290
	2	2以上の種別の被保険者期間がある者	293
	3	脱退一時金にかかる経過措置	295

第10章　離婚分割

Ⅰ	離婚等をした場合の特例		300
	1	離婚による年金分割の概要	300
Ⅱ	離婚時の厚生年金の分割（合意分割）		302
	1	合意分割の概要	302
	2	2以上の種別の被保険者期間がある者の年金分割	304
	3	標準報酬改定の計算	306
	4	年金分割のための情報通知書	308
	5	対象期間標準報酬総額に乗じる再評価率	309
	6	離婚時みなし被保険者期間	311
	7	分割された旧共済組合員等期間	315
	8	改正前の規定が適用される離婚分割	318
	9	改正前に一部の改定処理が行われている場合	322
	10	2以上の種別の被保険者であった期間を有する者	323
Ⅲ	被扶養配偶者期間の特例（3号分割）		325
	1	3号分割の要件等	325
	2	2以上の種別期間がある者の分割	327

3　被扶養配偶者みなし被保険者期間………………………………… *328*

第11章　併給の調整・その他

Ⅰ　併給調整………………………………………………………………… *330*
　　1　併給調整の概要………………………………………………… *330*
　　2　2以上の種別期間がある者の併給調整………………………… *332*
　　3　申出による遺族厚生年金の支給停止………………………… *335*
Ⅱ　損害賠償請求権の特例………………………………………………… *337*
　　1　保険給付が第三者行為災害の場合…………………………… *337*
　　2　受給権者の申出による支給停止……………………………… *338*
　　3　保険料の徴収の特例…………………………………………… *340*
　　4　審査請求および再審査請求…………………………………… *342*

第12章　退職等年金給付と職域加算額

Ⅰ　退職等年金給付制度…………………………………………………… *346*
　　1　退職等年金給付制度の創設…………………………………… *346*
　　2　退職等年金給付の概要………………………………………… *347*
Ⅱ　職域加算額の経過措置………………………………………………… *349*
　　1　経過的職域加算額の規定の適用……………………………… *349*
　　2　退職共済年金（経過的職域加算額）………………………… *351*
　　3　障害共済年金（経過的職域加算額）………………………… *353*
　　4　遺族共済年金（経過的職域加算額）………………………… *356*
　　5　平成37年10月1日以後の遺族共済年金……………………… *359*
　　6　組合員期間とみなされる期間………………………………… *360*
　　7　改正前国共済法の規定が適用されない場合………………… *361*

〈注〉本文中の図や事例などでは、次のように省略記載しています。
・特別支給の老齢厚生年金……特老厚
・特別支給の退職共済年金……特退共
・老齢厚生年金………………老厚
・退職共済年金………………退共
・遺族厚生年金………………遺厚
・厚生年金保険………………厚年
・国民年金……………………国年
・被保険者……………………㊟

〈法令等略称一覧〉

被用者年金一元化法	被用者年金制度の一元化等を図るための厚生年金保険法等の一部を改正する法律（平成24年法律第63号）
改正法附則	被用者年金制度の一元化等を図るための厚生年金保険法等の一部を改正する法律（平成24年法律第63号）附則
令	厚生年金保険法施行令（昭和29年政令第110号）
法	被用者年金一元化法第1条による改正後の厚生年金保険法
法附則	被用者年金一元化法第1条による改正後の厚生年金保険法附則
法附則（60）	国民年金法等の一部を改正する法律（昭和60年法律第34号）附則
法附則（平6）	国民年金法等の一部を改正する法律（平成6年法律第95号）附則
法附則（平12）	国民年金法等の一部を改正する法律（平成12年法律第18号）附則
法附則（平16）	国民年金法等の一部を改正する法律（平成16年法律第104号）附則
経過措置政令	被用者年金制度の一元化等を図るための厚生年金保険法等の一部を改正する法律の施行に伴う厚生年金保険の保険給付等に関する経過措置に関する政令（平成27年政令第343号）
改正後国共済法	国家公務員の退職給付の給付水準の見直し等のための国家公務員退職手当法等の一部を改正する法律（平成24年法律第96号）第5条の規定による改正後の国家公務員共済組合法
改正前国共済法	被用者年金一元化法第2条による改正前の国家公務員共済組合法
旧国共済法	国家公務員共済組合法等の一部を改正する法律（昭和60年法律第105号）第1条による改正前の国家公務員共済組合法
国共済経過措置令	被用者年金制度の一元化等を図るための厚生年金保険法等の一部を改正する法律の施行及び国家公務員の退職給付の給付水準の見直し等のための国家公務員退職手当法等の一部を改正する法律の一部の施行に伴う国家公務員共済組合法による長期給付等に関する経過措置に関する政令（平成27年政令第345号）
改正前国共済施行法	改正前の国家公務員共済組合法の長期給付に関する施行法（昭和33年法律第129号）
改正後地共済法	地方公務員等共済組合法及び被用者年金制度の一元化等を図るための厚生年金保険法等の一部を改正する法律（平成24年法律第97号）第1条の規定による改正後の地方公務員等共済組合法
改正前地共済法	被用者年金一元化法第3条による改正前の地方公務員等共済組合法
旧地共済法	地方公務員等共済組合法等の一部を改正する法律（昭和60年法律第108号）第1条による改正前の地方公務員等共済組合法
改正後私学共済法	私立学校教職員共済法等の一部を改正する法律（平成24年法律第98号）第1条の規定による改正後の私立学校教職員共済法
改正前私学共済法	被用者年金一元化法第4条による改正前の私立学校教職員共済法
旧私学共済法	私立学校教職員共済組合法等の一部を改正する法律（昭和60年法律第106号）第1条の規定による改正前の私立学校教職員共済組合法
国共済令	国家公務員共済組合法施行令（昭和33年6月30日政令第207号）
地共済令	地方公務員等共済組合法施行令（昭和37年9月8日政令第352号）

適用関係

第1章

Ⅰ 厚生年金保険の被保険者と被保険者期間

1 被用者年金一元化とは

改正の要点
平成 27 年 10 月 1 日に被用者年金一元化法が施行され、共済年金制度と厚生年金保険制度が統一された。

■ 被用者年金制度の一元化の概要

公的年金制度のしくみは、「基礎年金制度」と「被用者年金制度」の2つに大きく分けることができます。

基礎年金制度は、自営業の者のほか、民間企業に勤める者、公務員、私立学校教職員やこれらの被扶養配偶者も加入する全国民共通の制度となっています。

一方、被用者年金制度は、民間企業や官公庁等に勤めている者が加入する公的年金制度をいいます。これには、「厚生年金保険制度」と「共済年金制度」があり、前者には民間企業に勤める者が加入し、後者には公務員等が加入していました。「被用者年金制度の一元化」とは、共済年金制度を厚生年金保険制度に統一することをいいます。

「被用者年金一元化法」が平成 27 年 10 月 1 日から施行されたことに伴い、これまで民間企業に勤める者について適用されていた厚生年金保険が公務員および私立学校教職員等にも適用されることになりました。それにより、実務上の取扱いも大きく変わっています。

被用者年金制度の一元化

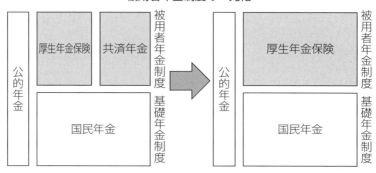

2 公務員も厚生年金に加入

改正の要点
公務員、私立学校教職員等の長期給付に厚生年金保険法が適用されることになった。

■ 改正前は適用除外

従来から、国・地方公共団体・私立学校法人は、厚生年金保険法の適用事業所として規定されていました（法第6条第1項第二号）。しかし、国、地方公共団体、私立学校法人に使用される者であって共済の組合員等は適用除外とされ、結果的に厚生年金保険法が適用されていませんでした。つまり、国、地方公共団体、私立学校法人は厚生年金保険の適用事業所となっていたものの、そこで勤務する公務員や私立学校教職員等は、厚生年金保険の適用除外であり、それぞれに国家公務員共済組合法、地方公務員等共済組合法および私立学校教職員共済法の適用を受けていました。以下、平成27年10月1日前に各共済の組合員等であった公務員および私立学校教職員等のことを「旧共済組合員等」といいます。

■ 改正後は適用

法第12条が改正され、旧共済組合員等に厚生年金保険法が適用されることになりました。これにより、公務員、私立学校教職員等の長期給付は、共済年金から厚生年金保険法に規定する年金給付（厚生年金）となりましたが、これは公務員等の短期給付（医療保険、雇用保険等）に及ぶものではなく、短期給付については引き続き共済組合等が行います。

国家公務員　地方公務員　私立学校教職員　　　民間会社員　　非正規の公務員等

各共済の組合員等　　　　　　　　**厚生年金保険の被保険者**

⇩一元化

厚生年金保険の被保険者

📖 **法第12条（適用除外）　改正により削除（――部分）**

次の各号のいずれかに該当する者は、第9条及び第10条第1項の規定にかかわらず、厚生年金保険の被保険者としない。
一　~~国、地方公共団体又は法人に使用される者であって、次に掲げるもの~~
　~~イ　恩給法（大正12年法律第48号）第19条に規定する公務員及び同条に規定する公務員とみなされる者~~
　~~ロ　法律によって組織された共済組合（以下単に「共済組合」という。）の組合員~~
　~~ハ　私立学校教職員共済法（昭和28年法律第245号）の規定による私立学校教職員共済制度の加入者（以下「私学教職員共済制度の加入者」という。）~~
二　臨時に使用される者（船舶所有者に使用される船員を除く。）であって、次に掲げるもの。ただし、イに掲げる者にあっては1月を超え、ロに掲げる者にあっては所定の期間を超え、引き続き使用されるに至った場合を除く。
　イ　日々雇い入れられる者
　ロ　2月以内の期間を定めて使用される者
三　季節的業務に使用される者（船舶所有者に使用される船員を除く。）ただし、継続して4月を超えて使用されるべき場合は、この限りでない。
四　臨時的事業の事業所に使用される者。ただし、継続して6月を超えて使用されるべき場合はこの限りでない。

👉 **ワンポイント――共済組合等の長期給付と短期給付**

国家公務員共済組合および連合会の事業		
長期給付	短期給付	福祉事業
年金の裁定・支給 　・退職　・障害　・遺族 退職等年金給付 　・退職　・公務障害 　・公務遺族 財政運営 その他	保険給付 　・療養の給付他 休業給付 　・傷病手当金他 災害給付 　・弔慰金他 その他	保険管理 　・健康の保持増進他 貯蓄経理 　・貯蓄の受入れ他 貸付経理 　・貸付他 その他

　　　↓　　　　　　　　　　　　　↓
一元化されたのはこの一部　　　一元化の対象外

3 年金の手続きはどこが行うか

改正の要点
　厚生年金保険の被保険者の種別が4つとなり、被保険者の種別ごとに事務を行う実施機関が規定された。

■ 厚生年金保険の被保険者の種別

　厚生年金保険の被保険者が4つに区分されました（法第2条の5）。改正前の厚生年金保険の被保険者を「第1号厚生年金被保険者」、国家公務員共済組合の組合員を「第2号厚生年金被保険者」、地方公務員共済組合の組合員を「第3号厚生年金被保険者」、私立学校教職員共済制度の加入者を「第4号厚生年金被保険者」といいます。国民年金の被保険者（第1号～第3号）との混乱を避けるため、一般厚年被保険者、国家公務員厚年被保険者、地方公務員厚年被保険者、私立学校教職員厚年被保険者という名称でも呼ばれています。

	種別	名称	略称	該当する者
①	第1号厚生年金被保険者	一般厚年被保険者	一般厚年	②～④以外の被保険者（改正前の厚生年金保険の被保険者）
②	第2号厚生年金被保険者	国家公務員厚年被保険者	公務員厚年	国家公務員共済組合の組合員である被保険者
③	第3号厚生年金被保険者	地方公務員厚年被保険者		地方公務員共済組合の組合員である被保険者
④	第4号厚生年金被保険者	私立学校教職員厚年被保険者	私学厚年	私立学校教職員共済制度の加入者である被保険者

■ 事務等を行う機関

　被保険者の資格の取得や喪失、標準報酬の決定、被保険者期間に基づく保険給付等の事務を行う機関のことを実施機関といいます。実施機関は、第1号から第4号までの各号の厚生年金被保険者の種別に応じて、次の4つがあります（法第2条の5）。

被保険者の種別	実施機関
第1号厚生年金被保険者	厚生労働大臣（日本年金機構）
第2号厚生年金被保険者	国家公務員共済組合および国家公務員共済組合連合会
第3号厚生年金被保険者	地方公務員共済組合、全国市町村職員共済組合連合会および地方公務員共済組合連合会
第4号厚生年金被保険者	日本私立学校振興・共済事業団

■ ワンストップサービス

　保険給付等の事務は各号の種別に応じた実施機関が行いますが、受給権者等からの年金相談や届出の受付については、一部を除きすべての窓口（日本年金機構および各共済組合等）で対応する「ワンストップサービス」が実施されます。

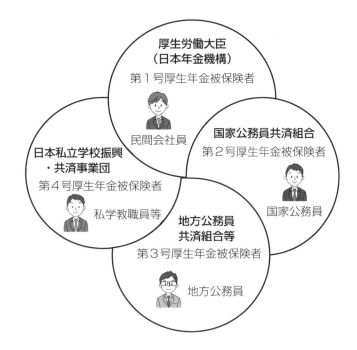

📖 法第2条の5（実施機関）

1　この法律における実施機関は、次の各号に掲げる事務の区分に応じ、当該各号に定める者とする。
　　一　次号から第四号までに規定する被保険者以外の厚生年金保険の被保険者（以下「第1号厚生年金被保険者」という。）の資格、第1号厚生年金被保険者に係る標準報酬（第28条に規定する標準報酬をいう。以下この項において同じ。）、事業所及び

被保険者期間、第 1 号厚生年金被保険者であった期間（以下「第 1 号厚生年金被保険者期間」という。）に基づくこの法律による保険給付、当該保険給付の受給権者、第 1 号厚生年金被保険者に係る国民年金法（昭和 34 年法律第 141 号）第 94 条の 2 第 1 項の規定による基礎年金拠出金の負担、第 1 号厚生年金被保険者期間に係る保険料その他この法律の規定による徴収金並びに第 1 号厚生年金被保険者の保険料に係る運用に関する事務　厚生労働大臣

二　国家公務員共済組合の組合員たる厚生年金保険の被保険者（以下「第 2 号厚生年金被保険者」という。）の資格、第 2 号厚生年金被保険者に係る標準報酬、事業所及び被保険者期間、第 2 号厚生年金被保険者であった期間（以下「第 2 号厚生年金被保険者期間」という。）に基づくこの法律による保険給付、当該保険給付の受給権者、第 2 号厚生年金被保険者に係る国民年金法第 94 条の 2 第 2 項の規定による基礎年金拠出金の納付及び第 84 条の 5 第 1 項の規定による拠出金の納付、第 2 号厚生年金被保険者期間に係る保険料その他この法律の規定による徴収金並びに第 2 号厚生年金被保険者の保険料に係る運用に関する事務　国家公務員共済組合及び国家公務員共済組合連合会

三　地方公務員共済組合の組合員たる厚生年金保険の被保険者（以下「第 3 号厚生年金被保険者」という。）の資格、第 3 号厚生年金被保険者に係る標準報酬、事業所及び被保険者期間、第 3 号厚生年金被保険者であった期間（以下「第 3 号厚生年金被保険者期間」という。）に基づくこの法律による保険給付、当該保険給付の受給権者、第 3 号厚生年金被保険者に係る国民年金法第 94 条の 2 第 2 項の規定による基礎年金拠出金の納付及び第 84 条の 5 第 1 項の規定による拠出金の納付、第 3 号厚生年金被保険者期間に係る保険料その他この法律の規定による徴収金並びに第 3 号厚生年金被保険者の保険料に係る運用に関する事務　地方公務員共済組合、全国市町村職員共済組合連合会及び地方公務員共済組合連合会

四　私立学校教職員共済法（昭和 28 年法律第 245 号）の規定による私立学校教職員共済制度の加入者たる厚生年金保険の被保険者（以下「第 4 号厚生年金被保険者」という。）の資格、第 4 号厚生年金被保険者に係る標準報酬、事業所及び被保険者期間、第 4 号厚生年金被保険者であった期間（以下「第 4 号厚生年金被保険者期間」という。）に基づくこの法律による保険給付、当該保険給付の受給権者、第 4 号厚生年金被保険者に係る国民年金法第 94 条の 2 第 2 項の規定による基礎年金拠出金の納付及び第 84 条の 5 第 1 項の規定による拠出金の納付、第 4 号厚生年金被保険者期間に係る保険料その他この法律の規定による徴収金並びに第 4 号厚生年金被保険者の保険料に係る運用に関する事務　日本私立学校振興・共済事業団

2　前項第二号又は第三号に掲げる事務のうち、第 84 条の 3、第 84 条の 5、第 84 条の 6、第 84 条の 8 及び第 84 条の 9 の規定に係るものについては、国家公務員共済組合連合会又は地方公務員共済組合連合会が行い、その他の規定に係るものについては、政令で定めるところにより、同項第二号又は第三号に定める者のうち政令で定めるものが行う。

4 公務員等の資格取得日

改正の要点

平成27年10月1日に70歳未満の旧共済組合員等は、厚生年金保険の被保険者資格を取得することとなった。

■改正による資格喪失と取得

法第9条は、適用事業所に使用される70歳未満の者は厚生年金保険の被保険者とすることを規定しています。一方、改正前国共済法、改正前地共済法には、加入の年齢要件が定められていなかったため70歳以上の組合員が存在しましたが、改正により厚生年金保険法の規定に統一されました。

70歳未満の国家公務員、地方公務員および私立学校教職員は、平成27年10月1日に組合員等の資格を喪失し、同日に厚生年金保険の被保険者の資格を取得しています。また、70歳以上の公務員共済組合員は、平成27年9月30日付で長期給付の部分に関して退職したものとみなされました（改正法附則第5条）。

		平成27年10月1日	
		共済組合の組合員等 →	厚生年金被保険者
国家公務員	70歳未満	資格喪失	資格取得
	70歳以上	資格喪失	（資格取得せず）
地方公務員	70歳未満	資格喪失	資格取得
	70歳以上	資格喪失	（資格取得せず）
私学教職員等	70歳未満	資格喪失	資格取得
	70歳以上	該当者なし	該当者なし

■平成27年10月中の資格喪失の扱い

上記規定により平成27年10月1日に厚生年金保険の被保険者の資格を取得した者が平成27年10月中に資格を喪失した場合については、厚生年金保険の被保険者の資格を取得しなかったものとみなされ、10月は厚生年金保険の被保険者期間に算入されません（改正法附則第6条）。

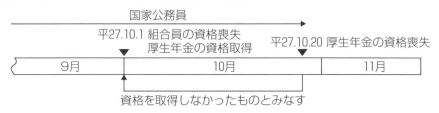

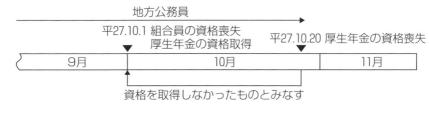

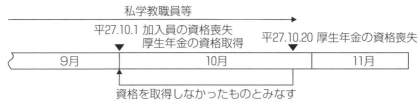

📖 **改正法附則第 5 条（厚生年金保険の被保険者資格の取得の経過措置）**

　昭和 20 年 10 月 2 日以後に生まれた者であり、かつ、施行日の前日において国家公務員共済組合の組合員、地方公務員共済組合の組合員又は私立学校教職員共済法の規定による私立学校教職員共済制度の加入者であった者であって、施行日において改正前厚生年金保険法第 12 条第一号に掲げる者に該当するもののうち厚生年金保険法第 6 条第 1 項又は第 3 項に規定する適用事業所であるものに使用されるもの（施行日に同法第 13 条の規定により厚生年金保険の被保険者の資格を取得する者を除く。）は、施行日に、厚生年金保険の被保険者の資格を取得する。

📖 **改正法附則第 6 条（厚生年金保険の被保険者期間の計算の特例）**

　前条の規定により厚生年金保険の被保険者の資格を取得した者であって、平成 27 年 10 月に当該被保険者の資格を喪失したものについて、厚生年金保険法第 19 条第 2 項本文の規定を適用する場合においては、当該被保険者の資格を取得しなかったものとみなす。

☝ **ワンポイント──平成 27 年 10 月中の再就職**

　平成 27 年 10 月 1 日に厚生年金保険の被保険者資格を取得した者が、平成 27 年 10 月中に資格を喪失し、その月に再度厚生年金保険の被保険者資格を取得した場合には、10 月は変更後の種別の厚生年金保険の被保険者期間となります。例えば、平成 27 年 10 月 1 日に第 2 号厚生年金被保険者の資格を取得し、同月 15 日に退職し、さらに同月 16 日に第 1 号厚生年金被保険者の資格を取得したときは、平成 27 年 10 月は第 1 号厚生年金被保険者の被保険者期間となります。

5 被保険者の資格の取得と喪失

改正の要点
再就職した場合には、資格の取得と喪失の手続きが必要であるが、第2号厚生年金被保険者または第3号厚生年金被保険者には特例が設けられた。

資格の取得と喪失

国・地方公共団体または法人の事業所であって常時従業員を使用するものは、厚生年金保険の適用事業所となるため資格の取得および喪失の規定が適用されます。再就職時は厚生年金保険の適用事業所が変わるため、当然に資格の取得と喪失の手続きが必要です。例えば、国家公務員（第2号厚生年金被保険者）が定年退職後に民間企業の会社員として再就職すれば、第1号厚生年金被保険者となります。この場合には事業所が変わるため、第2号厚生年金被保険者の資格を喪失した上で、第1号厚生年金被保険者の資格を取得する手続きが必要です（法第13条、14条）。

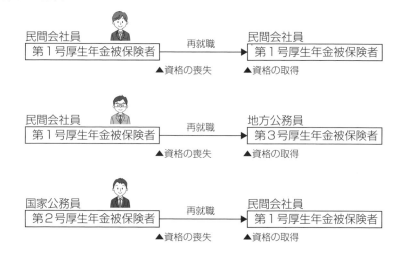

第2号または第3号厚生年金被保険者の特例

第2号厚生年金被保険者または第3号厚生年金被保険者については、改正後国共済法または改正後地共済法における組合員資格の喪失および取得がなかった場合には、厚生年金保険の資格の喪失および取得は生じず、引き続き再就職先の事業所に使用されていたものとみなされます（経過措置政令第3条）。例えば、国家公務員が退職し、引き続き地方公務員となった場合には、長期給付に関する規定の適用について、その退職はなかったものとみなすこととされています（改正後国共済法第126条の2）。このような場合には、厚生年金保険の資格および取

得は生じず、引き続き地方公務員として事業所に使用されていたものとみなされます。

```
                    同日付退職および就職
     国家公務員         ▼          地方公務員
　第2号厚生年金被保険者 │ 第3号厚生年金被保険者
                   ▲資格の喪失・取得は生じない
```

📖 **法第 13 条（資格取得の時期）**
1　第9条の規定による被保険者は、適用事業所に使用されるに至った日若しくはその使用される事業所が適用事業所となった日又は前条の規定に該当しなくなった日に、被保険者の資格を取得する。
2　第10条第1項の規定による被保険者は、同項の認可があった日に、被保険者の資格を取得する。

📖 **法第 14 条（資格喪失の時期）**
　第9条又は第10条第1項の規定による被保険者は、次の各号のいずれかに該当するに至った日の翌日（その事実があった日に更に前条に該当するに至ったとき、又は第5号に該当するに至ったときは、その日）に、被保険者の資格を喪失する。
　一　死亡したとき。
　二　その事業所又は船舶に使用されなくなったとき。
　三　第8条第1項又は第11条の認可があったとき。
　四　第12条の規定に該当するに至ったとき。
　五　70歳に達したとき。

📖 **経過措置政令第 3 条（第 2 号厚生年金被保険者又は第 3 号厚生年金被保険者の資格喪失の特例）**
　当分の間、第2号厚生年金被保険者又は第3号厚生年金被保険者が厚生年金保険法第6条第1項第二号に該当する事業所又は事務所（以下この条において単に「事業所」という。）に使用されなくなった日又はその翌日に他の事業所に使用されるに至った場合において、当該使用されなくなった日又はその翌日に国家公務員共済組合法第37条第3項又は地方公務員等共済組合法第39条第3項の規定による国家公務員共済組合又は地方公務員共済組合の組合員の資格の喪失及び取得がなかったときにおける改正後厚生年金保険法第13条及び第14条の規定の適用については、その者は当該他の事業所に使用されるに至った日前から引き続き当該他の事業所に使用されていたものとみなす。

📖 **改正後国共済法第 126 条の 2（地方公務員等共済組合法との関係）**
1　組合員が退職し、引き続き地方の組合の組合員となったときは、長期給付に関する規定の適用については、その退職は、なかったものとみなす。
2　組合員が地方の組合の組合員となったときは、当該地方の組合を他の組合と、当該地方の組合の組合員を他の組合の組合員とそれぞれみなして、第37条第3項の規定を適用する。
3・4　（略）

6 被保険者の種別の変更

改正の要点
同一事業所内の種別の変更にかかる資格の取得と喪失について規定された。

■ 種別の変更時の扱い

同一の適用事業所において、第1号厚生年金被保険者、第2号厚生年金被保険者、第3号厚生年金被保険者または第4号厚生年金被保険者の被保険者の種別に変更があった場合には、その種別ごとに資格の取得と喪失の規定が適用されます（法第15条）。例えば、国家公務員（第2号厚生年金被保険者）が同じ事業所において公務員として再任用される場合は、勤務形態により、引き続き第2号厚生年金被保険者となるケースと、第1号厚生年金被保険者となるケースがあります。後者のように、勤務する事業所は同じであっても種別に変更があった場合には、第2号厚生年金被保険者の資格を喪失した上で、第1号厚生年金被保険者の資格を取得する手続きが必要です。

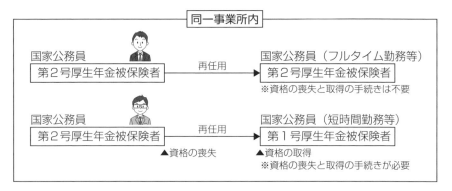

法第15条（被保険者の種別の変更に係る資格の得喪）
同一の適用事業所において使用される被保険者について、被保険者の種別（第1号厚生年金被保険者、第2号厚生年金被保険者、第3号厚生年金被保険者又は第4号厚生年金被保険者のいずれであるかの区別をいう。以下同じ。）に変更があった場合には、前2条の規定は、被保険者の種別ごとに適用する。

7 異なる被保険者の種別に係る資格の得喪

改正の要点
第2号厚生年金被保険者、第3号厚生年金被保険者または第4号厚生年金被保険者は同時に第1号厚生年金被保険者の資格を取得しないことが規定された。

■「二以上事業所届」の提出は不要

　第2号厚生年金被保険者、第3号厚生年金被保険者または第4号厚生年金被保険者は同時に第1号厚生年金被保険者の資格を取得しません（法第18条の2）。また、第1号厚生年金被保険者が同時に第2号厚生年金被保険者、第3号厚生年金被保険者または第4号厚生年金被保険者の資格を有するに至ったときは、その日に第1号厚生年金被保険者の資格を喪失することになります。このため、「二以上事業所届」の提出は不要です。

　例えば、官民人事交流という制度があります。これは、国が民間企業の従業員を常勤の国家公務員として期間を定めて採用したり、民間企業が国家公務員を自らの従業員として雇用したりする制度です。前者の場合、身分は国の正規職員となり（在籍出向もあり）、国から給与が支給され、国家公務員の諸制度が適用されることになります。このような場合には、第1号厚生年金被保険者と第2号厚生年金被保険者の資格を同時に取得するのではなく、第1号厚生年金被保険者の資格を喪失した上で、第2号厚生年金被保険者の資格を取得することになります。

【事　例】
　4月20日付で民間会社員から国の職員となった場合

民間企業

A省

▼4/20 第1号厚年資格喪失

| 第1号厚生年金被保険者 | 第2号厚生年金被保険者 |

▲4/20 第2号厚年資格取得

📖 法第18条の2（異なる被保険者の種別に係る資格の得喪）
1　第2号厚生年金被保険者、第3号厚生年金被保険者又は第4号厚生年金被保険者は、第13条の規定にかかわらず、同時に、第1号厚生年金被保険者の資格を取得しない。
2　第1号厚生年金被保険者が同時に第2号厚生年金被保険者、第3号厚生年金被保険者又は第4号厚生年金被保険者の資格を有するに至ったときは、その日に、当該第1号厚生年金被保険者の資格を喪失する。

8 被保険者資格の得喪の確認

改正の要点
「資格の得喪の確認」の規定は、第2号厚生年金被保険者、第3号厚生年金被保険者および第4号厚生年金被保険者には適用しないこととされた。

厚生労働大臣の確認

被保険者の資格の取得および喪失は、要件に該当すれば自動的に行われるわけではなく、事業主や本人からの請求により厚生労働大臣が確認をしてはじめて効力が生じます（法第18条）。第2号厚生年金被保険者、第3号厚生年金被保険者および第4号厚生年金被保険者について、その確認は不要とされています。

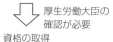
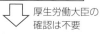

⇩ 厚生労働大臣の確認が必要
資格の取得

⇩ 厚生労働大臣の確認は不要
資格の取得

法第18条（資格の得喪の確認）
1　被保険者の資格の取得及び喪失は、厚生労働大臣の確認によって、その効力を生ずる。ただし、第10条第1項の規定による被保険者の資格の取得及び第14条第三号に該当したことによる被保険者の資格の喪失は、この限りでない。
2　前項の確認は、第27条の規定による届出若しくは第31条第1項の規定による請求により、又は職権で行うものとする。
3　第1項の確認については、行政手続法（平成5年法律第88号）第3章（第12条及び第14条を除く。）の規定は、適用しない。
4　第2号厚生年金被保険者、第3号厚生年金被保険者及び第4号厚生年金被保険者の資格の取得及び喪失については、前3項の規定は、適用しない。

Ⅱ　厚生年金保険の被保険者期間

1　被保険者期間の計算方法

改正の要点
厚生年金保険の被保険者期間は、第1号から第4号までの各号の厚生年金被保険者の種別ごとに計算することになった。

■厚生年金保険の種別ごとに計算
　厚生年金保険の被保険者期間は、被保険者の資格を取得した月からその資格を喪失した月の前月までの月単位で計算されます。その計算は、第1号から第4号までの各号の厚生年金被保険者の種別ごとに行われます（法第19条）。例えば、第1号厚生年金被保険者が資格喪失した後にさらに第1号厚生年金被保険者の資格を取得した場合は、前後の被保険者期間を合算しますが、第2号厚生年金被保険者の資格を取得した場合については合算せずにそれぞれに計算します。

```
平28.4.1取得　平29.4.1喪失 平30.4.1取得　　　平31.4.1喪失
▼　　　　　　▼　　　　　▼　　　　　　　　▼
┌──────────┐┌──────────┐
│　民間会社員　 ││　民間会社員　 │　→　  第1号厚生年金期間24月
│第1号厚年期間12月││第1号厚年期間12月│　合算
└──────────┘└──────────┘

┌──────────┐┌──────────┐
│　民間会社員　 ││　国家公務員　 │　→　  第1号厚生年金期間12月
│第1号厚年期間12月││第2号厚年期間12月│合算せず 第2号厚生年金期間12月
└──────────┘└──────────┘
```

■月途中に厚生年金保険の種別が変わった場合
　同一の月に、厚生年金保険の被保険者の資格を喪失し、さらに資格を取得した場合には、その月は変更後の被保険者の種別の被保険者であった月とみなされます。厚生年金保険料についても、変更後の種別の被保険者期間にかかる分を納めます。例えば、月の途中に国家公務員（第2号厚生年金被保険者）から民間会社員（第1号厚生年金被保険者）に再就職した場合、その月は第1号厚生年金被保険者期間となります。

```
                          ▼10/15民間企業へ再就職
┌─────────────┬─────────────┬─────────────┐
│     9月      │    10月     │    11月     │
└─────────────┴─────────────┴─────────────┘

┌───────────────────────────┬───────────────────────────┐
│      国家公務員            │      民間会社員            │
│ （第2号厚生年金被保険者）  │ （第1号厚生年金被保険者）  │
└───────────────────────────┴───────────────────────────┘

              ┌───────────────────────────────┐
              │     第1号厚生年金被保険者期間 │
              └───────────────────────────────┘
```

法第19条

1　被保険者期間を計算する場合には、月によるものとし、被保険者の資格を取得した月からその資格を喪失した月の前月までをこれに算入する。
2　被保険者の資格を取得した月にその資格を喪失したときは、その月を1箇月として被保険者期間に算入する。ただし、その月に更に被保険者又は国民年金の被保険者（国民年金法第7条第1項第二号に規定する第2号被保険者を除く。）の資格を取得したときは、この限りでない。
3　被保険者の資格を喪失した後、更にその資格を取得した者については、前後の被保険者期間を合算する。
4　前3項の規定は、被保険者の種別ごとに適用する。
5　同一の月において被保険者の種別に変更があったときは、前項の規定により適用するものとされた第2項の規定にかかわらず、その月は変更後の被保険者の種別の被保険者であった月（2回以上にわたり被保険者の種別に変更があったときは、最後の被保険者の種別の被保険者であった月）とみなす。

ワンポイント――第2号厚年期間と第3号厚年期間

　第2号厚生年金被保険者期間と第3号厚生年金被保険者期間については、前後の被保険者期間が合算されます。例えば、第2号厚生年金被保険者が資格を喪失した後、1日以上の期間をおいて第3号厚生年金被保険者となった場合には、前後の組合員期間を合算して計算します（該当条文は67ページの改正後国共済法第126条の3）。

2 同月に資格の取得と喪失がある場合

改正の要点
同月得喪した月に国民年金の第1号被保険者もしくは第3号被保険者となった場合、その月は厚生年金保険の被保険者期間とならないことになった。

■ 改正前の同月得喪の扱い
厚生年金の資格を取得した月に資格を喪失することを同月得喪といいます。改正前は、同月得喪があった月は原則として厚生年金保険の被保険者期間として算入されていました。例えば、10月2日に資格を取得し、同月20日に資格を喪失した場合、10月は厚生年金保険の被保険者期間となり、厚生年金保険料を納付します。この者が退職後に国民年金法の第1号被保険者となった場合には、10月分の国民年金保険料も納めることになり二重負担となっていました。なお、重複して支払った分については、国民年金分は老齢基礎年金に、厚生年金保険分は経過的加算にそれぞれ反映されています。

● 改正前の扱い

【参考】改正前　法第19条第2項
2　被保険者の資格を取得した月にその資格を喪失したときは、その月を1箇月として被保険者期間に算入する。但し、その月にさらに被保険者の資格を取得したときは、この限りでない。

■ 改正後の同月得喪の扱い
同月得喪時に保険料負担の重複が発生しないように規定が変更されました。改正後の法第19条第2項（26ページ参照）の要点は次の2点です。
　①原則、同月得喪のあった月は厚生年金保険の被保険者期間とする。
　②その月にさらに厚生年金保険の被保険者または国民年金の第1号被保険者もしくは第3号被保険者となった場合には厚生年金保険の被保険者期間としない。この場合、国民年金の被保険者期間にも算入されない。

1. その月にさらに厚生年金保険の被保険者となった場合

10月は変更後の種別の厚生年金の被保険者期間となる
（変更前の厚生年金被保険者期間とならない）

2. 同月得喪後に国民年金の第1号被保険者となった場合

10月は厚生年金の被保険者期間とならない

3. 60歳以後に同月得喪がある場合

　60歳以後に同月得喪し、その月に再就職や任意加入をしなかった場合は、国民年金の第1号被保険者または第3号被保険者にならないため、該当月は厚生年金保険の被保険者期間となります。

10月は厚生年金の被保険者期間となる

4. 20歳前に同月得喪がある場合

　20歳前に同月得喪した場合は、その後国民年金の第1号被保険者または第3号被保険者にならないため、該当月は厚生年金保険の被保険者期間となります。

10月は厚生年金の被保険者期間となる

5．死亡により同月得喪となった場合

　資格を取得した月に死亡により資格を喪失した場合は、更に年金制度に加入することがないため、該当月は厚生年金保険の被保険者期間となります。

▼20歳　　　　▼10/2取得　　　　▼10/20死亡　　　　　　▼60歳

9月	10月	11月

国年第1号	厚生年金	

厚生年金期間　1月

10月は厚生年金の被保険者期間となる

6．同月得喪後に海外に移住した場合

　同月得喪後に海外へ移住し、その月に任意加入をしていない場合は、国民年金の第1号被保険者または第3号被保険者にならないため、該当月は厚生年金保険の被保険者期間となります。

▼20歳　　　　▼10/2取得　　　▼10/20喪失 海外へ（任意加入なし）▼60歳

9月	10月	11月

国年第1号	厚生年金	

厚生年金期間　1月

10月は厚生年金の被保険者期間となる

ワンポイント──被保険者であった期間

　厚生年金保険の被保険者期間とならないケースでも、資格の取得や喪失の届出は行う必要があります。被保険者の資格を取得した日からその資格を喪失した日の前日までの期間を「被保険者であった期間」といい、障害厚生年金の要件（厚生年金保険の「被保険者であった期間」に初診日があること）等に適用される場合があるからです。

ワンポイント──保険料の還付

　厚生年金保険の被保険者期間とならないケースにおいて、事業所における厚生年金保険料および子ども・子育て拠出金の納付は不要です。しかし、事務手続上徴収されることになるため、後日日本年金機構から事業所へ還付手続き等の通知が行われることになっています。

　また、厚生年金保険料が還付される場合においても健康保険料・介護保険料は還付されません。健康保険法第156条第1項は「被保険者に関する保険料額は各月につき、次の各号に掲げる被保険者の区分に応じ、当該各号に定める額とする」と規定しており、月単位で徴収されることが原則であるためです。

3 改正前の共済組合等の期間の扱い

改正の要点
旧国家公務員共済組合員期間、旧地方公務員共済組合員期間または旧私立学校教職員共済加入者期間は、それぞれに第2号厚生年金被保険者期間、第3号厚生年金被保険者期間、第4号厚生年金被保険者期間とみなされることになった。

■ 改正後の厚生年金被保険者期間とみなされる

旧国家公務員共済組合員期間、旧地方公務員共済組合員期間または旧私立学校教職員共済加入者期間(以下「旧共済組合員等期間」という。)は、それぞれに第2号厚生年金被保険者期間、第3号厚生年金被保険者期間、第4号厚生年金被保険者期間とみなされます。ただし、次の脱退一時金の計算の基礎となっている期間は除かれます(改正法附則第7条第1項)。

・改正前共済各法の規定により支給を受けた脱退一時金の計算基礎となった期間
・旧共済各法の規定により支給を受けた脱退一時金の計算基礎となった期間
・昭和60年改正共済各法の規定により支給を受けた脱退一時金の計算基礎となった期間
・上記に準ずるものとして政令で定めるもの

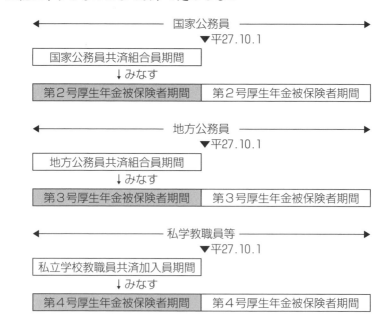

■ 昭和61年4月1日前の船員組合員期間

　第2号厚生年金被保険者期間とみなされた旧国家公務員共済組合員期間のうち昭和61年4月1日前の旧船員組合員であった期間、または第3号厚生年金被保険者期間とみなされた旧地方公務員共済組合員期間のうち昭和61年4月1日前の一定の船員組合員であった期間については、それぞれの実期間に3分の4を乗じた期間を、第2号厚生年金被保険者期間、第3号厚生年金被保険者期間の期間とします（改正法附則第7条第2項）。

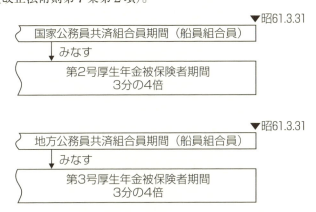

■ 平成3年3月31日までの船員組合員期間

　第2号厚生年金被保険者期間とみなされた旧国家公務員共済組合員期間のうち昭和61年4月1日以後平成3年3月31日までの船員組合員であった期間、または第3号厚生年金被保険者期間とみなされた旧地方公務員共済組合員期間のうち昭和61年4月1日以後平成3年3月31日までの船員組合員であった期間については、それぞれの実期間に5分の6を乗じた期間を、第2号厚生年金被保険者期間、第3号厚生年金被保険者期間の期間とします（改正法附則第7条第3項）。

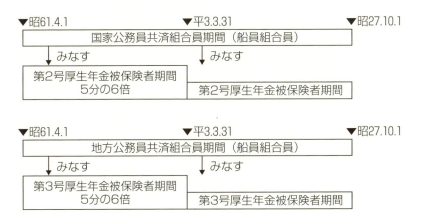

📖 改正法附則第7条（厚生年金保険の被保険者期間等に関する経過措置）

1 　旧国家公務員共済組合員期間、旧地方公務員共済組合員期間又は旧私立学校教職員共済加入者期間は、それぞれ第1条の規定による改正後の厚生年金保険法（以下「改正後厚生年金保険法」という。）第2条の5第1項第二号に規定する第2号厚生年金被保険者期間（以下「第2号厚生年金被保険者期間」という。）、同項第三号に規定する第3号厚生年金被保険者期間（以下「第3号厚生年金被保険者期間」という。）又は同項第四号に規定する第4号厚生年金被保険者期間（以下「第4号厚生年金被保険者期間」という。）とみなす。ただし、次に掲げる期間は、この限りでない。
　一～十　（略）

2 　前項の規定により第2号厚生年金被保険者期間とみなされた旧国家公務員共済組合員期間のうち、昭和61年4月1日前の昭和60年国共済改正法附則第32条第1項に規定する旧船員組合員であった期間又は前項の規定により第3号厚生年金被保険者期間とみなされた旧地方公務員共済組合員期間のうち、同日前の昭和60年地共済改正法附則第35条第1項に規定する旧船員組合員であった期間につき厚生年金保険の被保険者期間を計算する場合には、それぞれ当該期間に3分の4を乗じて得た期間をもって第2号厚生年金被保険者期間又は第3号厚生年金被保険者期間とする。

3 　第1項の規定により第2号厚生年金被保険者期間とみなされた旧国家公務員共済組合員期間のうち、昭和61年4月1日以後平成3年3月31日までの間の昭和60年国共済改正法附則第32条第2項に規定する新船員組合員であった期間又は第1項の規定により第3号厚生年金被保険者期間とみなされた旧地方公務員共済組合員期間のうち、昭和61年4月1日以後平成3年3月31日までの間の昭和60年地共済改正法附則第35条第2項に規定する新船員組合員であった期間につき厚生年金保険の被保険者期間を計算する場合には、それぞれ当該期間に5分の6を乗じて得た期間をもって第2号厚生年金被保険者期間又は第3号厚生年金被保険者期間とする。

👆 ワンポイント──改正法附則第7条

　一元化後の共済組合員等期間は、第2号～第4号厚生年金被保険者期間となり、それをもとに年金給付の支給要件適用や年金額の計算等が行われます。改正法附則第7条は、一元化前の旧共済組合員等期間を第2号～第4号厚生年金被保険者期間とみなす規定であり、これにより一元化前の期間も年金給付の支給要件適用や年金額の計算等に反映させることができます。以下の解説において「改正法附則第7条により第2号厚生年金被保険者期間、第3号厚生年金被保険者期間、第4号厚生年金被保険者期間とみなされた期間……」というフレーズが頻繁に出てきます。重要な規定です。

4 退職一時金を受けた期間

改正の要点
退職一時金を受けた期間について、原則として旧共済組合員等期間に算入されることから、利子をつけて返還する義務が生じることが規定された。

退職一時金の返還

昭和55年1月前の退職時に支払われた「退職一時金」を受けた期間は、原則として旧共済組合員等期間に算入され年金額に反映されます。そのため、平成27年10月1日以後に老齢厚生年金または障害厚生年金の受給権者となった場合には、受給済の退職一時金に利子をつけて返還する必要があります（改正法附則第39条）。

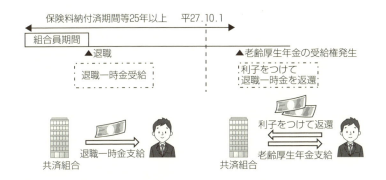

旧共済組合員等期間に算入される場合

将来の年金の原資を残して退職一時金を受給した場合や、退職一時金の計算の基礎となった共済組合員等期間と他の同一の共済組合員等期間を合わせた期間が20年以上であるときは、返還が必要です。

	同一の共済組合員等期間が20年未満	同一の共済組合員等期間が20年以上（通算可）
全額受給	返還不可 （共済組合員等期間に算入不可）	返還が必要 （共済組合員等期間に算入）
原資を残して受給	返還が必要 （共済組合員等期間に算入）	返還が必要 （共済組合員等期間に算入）

返還額

返還額は受給した退職一時金の額に利子相当額を加えた額です。

```
              ┌─ 受給した退職一時金の額
返還額 ─┤
              └─ 退職一時金の支給日の翌月から年金の
                  受給権が生じた月までの期間に応じて
                  複利計算した利子相当額
```

利子相当額は、支給を受けた日の属する月の翌月から、老齢厚生年金等の受給権発生日の属する月までの期間について、政令で定める下表の利率を乗じて算出します。

退職一時金の利子相当額の利率

対象期間	利率	対象期間	利率
平成13年3月以前	5.5%	平成26年4月～平成27年3月	2.6%
平成13年4月～平成17年3月	4.0%	平成27年4月～平成28年3月	1.7%
平成17年4月～平成18年3月	1.6%	平成28年4月～平成29年3月	2.0%
平成18年4月～平成19年3月	2.3%	平成29年4月～平成30年3月	2.4%
平成19年4月～平成20年3月	2.6%	平成30年4月～平成31年3月	2.8%
平成20年4月～平成21年3月	3.0%	平成31年4月～平成32年3月	3.1%
平成21年4月～平成22年3月	3.2%	平成32年4月～平成33年3月	3.4%
平成22年4月～平成23年3月	1.8%	平成33年4月～平成34年3月	3.7%
平成23年4月～平成24年3月	1.9%	平成34年4月～平成35年3月	3.9%
平成24年4月～平成25年3月	2.0%	平成35年4月～平成36年3月	4.1%
平成25年4月～平成26年3月	2.2%		

返還方法

老齢厚生年金等の受給権取得日の属する月の翌月から1年以内に、全額または分割して返還します。また、年金の支払期ごとに支給額の2分の1を返還額として控除することを申し出ることができます。

📖 改正法附則第39条（退職一時金の返還に関する経過措置）
1 次に掲げる一時金である給付を受けた者が、老齢厚生年金又は障害厚生年金（以下この条及び次条第1項において「老齢厚生年金等」という。）の支給を受ける権利を有することとなったときは、当該一時金として支給を受けた額に利子に相当する額を加えた額（次項及び第3項において「支給額等」という。）に相当する額を当該老齢厚生年金等を受ける権利を有することとなった日の属する月の翌月から1年以内に、一時に又は分割して、国家公務員共済組合連合会に返還しなければならない。
 一 昭和42年度以後における国家公務員共済組合等からの年金の額の改定に関する

法律等の一部を改正する法律（昭和54年法律第72号）第2条の規定による改正前の国家公務員共済組合法第80条の規定による退職一時金（当該退職一時金とみなされる給付を含む。）

二　昭和42年度以後における公共企業体職員等共済組合法に規定する共済組合が支給する年金の額の改定に関する法律及び公共企業体職員等共済組合法の一部を改正する法律（昭和54年法律第76号）第2条の規定による改正前の公共企業体職員等共済組合法（昭和31年法律第134号）第54条の規定による退職一時金

2　前項に規定する者は、同項の規定にかかわらず、支給額等に相当する額を当該老齢厚生年金等の額から控除することにより返還する旨を当該老齢厚生年金等を受ける権利を有することとなった日から60日を経過する日以前に、国家公務員共済組合連合会に申し出ることができる。

3　前項の申出があった場合における支給額等に相当する額の返還は、当該老齢厚生年金等の支給に際し、この項の規定の適用がないとするならば支給されることとなる当該老齢厚生年金等の支給期月ごとの支給額の2分の1に相当する額から、支給額等に相当する額に達するまでの額を順次に控除することにより行うものとする。この場合においては、その控除後の額をもって、当該老齢厚生年金等の額とする。

4　第1項に規定する利子は、同項に規定する一時金の支給を受けた日の属する月の翌月から老齢厚生年金等を受ける権利を有することとなった日の属する月までの期間に応じ、複利計算の方法によるものとし、その利率は、政令で定める。

（地方公務員共済については改正法附則第63条の規定あり）

ワンポイント──退職一時金の返還

退職一時金の返還が必要な者に対しては、年金請求書内に該当ページがあり、退職一時金にかかる返還方法等を選択の上、署名・押印し、申し立てることになっています。

5　旧共済組合員期間

改正の要点
旧共済組合員等期間には、老齢厚生年金の額の計算の基礎となるものと、ならないものがあることが規定された。

■計算の基礎とならない期間

　平成27年9月30日に次の年金給付の受給権を有していた者に支給される老齢厚生年金の額については、年金額の計算の基礎となった旧国家公務員共済組合員期間、旧地方公務員共済組合員期間および旧私立学校教職員共済加入者期間は、老齢厚生年金等の計算の基礎とされません（改正法附則第11条第1項・第2項）。
①改正前国共済法による退職共済年金、または旧国共済法による退職年金、減額退職年金もしくは通算退職年金
②改正前地共済法による退職共済年金、または旧地共済法による退職年金、減額退職年金もしくは通算退職年金
③改正前私学共済法による退職共済年金、または旧私学共済法による退職年金、減額退職年金もしくは通算退職年金

　また、平成27年9月30日に上記の年金給付の受給権を有していた者に支給される旧厚生年金保険法による老齢年金、通算老齢年金および特例老齢年金の額についても、その年金額の計算の基礎となった旧国家公務員共済組合員期間、旧地方公務員共済組合員期間、旧私立学校教職員共済加入者期間は計算の基礎とされません。
　改正法附則第7条（32ページ参照）により、旧共済組合員等期間は、第2号厚生年金被保険者期間、第3号厚生年金被保険者期間、第4号厚生年金被保険者期間とみなされます。これには、一元化前から退職共済年金を受給している場合も含まれています。
　一方、法第43条第1項（67ページ参照）は、老齢厚生年金の年金額の計算について規定しています。老齢厚生年金の報酬比例部分相当額は、原則「平均標準報酬額×1000分の5.481×被保険者期間の月数」で計算され、被保険者期間の月数には、改正法附則第7条により厚生年金被保険者期間とみなされた期間も含まれています。
　つまり、一元化前から退職共済年金を受給していた者について考えると、その者の旧共済組合員等期間は、退職共済年金の計算の基礎となっているにもかかわらず、重ねて老齢厚生年金の計算の基礎となることになります。そこで、同一の期間が2つの年金の計算基礎とならないように規定されたのが、改正法附則第11条第1項・第2項です。

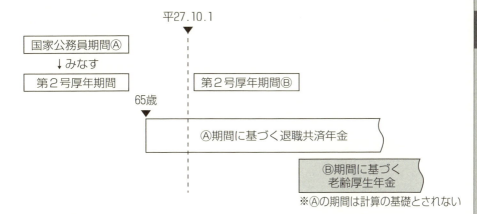

計算の基礎となる期間

　平成27年9月30日に次の年金給付の受給権を有していた者に支給される老齢厚生年金の額については、その年金額の計算の基礎となった旧国家公務員共済組合員期間、旧地方公務員共済組合員期間および旧私立学校教職員共済加入者期間は、老齢厚生年金等の計算の基礎となります（改正法附則第11条第3項）。
①改正前国共済法による特別支給の退職共済年金、または経過的な繰上げ支給の退職共済年金
②改正前地共済法による特別支給の退職共済年金、または経過的な繰上げ支給の退職共済年金
③改正前私学共済法による特別支給の退職共済年金、または経過的な繰上げ支給の退職共済年金

　特別支給の退職共済年金は65歳で失権し、本来支給の老齢厚生年金が支給されます。その年金額には、特別支給の退職共済年金の計算の基礎となっていた旧共済組合員等期間が反映されます。

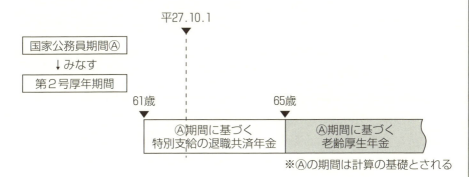

📖 改正法附則第 11 条（老齢厚生年金等の額の計算等の特例）

1 施行日の前日において次に掲げる年金たる給付の受給権を有していた者に支給する厚生年金保険法による老齢厚生年金の額については、当該年金たる給付の額の計算の基礎となった旧国家公務員共済組合員期間、旧地方公務員共済組合員期間及び旧私立学校教職員共済加入者期間は、計算の基礎としない。
   一 改正前国共済法による退職共済年金（他の法令の規定により当該退職共済年金とみなされたものを含む。）又は旧国共済法による退職年金、減額退職年金若しくは通算退職年金（他の法令の規定によりこれらの年金とみなされたものを含む。）
   二 改正前地共済法による退職共済年金（他の法令の規定により当該退職共済年金とみなされたものを含む。）又は旧地共済法による退職年金、減額退職年金若しくは通算退職年金（他の法令の規定によりこれらの年金とみなされたものを含む。）
   三 改正前私学共済法による退職共済年金又は旧私学共済法による退職年金、減額退職年金若しくは通算退職年金

2 施行日の前日において前項各号に掲げる年金たる給付の受給権を有していた者に支給する旧厚生年金保険法による老齢年金、通算老齢年金及び特例老齢年金の額については、当該年金たる給付の額の計算の基礎となった旧国家公務員共済組合員期間、旧地方公務員共済組合員期間及び旧私立学校教職員共済加入者期間は、計算の基礎としない。

3 施行日の前日において次に掲げる年金たる給付の受給権を有していた者に支給する厚生年金保険法第 42 条の規定による老齢厚生年金の額については、当該年金たる給付の額の計算の基礎となった旧国家公務員共済組合員期間、旧地方公務員共済組合員期間及び旧私立学校教職員共済加入者期間は、第 1 項の規定にかかわらず、計算の基礎とする。
   一 改正前国共済法附則第 12 条の 3 又は第 12 条の 8 の規定による退職共済年金
   二 改正前地共済法附則第 19 条又は第 26 条の規定による退職共済年金
   三 改正前私学共済法第 25 条において準用する改正前国共済法附則第 12 条の 3 又は第 12 条の 8 の規定による退職共済年金

👉 ワンポイント——ねんきん定期便

改正後は共済組合等からも「ねんきん定期便」が送付されます。送付する実施機関は送付時に加入している実施機関または最終加入記録を有する実施機関です。日本年金機構から送付するねんきん定期便には、すべての実施機関の加入記録が表示されます。共済組合等から送付する 59 歳時のねんきん定期便についても、すべての実施機関の加入記録が表示され送付されます。

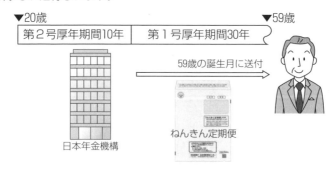

6 標準報酬月額および標準賞与額

改正の要点
旧共済組合員等期間における各月の標準報酬月額および標準賞与額等は、厚生年金保険法の標準報酬月額および標準賞与額とみなされることになった。

■ 地方公務員共済組合のしくみ

　従来から国家公務員共済組合と私立学校教職員共済は標準報酬（給与）月額を用いて、掛金を負担するしくみを導入していますが、地方公務員共済組合は基本給をベースとするしくみで、基本給が同一であれば同じ保険料となっていました。改正後は、厚生年金保険法に合わせて標準報酬制が導入され、実際に支給された基本給および諸手当をもとに保険料が算定されるようになるため、諸手当の多い人は保険料が高くなりました。

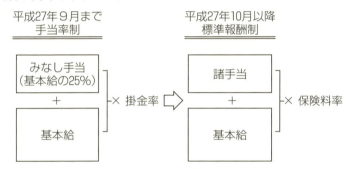

■ 旧共済組合員等期間における標準報酬月額等

　改正前の共済組合員等期間の標準報酬の月額等は、それぞれの種別における各月の標準報酬月額とみなされます。また、旧国家公務員共済組合員期間、旧地方公務員共済組合員期間、旧私立学校教職員共済加入者期間の期末手当額等は、それぞれの種別における各月の標準賞与額とみなされます（改正法附則第8条）。

■ 国家公務員共済組合員期間と地方公務員共済組合員期間を有する者

　地方公務員共済組合の組合員であった者が、国家公務員共済組合の組合員となった場合には、地方公務員共済組合の組合員であった期間における各月の厚生年金保険法による標準報酬月額および標準賞与額は、第2号厚生年金被保険者期間における標準報酬月額および標準賞与額とみなされます（国共済令第48条）。国家公務員共済組合の組合員であった者が、地方公務員共済組合の組合員となった場合には、国家公務員共済組合の組合員であった期間における各月の厚生年金保険法による標準報酬月額および標準賞与額は、第3号厚生年金被保険者期間に

おける標準報酬月額および標準賞与額とみなされます（地共済令第45条）。

① 厚生年金保険の標準報酬月額

改正前の共済組合員等期間	改正後
旧国家公務員共済組合員期間（昭和60年国共済改正法の規定により旧国家公務員共済組合期間に合算された期間を除く）の各月の標準報酬の月額（昭和61年4月1日前の期間については昭和60年国共済改正法の規定によって計算した額）	第2号厚生年金被保険者期間の各月の標準報酬月額とみなす
旧地方公務員共済組合員期間（昭和60年地共済改正法の規定により旧地方公務員共済組合員期間に合算された期間を除く）の各月の給料の額（昭和61年4月1日前の期間については昭和60年地共済改正法の規定によって計算した額）に政令で定める数値を乗じて得た額 ※政令で定める数値は1.25、特別職の職員等は1（経過措置政令第8条）	第3号厚生年金被保険者期間の各月の標準報酬月額とみなす
旧私立学校教職員共済加入者期間の各月の標準給与の月額（昭和61年4月1日前の期間については昭和60年私学共済改正法の規定によって計算した額）	第4号厚生年金被保険者期間の各月の標準報酬月額とみなす

② 厚生年金保険の標準賞与額

改正前の共済組合員等期間	改正後
旧国家公務員共済組合員期間の標準期末手当等の額	第2号厚生年金被保険者期間の標準賞与額とみなす
旧地方公務員共済組合員期間の掛金の標準となった期末手当等の額	第3号厚生年金被保険者期間の標準賞与額とみなす
旧私立学校教職員共済加入者期間の標準賞与の額	第4号厚生年金被保険者期間の標準賞与額とみなす

標準報酬の経過措置によって、第2号から第4号の厚生年金被保険者期間の標準報酬額等とみなされた次に掲げる額は、厚生年金保険法における標準報酬月額等とみなされます（経過措置政令第6条、7条、10条〜14条）。
・改正前共済各法における3歳に満たない子を養育する組合員等の平均標準報酬額の計算の特例による従前標準報酬の月額
・改正前共済各法における離婚分割による標準報酬月額等
・改正前共済各法における3号分割による標準報酬月額等

改正法附則第8条（厚生年金保険の標準報酬に関する経過措置）

1 　旧国家公務員共済組合員期間（昭和60年国共済改正法附則第32条第1項の規定により旧国家公務員共済組合員期間に合算された期間を除く。）の各月の改正前国共済法による標準報酬の月額（昭和61年4月1日前の期間にあっては、昭和60年国共済改正法附則第9条の規定の例により計算した額とする。）、旧地方公務員共済組合員期間（昭和60年地共済改正法附則第35条第1項の規定により旧地方公務員共済組合員期間に合算された期間を除く。）の各月の改正前地共済法による掛金の標準となった給料の額（同日前の期間にあっては、昭和60年地共済改正法附則第8条の規定の例により計算した額とする。）に政令で定める数値を乗じて得た額又は旧私立学校教職員共済加入者期間の各月の改正前私学共済法による標準給与の月額（同日前の期間にあっては、昭和60年私学共済改正法附則第4条の規定の例により計算した額とする。）は、それぞれ第2号厚生年金被保険者期間、第3号厚生年金被保険者期間又は第4号厚生年金被保険者期間の各月の厚生年金保険法による標準報酬月額とみなす。

2 　旧国家公務員共済組合員期間の期末手当等（改正前国共済法第2条第1項第六号に規定する期末手当等をいう。）を受けた月における改正前国共済法による標準期末手当等の額、旧地方公務員共済組合員期間の期末手当等（改正前地共済法第2条第1項第六号に規定する期末手当等をいう。）を受けた月における改正前地共済法による掛金の標準となった期末手当等の額又は旧私立学校教職員共済加入者期間の賞与（改正前私学共済法第21条第2項に規定する賞与をいう。）を受けた月における改正前私学共済法による標準賞与の額は、それぞれ第2号厚生年金被保険者期間、第3号厚生年金被保険者期間又は第4号厚生年金被保険者期間の賞与（厚生年金保険法第3条第1項第四号に規定する賞与をいう。）を受けた月における厚生年金保険法による標準賞与額とみなす。

経過措置政令第8条（平成24年一元化法附則第8条第1項の政令で定める数値）

1 　平成24年一元化法附則第8条第1項の政令で定める数値は、1.25とする。
2 　前項の規定にかかわらず、旧地方公務員共済組合員期間のうち特別職の職員等（地方公務員等共済組合法施行令（昭和37年政令第352号）第18条に規定する特別職の職員等をいう。第27条第2項第一号ハにおいて同じ。）である組合員であった期間に係る平成24年一元化法附則第8条第1項の政令で定める数値は、1とする。

国共済令第48条（地方の組合の組合員が組合員となった場合の取扱い）

1 　地方の組合の組合員又は地方の組合の組合員であった者が組合員となったときは、厚生年金保険給付に関する規定の適用については、その者の地方の組合の組合員であった期間における各月の厚生年金保険法による標準報酬月額（平成24年一元化法附則第4条第十二号に掲げる旧地方公務員共済組合員期間（以下この項において「旧地方公務員共済組合員期間」という。）にあっては、平成24年一元化法附則第8条第1項の規定により厚生年金保険法による標準報酬月額とみなされた額）及び厚生年金保険法による標準賞与額（旧地方公務員共済組合員期間にあっては、平成24年一元化法附則第8条第2項の規定により厚生年金保険法による標準賞与額とみなされた額）をその者の第2号厚生年金被保険者期間における当該各月の厚生年金保険法による標準報酬月額及び標準賞与額とみなす。

2～6 　（略）

7 資格取得時の標準報酬月額の決定

改正の要点
平成27年10月1日に厚生年金保険被保険者の資格を取得した国家公務員共済組合の組合員および私立学校教職員共済制度の加入者の平成27年10月からの標準報酬月額が規定された。

■ 平成27年10月以降の標準報酬月額
平成27年10月1日に厚生年金保険の被保険者の資格を取得した国家公務員共済組合の組合員および私立学校教職員共済制度の加入者の平成27年10月から平成28年8月までの標準報酬月額は、次表のとおりです。

	標準報酬月額とみなされた額
国家公務員共済組合の組合員	改正法附則第8条第1項（41ページ参照）の規定により「第2号厚生年金被保険者期間の平成27年9月の標準報酬月額」とみなされた額
私立学校教職員共済制度の加入者	改正法附則第8条第1項（41ページ参照）の規定により「第4号厚生年金被保険者期間の平成27年9月の標準報酬月額」とみなされた額

なお、平成27年10月から平成28年8月までの間に、標準報酬の改定(随時改定・育児休業等終了時改定・産前産後休業終了時改定）が行われた場合は、改定後の標準報酬または標準報酬月額の基礎となる報酬月額が、改定が行われた月から平成28年8月（同年7月または8月のいずれかの月に改定されたものについては、平成29年8月）までの各月の標準報酬月額の基礎となる報酬月額とみなされます（経過措置政令第5条）。

私学教職員期間の標準報酬月額															

みなす

平27.10.1 ▼

第4号厚年期間の標準報酬月額	第4号厚年期間												
6月	7月	8月	9月	10月	11月	12月	1月	2月	3月	4月	5月	6月	7月	8月	9月

標準報酬月額

📖 **経過措置政令第5条（標準報酬に関する経過措置）**

1　平成24年一元化法附則第5条の規定により施行日に厚生年金保険の被保険者の資格を取得した者については、改正後厚生年金保険法第22条第1項の規定にかかわらず、施行日の前日における次の各号に掲げる区分に応じ、当該各号に定める額を、同項の規定により決定された厚生年金保険法による標準報酬月額とみなす。

　一　国家公務員共済組合の組合員　その者の平成24年一元化法附則第8条第1項の規定により第2号厚生年金被保険者期間の平成27年9月の厚生年金保険法による標準報酬月額とみなされた額

　二　私立学校教職員共済法の規定による私立学校教職員共済制度の加入者　その者の平成24年一元化法附則第8条第1項の規定により第4号厚生年金被保険者期間の平成27年9月の厚生年金保険法による標準報酬月額とみなされた額

2　平成27年10月から平成28年8月までの間に前項第一号に掲げる者について国家公務員の退職給付の給付水準の見直し等のための国家公務員退職手当法等の一部を改正する法律（平成24年法律第96号）第5条の規定による改正後の国家公務員共済組合法第40条第10項、第12項若しくは第14項の規定に基づき標準報酬（同条第1項に規定する標準報酬をいう。）の改定が行われた場合又は前項第二号に掲げる者について私立学校教職員共済法等の一部を改正する法律（平成24年法律第98号）第1条の規定による改正後の私立学校教職員共済法第22条第10項、第12項若しくは第14項の規定に基づき標準報酬月額（同条第1項に規定する標準報酬月額をいう。）の改定が行われた場合は、改定後の当該標準報酬又は当該標準報酬月額の基礎となる報酬月額を当該改定が行われた月から平成28年8月（同年7月又は8月のいずれかの月に改定されたものについては、平成29年8月）までの各月の改正後厚生年金保険法による標準報酬月額の基礎となる報酬月額とみなす。

👉 **ワンポイント——地方公務員共済組合の組合員**
　地方公務員共済組合の組合員については、手当率制であったため、平成27年10月から平成28年8月の標準報酬月額は、平成27年6月の報酬をもとに決定されています。

8 平均標準報酬額とは

改正の要点
厚生年金保険の被保険者期間とみなされた旧共済組合員等期間にかかる再評価率について規定された。

平均標準報酬月額と平均標準報酬額の概要

老齢厚生年金の計算に用いられる平均標準報酬額は、「被保険者期間の計算の基礎となる各月の標準報酬月額と標準賞与額に生年月日に応じた再評価率を乗じて得た額の総額を、当該被保険者期間の月数で除して得た額」と定義されています（法第43条第1項）。平成15年4月の総報酬制導入により、平成15年3月までは標準報酬月額のみの「平均標準報酬月額」だったものが、平成15年4月からは標準賞与額を含む「平均標準報酬額」となりました。

両者とも標準報酬月額や標準賞与額に再評価率を乗じて算出します。再評価率とは、過去の標準報酬月額や標準賞与額を現在の水準に修正するために用いる率のことです。受給権者の生年月日および被保険者であった月が属する期間に応じた区分によって定められており、毎年度自動的に改定されています。

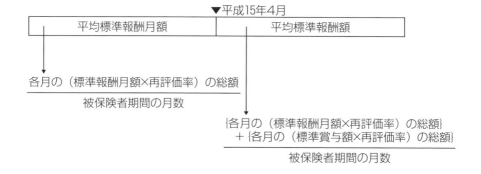

厚生年金保険の被保険者期間とみなされた期間の再評価率

昭和60年9月以前の旧国家公務員共済組合員期間、旧地方公務員共済組合員期間および旧私立学校教職員共済加入者期間の平均標準報酬月額の計算の基礎となる標準報酬月額は、それぞれの期間の各月の標準報酬月額に、生年月日に応じた下表の率を乗じた額としています。ただし、昭和61年4月前の船員組合員期間に3分の4を乗じた期間の各月の標準報酬月額は除きます（法附則第17条の4）。

生年月日	率
昭和5年4月1日以前	1.222
昭和5年4月2日から昭和6年4月1日	1.233
昭和6年4月2日から昭和7年4月1日	1.260
昭和7年4月2日から昭和10年4月1日	1.266
昭和10年4月2日から昭和11年4月1日	1.271
昭和11年4月2日から昭和12年4月1日	1.281
昭和12年4月2日以後	1.291

📖 **法附則第17条の4（平均標準報酬月額の改定）**

1～4　（略）

5　昭和60年9月以前の期間に属する旧国家公務員共済組合員期間（被用者年金制度の一元化等を図るための厚生年金保険法等の一部を改正する法律（平成24年法律第63号。以下「平成24年一元化法」という。）附則第4条第十一号に規定する旧国家公務員共済組合員期間をいう。以下この項及び附則第17条の9第4項において同じ。）の平均標準報酬月額の計算の基礎となる標準報酬月額については、第1項並びに平成12年改正法附則第20条第1項第一号及び改正前の第43条第1項の規定にかかわらず、当該旧国家公務員共済組合員期間の各月の標準報酬月額に、附則別表第2の上欄（著者注：上表の左欄）に掲げる受給権者の区分に応じてそれぞれ同表の下欄（著者注：上表の右欄）に定める率を乗じて得た額とする。ただし、国家公務員等共済組合法等の一部を改正する法律附則第32条第1項の規定により当該旧国家公務員共済組合員期間に合算された期間に属する各月の標準報酬月額については、この限りでない。

6　昭和60年9月以前の期間に属する旧地方公務員共済組合員期間（平成24年一元化法附則第4条第十二号に規定する旧地方公務員共済組合員期間をいう。以下この項及び附則第17条の9第5項において同じ。）の平均標準報酬月額の計算の基礎となる標準報酬月額については、第1項並びに平成12年改正法附則第20条第1項第一号及び改正前の第43条第1項の規定にかかわらず、当該旧地方公務員共済組合員期間の各月の標準報酬月額に、附則別表第2の上欄（著者注：上表の左欄）に掲げる受給権者の区分に応じてそれぞれ同表の下欄（著者注：上表の右欄）に定める率を乗じて得た額とする。ただし、地方公務員等共済組合法等の一部を改正する法律（昭和60年法律第108号）附則第35条第1項の規定により当該旧地方公務員共済組合員期間に合算された期間に属する各月の標準報酬月額については、この限りでない。

7　昭和60年9月以前の期間に属する旧私立学校教職員共済加入者期間（平成24年一元化法附則第4条第十三号に規定する旧私立学校教職員共済加入者期間をいう。以下この項及び附則第17条の9第6項において同じ。）の平均標準報酬月額の計算の基礎となる標準報酬月額については、第1項並びに平成12年改正法附則第20条第1項第一号及び改正前の第43条第1項の規定にかかわらず、当該旧私立学校教職員共済加入者期間の各月の標準報酬月額に、附則別表第2の上欄（著者注：上表の左欄）に掲げる受給権者の区分に応じてそれぞれ同表の下欄（著者注：上表の右欄）に定める率を乗じて得た額とする。

8～11　（略）

9 老齢厚生年金等の額の計算に関する経過措置

改正の要点
旧共済組合員等期間を有する者の報酬比例部分の従前額保障の年金額計算に用いる平均標準報酬月額および平均標準報酬額の計算をする際に、標準報酬月額および標準賞与額に乗じる率が規定された。

標準報酬月額に乗じる率
法附則（平12）第21条は、従前額保障の年金額の計算に関する経過措置を規定しています。旧国家公務員共済組合員期間、旧地方公務員共済組合員期間および旧私立学校教職員共済加入者期間を有する者の報酬比例部分の従前額保障の年金額を計算するにあたって、平均標準報酬月額および平均標準報酬額を計算する場合は、各月の標準報酬月額および標準賞与額に期間の区分に応じた下表の率を乗じて得た額となります。ただし、昭和61年4月以前の船員組合員期間で3分の4倍した期間の各月の標準報酬月額については除きます。

期　　間	率	期　　間	率
昭和60年9月前	1.22	平成19年4月～平成20年3月	0.924
昭和60年10月～昭和62年3月	1.22	平成20年4月～平成21年3月	0.924
昭和62年4月～昭和63年3月	1.19	平成21年4月～平成22年3月	0.914
昭和63年4月～平成元年11月	1.16	平成22年4月～平成23年3月	0.927
平成元年12月～平成3年3月	1.09	平成23年4月～平成24年3月	0.934
平成3年4月～平成4年3月	1.04	平成24年4月～平成25年3月	0.937
平成4年4月～平成5年3月	1.01	平成25年4月～平成26年3月	0.937
平成5年4月～平成12年3月	0.99	平成26年4月～平成27年3月	0.932
平成12年4月～平成17年3月	0.917	平成27年4月～平成28年3月	0.909
平成17年4月～平成18年3月	0.923	平成28年4月～平成29年3月	0.909
平成18年4月～平成19年3月	0.926		

法附則（平12）第21条
1～8　（略）
9　昭和60年9月以前の期間に属する旧国家公務員共済組合員期間（被用者年金制度の一元化等を図るための厚生年金保険法等の一部を改正する法律（平成24年法律第63号。以下「平成24年一元化法」という。）附則第4条第十一号に規定する旧国家公務員共済組合員期間をいう。）を有する者に対する第5項の規定の適用については、同項中「得た額」とあるのは、「得た額（その月が昭和60年9月以前の期間に属する第9項に規定する旧国家公務員共済組合員期間（国家公務員等共済組合法等の一部を

改正する法律（昭和60年法律第105号）附則第32条第1項の規定により当該旧国家公務員共済組合員期間に合算された期間を除く。）の計算の基礎となった月である場合は、その月の標準報酬月額に1.22を乗じて得た額）」とする。
10　昭和60年9月以前の期間に属する旧地方公務員共済組合員期間（平成24年一元化法附則第4条第十二号に規定する旧地方公務員共済組合員期間をいう。）を有する者に対する第5項の規定の適用については、同項中「得た額」とあるのは、「得た額（その月が昭和60年9月以前の期間に属する第10項に規定する旧地方公務員共済組合員期間（地方公務員等共済組合法等の一部を改正する法律（昭和60年法律第108号）附則第35条第1項の規定により当該旧地方公務員共済組合員期間に合算された期間を除く。）の計算の基礎となった月である場合は、その月の標準報酬月額に1.22を乗じて得た額）」とする。
11　昭和60年9月以前の期間に属する旧私立学校教職員共済加入者期間（平成24年一元化法附則第4条第十三号に規定する旧私立学校教職員共済加入者期間をいう。）を有する者に対する第5項の規定の適用については、同項中「得た額」とあるのは、「得た額（その月が昭和60年9月以前の期間に属する第11項に規定する旧私立学校教職員共済加入者期間の計算の基礎となった月である場合は、その月の標準報酬月額に1.22を乗じて得た額）」とする。
12　前条第3項の規定は、第1項の規定により厚生年金保険法による年金たる保険給付の額を計算する場合について準用する。
13～17　（略）

【事例】厚生年金に12月加入し退職した場合の報酬比例部分相当額
・昭和25年4月2日生まれ
・厚生年金加入期間12月（平成28年4月から平成29年3月まで）
・標準報酬月額　30万円

【従前額保障】
　平均標準報酬額　300,000円×0.909＝272,700円
　報酬比例部分　272,700円×5.769/1000×12月×0.998＝18,840.7円≒18,841円
　　※0.998は、平成28年度従前額保障スライド率

【本来水準】
　平均標準報酬額　300,000円×0.949＝284,700円
　報酬比例部分　284,700円×5.481／1000×12月＝18,725.2円≒18,725円
　　※0.949は、平成28年4月～29年3月の加入年月の平成28年度再評価率
→2つの年金額の丈比べの結果、従前額保障の18,841円が支給される。

保険給付の通則等

第2章

1 保険給付の種類

改正の要点
厚生年金保険法に規定される保険給付は、それぞれの実施機関で裁定されることとされた。

保険給付の種類

第1号厚生年金被保険者、第2号厚生年金被保険者、第3号厚生年金被保険者、第4号厚生年金被保険者に対する保険給付は次のとおりです（法第32条）。

老齢	老齢厚生年金
障害	障害厚生年金（1級～3級）、障害手当金、
死亡	遺族厚生年金

その他に経過的に支給されるものとして、特別支給の老齢厚生年金、脱退手当金、脱退一時金、特例老齢年金、特例遺族年金があります。
これらの保険給付は、その権利を有する者の請求に基づいて、それぞれの実施機関が裁定します（法第33条）。

法第32条（保険給付の種類）
この法律による保険給付は、次のとおりとし、政府及び実施機関（厚生労働大臣を除く。第34条第1項、第40条、第79条第1項及び第2項、第81条第1項、第84条の5第2項並びに第84条の6第2項並びに附則第23条の3において「政府等」という。）が行う。
一　老齢厚生年金
二　障害厚生年金及び障害手当金
三　遺族厚生年金

法第33条（裁定）
保険給付を受ける権利は、その権利を有する者（以下「受給権者」という。）の請求に基づいて、実施機関が裁定する。

2 端数の処理方法

 改正の要点
保険給付の端数処理は1円未満を四捨五入することとなった。

■ 1円単位の端数処理

改正前の年金給付額算出における端数処理は、100円単位（50円未満の端数を切り捨て、50円以上100円未満の端数は100円に切り上げる）でした。改正後は、1円単位で端数処理する（50銭未満の端数を切り捨て、50銭以上1円未満の端数は1円に切り上げる）ことになりました（法第35条）。

■ 1円単位となる時期

平成27年10月1日以後新たに年金の受給権が発生する場合は、発生時から1円単位の端数処理の規定が適用されています。例えば、平成27年10月5日に特別支給の老齢厚生年金の受給権が発生する場合は、平成27年11月分の年金から1円単位の年金を受給しています（改正法附則第9条）。

既に年金を受けている場合は、年金額が改定された時点から適用されます。年金額が改定された時点とは次の場合です。
・特別支給の老齢厚生年金および退職共済年金の受給者が65歳に達したことによって老齢基礎年金および老齢厚生年金を受けるようになった時
・スライド改定時
・退職改定時
・離婚分割による改定時
・障害等級の変更による改定時等

毎年4月にはスライド改定が行われるため、平成28年4月からはすべての年金受給者の年金額が1円単位となっています。なお、国民年金法における端数処理の規定についても、1円単位で四捨五入されています。

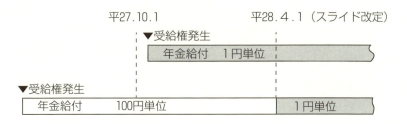

■ 100円単位の端数処理

改正によりすべての年金額が1円単位になるわけではありません。例えば、老齢基礎年金の額について、国民年金法第27条は「老齢基礎年金の額は、780,900円に改定率を乗じて得た額（その額に50円未満の端数が生じたときは、これを切り捨て、50円以上100円未満の端数が生じたときは、これを100円に切り上げるものとする。）とする。」と規定しており、この条文は改正されていません。つまり、老齢基礎年金の満額は、改正前と同様に100円単位となり、それをもとに個人ごとに計算される老齢基礎年金額は1円単位で端数処理されることになります。

【事例】ある年度の改定率が0.999とした場合の老齢基礎年金の額
- 老齢基礎年金の満額
  780,900円×0.999＝780,119円≒780,100円（100円単位）
- 国民年金に40年加入した人の老齢基礎年金額
  780,100円×480/480＝780,100円
- 国民年金に25年加入した人の老齢基礎年金額
  780,100円×300/480＝487,562.5円≒487,563円

老齢厚生年金および障害厚生年金に加算される加給年金額、遺族厚生年金の中高齢寡婦加算額、子の加算額等についても従来どおり、100円単位での四捨五入となります。

📖 法第35条（端数処理）

1　保険給付を受ける権利を裁定する場合又は保険給付の額を改定する場合において、保険給付の額に50銭未満の端数が生じたときは、これを切り捨て、50銭以上1円未満の端数が生じたときは、これを1円に切り上げるものとする。
2　前項に規定するもののほか、保険給付の額を計算する場合において生じる1円未満の端数の処理については、政令で定める。

📖 改正法附則第9条（端数処理に関する経過措置）

1　改正後厚生年金保険法第35条第1項の規定は、施行日以後に生じた事由に基づいて行う保険給付を受ける権利の裁定又は保険給付の額の改定について適用し、施行日前に生じた事由に基づいて行う保険給付を受ける権利の裁定若しくは保険給付の額の改定又は長期給付を受ける権利の決定若しくは長期給付の額の改定については、なお従前の例による。
2　（略）

3 2月期支払いの年金額の加算

改正の要点
2月の支払期月の年金額加算に関する規定が新設された。

■ 2月期の支払い額

年金額は年6回に分けて支給されることから、各支払期月（2月、4月、6月、8月、10月、12月）における支払額に1円未満の端数が生じる場合がありますが、これを切り捨てるものとされています（法第36条の2）。切り捨てた端数について、共済年金制度では2月支払期の年金に加算して支給していましたが、厚生年金保険には、そのような扱いはありませんでした。改正に伴い、共済年金制度に合わせた形で厚生年金保険法の規定が変わりました。すなわち、毎年3月から翌年2月までの間において切り捨てられた金額の合計額は、2月の支払期月に加算して支給されます。平成27年12月支払分(10月・11月分)の年金から、基礎年金、付加年金、厚生年金ごとに適用されています（経過措置政令第18条）。

```
【計算事例】
    特別支給の老齢厚生年金額 1,172,464円（前年度も同金額とした場合）
    ・各期の支払額      1,172,464円 ÷ 6 = 195,410.66666667円
                                                   切捨て
    ・6期分の合計      195,410円 × 6 ≒ 1,172,460円
    ・切り捨てた金額の合計   0.66666667 × 6（支払期）= 4.00000002円
                                              （円未満切捨て）
    ・2月期支払額      195,410円 + 4円 = 195,414円
```

📖 法第36条の2（2月期支払の年金の加算）
1 前条第3項の規定による支払額に1円未満の端数が生じたときは、これを切り捨てるものとする。
2 毎年3月から翌年2月までの間において前項の規定により切り捨てた金額の合計額（1円未満の端数が生じたときは、これを切り捨てた額）については、これを当該2月の支払期月の年金額に加算するものとする。

📖 経過措置政令第18条（2月期支払の年金の加算に関する経過措置）
1 改正後厚生年金保険法第36条の2の規定は、平成27年10月以後の月分として支給される厚生年金保険法による年金たる保険給付の支払額について適用する。
2 改正後国民年金法第18条の2の規定は、平成27年10月以後の月分として支給される国民年金法による年金たる給付の支払額について適用する。

■2月の支払いがない場合

2月前に失権した場合や在職による支給停止等により、2月期の支払いがない場合には、端数加算は行われません。国民年金法における年金給付においても同様の扱いです。なお、65歳時の裁定替えによって特別支給の老齢厚生年金の受給権が消滅した者については、特別支給の老齢厚生年金の端数と老齢厚生年金の端数の合計が1円以上あれば、2月期に加算して支給されます。

ワンポイント――年金振込通知書

日本年金機構から送付される「年金振込通知書」には、2月期の加算額が記載されています。

4 年金の支払いの調整の特例

 改正の要点
2以上の厚生年金被保険者期間を有する者にかかる年金の支払いの調整の特例の規定が新設された。

■ 2以上の種別の被保険者であった期間を有する者の内払調整の概要

　年金給付を支給停止して他方の年金給付を支給すべき場合、届出の遅れ等の理由から、支給を停止すべき給付が支払われてしまうことがあります。このような場合に、支給停止すべき年金給付を一度返還し、新たに他方の年金給付として支給するのではなく、内払調整を行うことにより、受給者の利便および事務の簡素化を図ることとしています。

　2以上の種別の被保険者であった期間を有する者に係る保険給付の受給権者の年金の支払いの調整について、法第78条の24に新たな規定が設けられました。この規定は年金の支払いの調整について規定する法第39条第1項および第2項を読み替えるものです。

■ 同一人が受ける同一種別内の年金の支払調整
１．受給権の消滅

　第1号から第4号までの各号の厚生年金被保険者期間のうち、1の期間に基づくA年金の受給権者が、同じ種別の厚生年金被保険者期間に基づくB年金の受給権を取得したため、A年金の受給権が消滅した場合において、A年金の受給権が消滅した月の翌月分以後の分として、A年金の支払いが行われたとき　→　B年金の内払いとみなします。

２．支給の停止

　第1号から第4号までの各号の厚生年金被保険者期間のうち、1の期間に基づくA年金の支給を停止して、同じ種別の厚生年金被保険者期間に基づくB年金を支給すべき場合において、A年金の支給を停止すべき事由が生じた月の翌月以後の分としてA年金の支払いが行われたとき　→　B年金の内払いとみなします。

　上記のように、同一の種別の厚生年金被保険者期間に係る年金給付の間での内払調整が行われますが、他の厚生年金被保険者期間にかかる年金給付との内払調整は行われません。例えば、第1号厚生年金被保険者期間に基づく年金給付間内での内払調整は行われますが、第1号厚生年金被保険者期間に基づく年金給付と第2号厚生年金被保険者期間に基づく年金給付の間での内払調整は行われません。

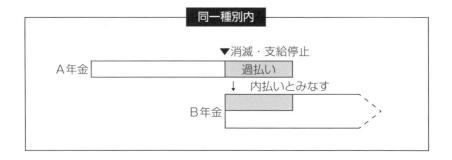

■ 同一の年金についての支払調整

1. 年金の支給の停止

　第1号から第4号までの各号の厚生年金被保険者期間のうち、1の期間に基づく年金の支給を停止すべき事由が生じたにもかかわらず、その停止すべき期間の分として年金が支払われたとき　→　その後に支払うべき年金の内払いとみなすことができます。

2. 年金額の減額

　第1号から第4号までの各号の厚生年金被保険者期間のうち、1の期間に基づく年金額を減額して改定すべき事由が生じたにもかかわらず、その事由が生じた月の翌月以後の分として減額しない額の年金が支払われたとき　→　その後に支払うべき年金の内払いとみなすことができます。

📖 法第78条の24（年金の支払の調整の特例）

　2以上の種別の被保険者であった期間を有する者に係る保険給付の受給権者について、第39条第1項及び第2項の規定を適用する場合においては、同条第1項中「乙年金の受給権者」とあるのは「第78条の22に規定する各号の厚生年金被保険者期間（以下この条において「各号の厚生年金被保険者期間」という。）のうち第78条の22に規定する1の期間（以下この条において「1の期間」という。）に基づく乙年金（以下この項において「乙年金」という。）の受給権者」と、「甲年金の受給権」とあるのは「当該1の期間に基づく甲年金（以下この項において「甲年金」という。）の受給権」と、同条第2項中「年金の支給」とあるのは「各号の厚生年金被保険者期間のうち1の期間に基づく年金の支給」と、「年金が支払われたとき」とあるのは「当該年金が支払われたとき」と、「年金の内払」とあるのは「当該1の期間に基づく年金の内払」と、「年金を減額して」とあるのは「各号の厚生年金被保険者期間のうち1の期間に基づく年金を減額して」と、「年金が支払われた場合」とあるのは「当該1の期間に基づく年金が支払われた場合」とする。

📖 **法第39条（年金の支払の調整） 法第78条の24（年金の支払の調整の特例）による読替え（___部分）**

1 第78条の22に規定する各号の厚生年金被保険者期間（以下この条において「各号の厚生年金被保険者期間」という。）のうち第78条の22に規定する1の期間（以下この条において「1の期間」という。）に基づく乙年金（以下この項において「乙年金」という。）の受給権者が当該1の期間に基づく甲年金（以下この項において「甲年金」という。）の受給権を取得したため乙年金の受給権が消滅し、又は同一人に対して乙年金の支給を停止して甲年金を支給すべき場合において、乙年金の受給権が消滅し、又は乙年金の支給を停止すべき事由が生じた月の翌月以後の分として、乙年金の支払が行われたときは、その支払われた乙年金は、甲年金の内払とみなす。

2 各号の厚生年金被保険者期間のうち1の期間に基づく年金の支給を停止すべき事由が生じたにもかかわらず、その停止すべき期間の分として<u>当該年金が支払われたとき</u>は、その支払われた年金は、その後に支払うべき<u>当該1の期間に基づく年金の内払</u>とみなすことができる。<u>各号の厚生年金被保険者期間のうち1の期間に基づく年金を減額して改定すべき事由が生じたにもかかわらず、その事由が生じた月の翌月以後の分として減額しない額の</u><u>当該1の期間に基づく年金が支払われた場合</u>における当該年金の当該減額すべきであった部分についても、同様とする。

3 （略）

💡 **ワンポイント——国民年金法の年金給付との調整**

国民年金法による年金給付は、厚生労働大臣が支給する年金給付との間に限り、内払の調整が可能です。第2号〜第4号厚生年金被保険者期間にかかる実施機関が支給する年金との内払調整はできません。

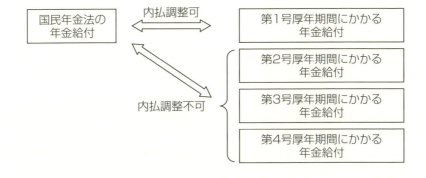

5 改正前に支給されている厚生年金保険の給付

改正の要点
改正前に受給権が発生している厚生年金保険の給付については、原則として従前のとおりとされた。

■ 改正前から支給されている厚生年金保険の給付

　改正前の厚生年金保険法による年金給付ならびに昭和60年改正前の旧厚生年金保険法による年金給付および昭和60年改正前の旧船員保険法による年金給付については、従前のとおりとなります。これらの年金給付について、第6章で述べる改正法附則第13条から第16条までの規定（189～213ページ参照）を除き、改正前厚生年金保険法の保険給付の額の計算およびその支給停止に関する規定、ならびに年金額の計算およびその支給停止に関する規定であって被用者年金一元化法によって改正された改正前厚生年金保険法等の規定は引き続きその効力を有します。

　効力を有するものとされた改正前の厚生年金保険法等の規定に関しては、政令において読替えがされています（改正法附則第12条。政令省略）。

```
                  平27.10.1
  ┌─────────┬─────────┐
  │ 老齢厚生年金    │          │
  ├─────────┼─────────┤
  │ 障害厚生年金    │          │
  ├─────────┼─────────┤
  │ 遺族厚生年金    │          │
  └─────────┴─────────┘
   改正前厚年法等適用  従前の例による
```

📖 改正法附則第12条（改正前厚生年金保険法等による保険給付に関する経過措置）

1　改正前厚生年金保険法による年金たる保険給付並びに昭和60年国民年金等改正法附則第78条第1項及び第87条第1項に規定する年金たる保険給付については、この法律及びこれに基づく政令に別段の定めがあるもののほか、なお従前の例による。

2　前項に規定する年金たる保険給付については、次条から附則第16条までの規定を適用する場合を除き、改正前厚生年金保険法中当該保険給付の額の計算及びその支給停止に関する規定並びに当該保険給付の額の計算及びその支給停止に関する規定であってこの法律（附則第1条各号に掲げる規定を除く。）によって改正されたその他の法律の規定（これらの規定に基づく命令の規定を含む。以下この項において「改正前厚生年金保険法等の規定」という。）は、なおその効力を有する。この場合において、この項の規定によりなおその効力を有するものとされた改正前厚生年金保険法等の規定の適用に関し必要な読替えその他改正前厚生年金保険法等の規定の適用に関し必要な事項は、政令で定める。

6　改正前に支給されている共済年金の給付

改正の要点
改正前に受給権が発生している共済年金制度の給付については、原則として改正前の規定が適用されることになった。

■ 改正前から支給されている共済年金の給付

改正前に受給権が発生した共済年金の給付は、一部の規定を除き、改正後も改正前の共済各法の規定に基づいて支給されます（改正法附則第37条）。

■ 共済組合員等期間を有する者の退職共済年金と老齢厚生年金

●昭和25年10月1日以前生まれ

昭和25年10月1日以前生まれの者は、平成27年9月30日において65歳以上であり、本来支給の退職共済年金を受給しています。この者は改正後も改正前の共済各法の規定に基づき、本来支給の退職共済年金を受給することになります。

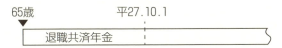

●昭和25年10月2日から平成29年10月1日生まれ

昭和25年10月2日から平成29年10月1日生まれの者は、平成27年9月30日において61歳以上65歳未満であり、特別支給の退職共済年金を受給しており、改正後もそのまま支給されます。65歳になると特別支給の退職共済年金を受ける権利は消滅し、改正後の厚生年金保険法の規定による本来支給の老齢厚生年金が支給されることになります。

●平成29年10月2日以後生まれ

平成29年10月2日以後生まれの者は、平成27年9月30日において61歳未

満であり年金の受給権を有していません。よって、改正後の厚生年金保険法の規定による特別支給の老齢厚生年金が支給されることになります。

```
   平27.10.1              ▼65歳
   ┌─────────────────────┬──────────────────┐
   │ 特別支給の老齢厚生年金 │  老齢厚生年金     │
   └─────────────────────┴──────────────────┘
```

■ 改正前国共済法が適用されない規定

改正前国共済法が適用されない規定は次のとおりです（改正法附則第37条）。
- 第43条（遺族の順位）
- 第44条（同順位者が2人以上ある場合の給付）
- 第72条の3から6（再評価率の改定等）
- 第77条第4項（退職共済年金の退職改定）
- 第79条（組合員である間の退職共済年金の支給の停止等）
- 第80条（厚生年金保険の被保険者等である間の退職共済年金の支給の停止）
- 第87条（組合員である間の障害共済年金の支給の停止等）
- 第87条の2（厚生年金保険の被保険者等である間の障害共済年金の支給の停止）

また、改正前に受給権が発生した共済年金の給付については、改正後の厚生年金保険法第43条の2から5の再評価率の改定および第46条の在職停止の規定が適用されます。適用される改正後の厚生年金保険法の規定は、経過措置政令によって定められています。

地方公務員共済、私立学校教職員共済についても同様の規定があります。

📖 改正法附則第37条（改正前国共済法による給付等）

1　施行日前に給付事由が生じた改正前国共済法による年金である給付（他の法令の規定により当該年金である給付とみなされたものを含む。）及び旧国共済法による年金である給付（他の法令の規定により当該年金である給付とみなされたものを含む。）については、第3項及び第4項並びに附則第31条の規定を適用する場合並びにこれらの給付の費用に関する事項を除き、改正前国共済法の長期給付に関する改正前国共済法及びこの法律（附則第1条各号に掲げる規定を除く。）による改正前のその他の法律の規定（これらの規定に基づく命令の規定を含む。）は、なおその効力を有する。この場合において、これらの規定の適用に関し必要な読替えその他これらの規定の適用に関し必要な事項は、政令で定める。
2　前項に規定する給付は、国家公務員共済組合連合会が支給する。
3　第1項に規定する給付については、同項の規定にかかわらず、改正前国共済法第43条、第44条、第72条の3から第72条の6まで、第77条第4項、第79条、第80条、第87条及び第87条の2の規定その他の政令で定める規定は、適用しない。
4　第1項に規定する給付については、改正後厚生年金保険法第43条の2から第43条の5まで及び第46条の規定その他の政令で定める規定を適用する。この場合において、これらの規定の適用に関し必要な技術的読替えは、政令で定める。

ワンポイント──退職共済年金の退職改定

旧共済組合員等期間中に受給権が発生した退職共済年金について、在職中は改正後の在職老齢年金の規定が適用されます。その後公務員等を退職したときには、在職中に決定された退職共済年金の算定基礎となった組合員等期間に、平成27年9月までの組合員等期間を加え平均標準報酬額の見直しを行い退職改定が行われます。また、平成27年10月から退職までの被保険者期間については、老齢厚生年金が支給されます。

【事　例】
特別支給の退職共済年金（300月）受給中
施行日前から第2号厚生年金に60月（施行日前10月、施行日以後50月）加入後退職した場合

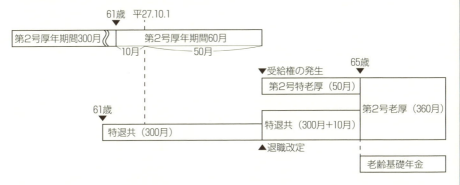

ワンポイント──年金コード

一元化により新しい年金コードが加わりました。

一元化前に受給権が発生した年金給付

	老齢	遺族	障害
厚生年金	1150	1450	1350
共済年金	1170	1470	1370

一元化後に受給権が発生した年金給付

	老齢	遺族	障害
第1号厚年	1150	1450	1350
第2号厚年	1120	1420	1320
第3号厚年	1130	1430	1330
第4号厚年	1140	1440	1340

老齢厚生年金

第3章

I 老齢厚生年金

1 老齢厚生年金の受給要件

改正の要点
老齢厚生年金の受給要件は、種別ごとに適用することになった。

■ 老齢厚生年金の受給要件
　厚生年金保険の被保険者期間が1カ月以上あり、老齢基礎年金の受給資格期間を満たしている者が65歳以上であれば、老齢厚生年金が支給されます（法第42条）。

　2以上の種別の厚生年金被保険者期間を有する者に係る老齢厚生年金については、第1号から第4号までの各号の厚生年金被保険者期間ごとに、これらの支給要件が適用され、受給権の有無を確認することとなりました（法第78条の26）。

```
　　　　→第1号老齢厚生年金として支給　　　→第2号老齢厚生年金として支給
┌─────────────┐　　　　　　　　┌─────────────┐
│第1号厚生年金の　│　　　　　　　　│第2号厚生年金の　│
│被保険者期間　　 │　　　　　　　　│被保険者期間　　 │
└─────────────┴────────────────┴─────────────┘
│　　　　　　　老齢基礎年金の受給資格期間を満たす　　　　　　　│
└──────────────────────────────────────────────┘
```

📖 法第78条の26（老齢厚生年金の受給権者及び年金額の特例）
　2以上の種別の被保険者であった期間を有する者に係る老齢厚生年金について、第42条（この法律及び他の法令において、引用し、準用し、又はその例による場合を含む。）の規定を適用する場合においては、各号の厚生年金被保険者期間に係る被保険者期間ごとに適用する。
2　（略）

📖 法第42条（受給権者）
　老齢厚生年金は、被保険者期間を有する者が、次の各号のいずれにも該当するに至ったときに、その者に支給する。
一　65歳以上であること。
二　保険料納付済期間と保険料免除期間とを合算した期間が25年以上であること。

ワンポイント——老齢厚生年金の請求
　改正後に受給権が発生する複数の種別の老齢厚生年金については、ワンストップサービスの対象であり、いずれの実施機関でも請求可能です。受給権発生が平成27年10月前の場合はワンストップサービスの対象外となるため、加入期間を有する実施機関に対してそれぞれ請求する必要があります。

2 老齢厚生年金の年金額の計算

改正の要点
老齢厚生年金の年金額の計算は、種別ごとに適用することになった。

▎法第43条の規定

法第43条は老齢厚生年金の年金額について規定しています。第1項は老齢厚生年金額の計算方式、第2項は老齢厚生年金の受給権を取得した以後の厚生年金保険の被保険者期間を老齢厚生年金の計算の基礎としないこと、第3項は年金額の改定についてです。

2以上の種別の厚生年金被保険者期間を有する者については、第1号から第4号までの各号の厚生年金被保険者期間ごとに、これらの規定が適用されることになりました（法第78条の26）。

各号の厚生年金被保険者期間ごとに適用

第43条
- 第1項　老齢厚生年金額の計算式
- 第2項　老齢厚生年金の計算の基礎
- 第3項　年金額の改定

▎報酬比例部分相当額

老齢厚生年金の報酬比例部分相当額は、原則「平均標準報酬額×1000分の5.481×被保険者期間の月数」で計算されます（法第43条第1項）。2以上の種別の厚生年金被保険者期間を有する者にかかる「平均標準報酬額」の計算は、種別ごとの被保険者であった各月の標準報酬月額と標準賞与額をもとに算出します。「被保険者期間の月数」は種別ごとの月数を乗じます。例えば、第1号厚生年金被保険者期間と第2号厚生年金被保険者期間を有する者については、第1号厚生年金被保険者期間にかかる平均標準報酬額と第2号厚生年金被保険者期間にかかる平均標準報酬額をそれぞれに算出し、それぞれの被保険者期間の月数を乗じることによって、それぞれの老齢厚生年金額が決定されます。

| 第2号厚生年金期間　360月 平均標準報酬額30万円 | 第1号厚生年金期間　60月 平均標準報酬額20万円 |

種別ごとに計算

→ 第2号老齢厚生年金
30万円×乗率×360月

→ 第1号老齢厚生年金
20万円×乗率×60月

■ 特例による年金額

　特別支給の老齢厚生年金の額は、報酬比例部分相当額だけでなく、定額部分も支給される場合があります。定額部分は原則「1,628円×改定率×被保険者期間の月数」で算出され、被保険者期間の月数には生年月日に応じて上限が設けられています。例えば昭和21年4月2日以後生まれの者には480月の上限があります（法附則第9条の2第2項）。

生年月日	上限月数
大正15年4月2日～昭和4年4月1日生まれ	420月　（35年）
昭和4年4月2日～昭和9年4月1日生まれ	432月　（36年）
昭和9年4月2日～昭和19年4月1日生まれ	444月　（37年）
昭和19年4月2日～昭和20年4月1日生まれ	456月　（38年）
昭和20年4月2日～昭和21年4月1日生まれ	468月　（39年）
昭和21年4月2日以降生まれ	480月　（40年）

　2以上の種別の厚生年金被保険者期間を有する者にかかる定額部分の計算については、種別ごとに適用されるため、種別ごとに480月の上限となります。例えば、昭和21年4月2日以降生まれであって、第1号厚生年金被保険者期間が480月、第2号厚生年金被保険者期間が60月ある者は、それぞれの上限が480月となるため、合計540月の定額部分を受給することができます。経過的加算額についても同様です。

同じ種別に540月の厚生年金期間がある場合

異なる種別に480月と60月の厚生年金期間がある場合

■ 国家公務員共済組合員期間と地方公務員共済組合員期間を有する者

　地方公務員共済組合の組合員であったことのある国家公務員共済組合の組合員の保険給付について、地方公務員共済組合の組合員期間を国家公務員共済組合の組合員であったものとみなし、改正後地共済法の規定による給付を改正後国共済

法中に相当する規定による給付とみなした上で、厚生年金保険法第32条に規定する保険給付とします（改正後国共済法第73条・第126条の3）。例えば、地方公務員履歴のある国家公務員については、地方公務員共済組合員期間を国家公務員共済組合員期間であったとみなして第2号老齢厚生年金が支給されます。逆に、最終履歴が地方公務員であった場合には、国家公務員共済組合員期間を地方公務員共済組合員期間であったとみなして、第3号老齢厚生年金が支給されます（改正後地共済法第144条）。

📖 法第78条の26（老齢厚生年金の受給権者及び年金額の特例）

1 （略）
2 2以上の種別の被保険者であった期間を有する者に係る老齢厚生年金について、第43条（この法律及び他の法令において、引用し、準用し、又はその例による場合を含む。）の規定を適用する場合においては、同条第1項に規定する被保険者であった全期間並びに同条第2項及び第3項に規定する被保険者であった期間は、各号の厚生年金被保険者期間ごとに適用し、同条第1項に規定する被保険者期間は、各号の厚生年金被保険者期間に係る被保険者期間ごとに適用し、同条第3項に規定する被保険者の資格は、被保険者の種別ごとに適用する。

📖 法第43条（年金額）

1 老齢厚生年金の額は、被保険者であった全期間の平均標準報酬額（被保険者期間の計算の基礎となる各月の標準報酬月額と標準賞与額に、別表各号に掲げる受給権者の区分に応じてそれぞれ当該各号に定める率（以下「再評価率」という。）を乗じて得た額の総額を、当該被保険者期間の月数で除して得た額をいう。附則第17条の6第1項及び第29条第3項を除き、以下同じ。）の1000分の5.481に相当する額に被保険者期間の月数を乗じて得た額とする。
2 老齢厚生年金の額については、受給権者がその権利を取得した月以後における被保険者であった期間は、その計算の基礎としない。
3 被保険者である受給権者がその被保険者の資格を喪失し、かつ、被保険者となることなくして被保険者の資格を喪失した日から起算して1月を経過したときは、前項の規定にかかわらず、その被保険者の資格を喪失した月前における被保険者であった期間を老齢厚生年金の額の計算の基礎とするものとし、資格を喪失した日（第14条第二号から第四号までのいずれかに該当するに至った日にあっては、その日）から起算して1月を経過した日の属する月から、年金の額を改定する。

📖 改正後国共済法第126条の3

1 地方の組合の組合員であった組合員に対するこの法律（第6章を除く。）の規定の適用については、その者の当該地方の組合の組合員であった間組合員であったものと、地方公務員等共済組合法の規定による給付はこの法律中の相当する規定による給付とみなす。ただし、長期給付に関する規定の適用については、地方公務員等共済組合法の長期給付に関する規定の適用を受けた地方の組合の組合員であった間に限る。
2 （略）

3 受給資格期間短縮の特例

改正の要点

中高齢の短縮特例は、第1号厚生年金被保険者のみに適用されることになった。

■ 受給資格期間の短縮の特例の概要

老齢厚生年金の受給要件には短縮特例が設けられており、受給資格期間が原則の25年より短くても年金が受給できる次のケースがあります（法附則（60）第12条）。

① 昭和5年4月1日以前に生まれた者は、保険料納付済期間および保険料免除期間を有し、かつ合算対象期間を合わせた期間が、生年月日に応じて21年から24年以上あること。

② 昭和31年4月1日以前に生まれた者で、第1号厚生年金被保険者期間、第2号厚生年金被保険者期間、第3号厚生年金被保険者期間または第4号厚生年金被保険者期間が、単独でまたは合算して、生年月日に応じて20年から24年以上あること。

③ 昭和26年4月1日以前に生まれた者で、次のアまたはイのいずれかに該当すること。

ア．男子は40歳以後、女子・船員等は35歳以後の第1号厚生年金被保険者期間が生年月日に応じて15年から19年以上あること（下表）。ただし、7年6月以上の期間は、第4種被保険者および船員任意継続被保険者以外の被保険者期間であることが必要。

イ．35歳以後の第3種被保険者または船員任意継続被保険者としての厚生年金保険の被保険者期間が、生年月日に応じて15年から19年以上あること（下表）。ただし、10年以上は、船員任意継続被保険者以外の被保険者期間であることが必要。

生年月日	期間
昭和22年4月1日以前	15年
昭和22年4月2日〜昭和23年4月1日	16年
昭和23年4月2日〜昭和24年4月1日	17年
昭和24年4月2日〜昭和25年4月1日	18年
昭和25年4月2日〜昭和26年4月1日	19年

■ 中高齢の短縮特例

上記のうち、③アの「中高齢の短縮特例」は、第1号厚生年金被保険者にだけ適用され、第2号厚生年金被保険者、第3号厚生年金被保険者および第4号厚生

年金被保険者には適用されません。

【事例】　昭和22年4月1日生まれの男子

　　　　　　▼40歳
　　　　未加入　　｜第1号厚生年金被保険者期間15年｜　→　中高齢の短縮特例に該当

　　　　未加入　　｜第2号厚生年金被保険者期間15年｜　→　中高齢の短縮特例に該当せず

　　　　未加入　　｜第1号厚年10年、第2号厚年5年｜　→　中高齢の短縮特例に該当せず

📖 **法附則（60）第12条（老齢基礎年金等の支給要件の特例）（＿＿＿部分が改正）**

1　保険料納付済期間（附則第8条第1項又は第2項の規定により保険料納付済期間とみなすこととされたものを含み、同条第4項に規定するものを除く。以下この条において同じ。）又は保険料免除期間（附則第8条第1項の規定により保険料免除期間とみなすこととされたものを含み、国民年金法第90条の3第1項の規定により納付することを要しないものとされた保険料に係るものを除く。）を有する者（以下この項において「保険料納付済期間等を有する者」という。）のうち、同法第26条ただし書に該当する者（同法附則第9条第1項の規定により同法第26条ただし書に該当しないものとみなされる者を除く。）であって第二号から第七号まで及び第十八号から第二十号までのいずれかに該当するものは、同条並びに同法附則第9条の2第1項、第9条の2の2第1項、第9条の3第1項及び第9条の3の2第1項の規定の適用については、同法第26条ただし書に該当しないものとみなし、保険料納付済期間等を有する者のうち、保険料納付済期間と保険料免除期間（附則第8条第1項の規定により保険料免除期間とみなすこととされたものを含む。）とを合算した期間が25年に満たない者であって第一号から第十九号までのいずれかに該当するものは、同法第37条（第三号及び第四号に限る。）の規定の適用については、保険料納付済期間と保険料免除期間とを合算した期間が25年以上であるものとみなす。

　一～三（略）

　四　附則別表第3の上欄（著者注：68ページの表の左欄）に掲げる者であって、40歳（女子については、35歳）に達した月以後の厚生年金保険の被保険者期間（附則第47条第1項の規定又は他の法令の規定により厚生年金保険の被保険者であった期間とみなされた期間に係るものを含み、<u>厚生年金保険法第2条の5第1項第一号に規定する第1号厚生年金被保険者期間（以下「第1号厚生年金被保険者期間」という。）に係るものに限る。</u>）が、それぞれ同表の下欄（著者注：68ページの表の右欄）に掲げる期間以上であること（そのうち、7年6月以上は、第4種被保険者又は船員任意継続被保険者としての厚生年金保険の被保険者期間（旧厚生年金保険法第3条第1項第七号に規定する第4種被保険者であった期間及び旧船員保険法第20条第1項の規定による船員保険の被保険者であった期間に係るものを含む。）以外のものでなければならない。）。

　五～二十（略）

2～4　（略）

4 退職改定のしくみ

改正の要点

老齢厚生年金の退職改定は、各号の厚生年金被保険者期間ごとに適用されることとなった。

退職改定の基本的なしくみ

厚生年金保険の被保険者である老齢厚生年金の受給権者がその資格を喪失し、被保険者とならずに1カ月を経過した場合には年金額が改定されます。例えば、65歳で老齢厚生年金の受給権を有した者が、その後も厚生年金保険に加入して働き、67歳で退職し再就職しなかった場合には、老齢厚生年金の額が改定されます。これを「退職改定」といいます（法第43条第3項）。

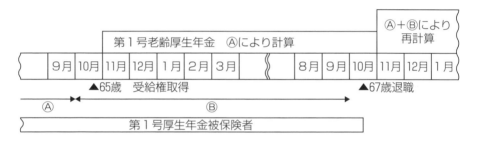

各号の厚生年金保険者期間ごとに適用

退職改定は、第1号から第4号までの各号の厚生年金の被保険者期間の種別ごとに適用されます（法第78条の26）。したがって、資格喪失後1カ月以内に退職前と同じ種別の厚生年金保険の被保険者となった場合には、年金額の改定は行われません。しかし、退職前と異なる種別の厚生年金保険の被保険者になった場合には、年金額の改定が行われます。

例えば、民間会社員が資格喪失後1カ月以内に、別の民間企業へ再就職した場合には、資格喪失前後ともに第1号厚生年金被保険者のため、年金額の改定は行われません（図A）。一方、民間会社員が資格喪失後に国家公務員となった場合には、第1号厚生年金被保険者の資格を喪失し、第2号厚生年金被保険者の資格を取得することになるため、第1号厚生年金被保険者期間にかかる老齢厚生年金の額が改定されることとなります（図B）。公務員が民間会社に再就職した場合についても同様です（図C）。

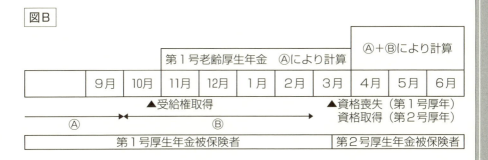

5 退職改定された年金額の支給時期

改正の要点
厚生年金保険の資格を喪失した場合の老齢厚生年金の退職改定の時期が改められることになった。

改正前の改定時期

法第43条第3項が改正され、老齢厚生年金の退職改定の時期が改められました。改正前は「資格喪失日から起算して1月を経過した日の属する月から、年金の額を改定する。」とあり、被保険者の資格喪失理由を問わず、資格喪失日から起算して1月を経過した日の属する月から年金額が改定されていました。例えば、3月末日退職の場合は4月1日が資格喪失日となるため、1月経過した日(5月1日)が属する月の5月分の年金額から改定されていました。

●月末日退職の場合

資格喪失日から起算して1月を経過した日の属する月から改定(5月)

●月末日以外の退職の場合

資格喪失日から起算して1月を経過した日の属する月から改定(4月)

改正後の改定時期

1．退職等により資格を喪失した場合

資格喪失の理由が、法第14条第二号から第四号に該当する場合の改定時期が改正になりました。その事由があった日から起算して1月を経過した日の属する月から年金額を改定し、それ以外は資格喪失日から起算することになります。

> 法第14条
> 　第二号…その事業所又は船舶に使用されなくなったとき（退職）。
> 　第三号…任意適用事業所が厚生労働大臣の認可を受けて適用事業所でなくなったとき。または、任意単独被保険者が厚生労働大臣の認可を受けて資格を喪失するとき。
> 　第四号…適用除外事由に該当したとき。

　例えば、3月末日退職の場合、4月1日が資格喪失日であることには変わりありませんが、年金額の改定時期が、退職日から起算して1月経過した日が属する月からとなりました。つまり、4月分の年金額から改定されることになります。
　改正後の規定は、平成27年9月30日退職（平成27年10月1日喪失）の場合から適用されています。月末日以外の退職の改定時期は、退職日と資格喪失日が同月であるため改正前と変わりません。

●月末日退職の場合

退職日から起算して1月を経過した日の属する月から改定（4月）

●月末日以外の退職の場合

退職日から起算して1月を経過した日の属する月から改定（4月）

2．70歳に達したことにより資格を喪失した場合
　70歳に達したことにより厚生年金被保険者の資格を喪失した場合については、改正の対象となっていないため、70歳到達日の翌月から改定されます。例えば、4月1日に70歳に到達した場合、当日が資格喪失日となりますので、1月経過した日が属する月の5月分の年金から改定されることとなります。
　※70歳到達日とは70歳の誕生日の前日です。

資格喪失日から起算して1月を経過した日の属する月から改定（5月）

📖 【参考】改正前の法第43条第3項

3　被保険者である受給権者がその被保険者の資格を喪失し、かつ、被保険者となることなくして被保険者の資格を喪失した日から起算して1月を経過したときは、前項の規定にかかわらず、その被保険者の資格を喪失した月前における被保険者であった期間を老齢厚生年金の額の計算の基礎とするものとし、資格を喪失した日から起算して1月を経過した日の属する月から、年金の額を改定する。

📖 改正後　法第43条第3項

3　被保険者である受給権者がその被保険者の資格を喪失し、かつ、被保険者となることなくして被保険者の資格を喪失した日から起算して1月を経過したときは、前項の規定にかかわらず、その被保険者の資格を喪失した月前における被保険者であった期間を老齢厚生年金の額の計算の基礎とするものとし、資格を喪失した日（第14条第二号から第四号までのいずれかに該当するに至った日にあっては、その日）から起算して1月を経過した日の属する月から、年金の額を改定する。

👆 ワンポイント──年金証書等の送付

　各実施機関において、年金証書、振込通知書等の様式の統一は行われず、名称のみが統一されました。また、各実施機関で作成時期が異なるため、送付時期の統一は行われていません。複数の種別の厚生年金被保険者期間を有する場合は、同一名称の年金証書や振込通知書等が各実施機関から送付されることになります。

厚生労働大臣発行の年金証書

国家公務員共済組合発行の年金証書

Ⅱ 老齢厚生年金の支給繰下げ

1 支給繰下げ制度の概要

▌支給繰下げ制度の概要

　老齢厚生年金は、原則として65歳から支給されますが、その支給開始時期を受給権者の意思で遅らせて、年金額を増額させることができます。現在の支給繰下げの対象は、平成19年4月1日以後に65歳となる昭和17年4月2日以後生まれの者です。昭和12年4月1日以前生まれの者は現在とは異なる規定の支給繰下げをすることができますが、昭和12年4月2日から昭和17年4月1日生まれの者は支給繰下げができません。以下、昭和17年4月2日以後生まれの支給繰下げについて記載します。

▌支給繰下げの要件

　老齢厚生年金の支給繰下げの申出を行うためには、次の要件をすべて満たす必要があります（法第44条の3）。
　①本来支給の老齢厚生年金の受給権があること
　②受給権発生後1年経過前に老齢厚生年金を請求していないこと
　③受給権発生時または受給権発生時から1年を経過するまでに障害年金や遺族年金の受給権者でないこと

　例えば、昭和26年10月20日が誕生日である者は、平成28年10月19日が65歳到達日となり、通常は本来支給の老齢厚生年金の受給権を取得します。この場合、平成29年10月18日までに老齢厚生年金の請求をしていない場合には、翌日以降に老齢厚生年金の支給繰下げの申出が可能となります。

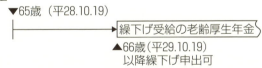

　ただし、老齢厚生年金の受給権が発生したとき、または受給権発生時から1年を経過するまでの間において、老齢以外の保険事故を支給事由とする年金の受給権者となったときは、繰下げ請求はできません。例えば、65歳に老齢厚生年金の受給権が発生する者が、その時点で障害厚生年金や遺族厚生年金の受給権者であるときには、支給繰下げができません。また、受給権発生日から1年経過前に障害厚生年金や遺族厚生年金の受給権者となった場合も同様です。

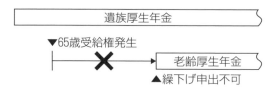

■ 支給繰下げの申出のみなし措置

1年を経過した日後に次に該当する者が支給繰下げの申出をしたときは、それぞれに定める日に支給繰下げの申出があったものとみなされます。

① 老齢厚生年金の受給権発生日から5年経過前に他の年金たる給付の受給権者となった者 → 他の年金たる給付を支給すべき事由が生じた日

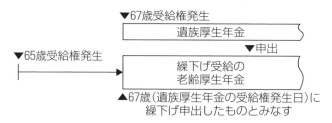

② 老齢厚生年金の受給権発生日から5年を経過した日後にある者（①に該当する者を除く。） → 5年を経過した日

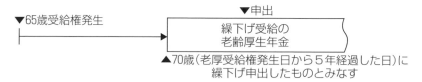

📖 法第44条の3（支給の繰下げ）
1　老齢厚生年金の受給権を有する者であってその受給権を取得した日から起算して1年を経過した日（以下この条において「1年を経過した日」という。）前に当該老齢厚生年金を請求していなかったものは、実施機関に当該老齢厚生年金の支給繰下げの申出をすることができる。ただし、その者が当該老齢厚生年金の受給権を取得したときに、他の年金たる給付（他の年金たる保険給付又は国民年金法による年金たる給付（老齢基礎年金及び付加年金並びに障害基礎年金を除く。）をいう。以下この条において同じ。）の受給権者であったとき、又は当該老齢厚生年金の受給権を取得した日から1年を経過した日までの間において他の年金たる給付の受給権者となったときは、この限りでない。
2～4　（略）

2　2以上の種別の被保険者期間を有する者

改正の要点
老齢厚生年金の支給繰下げの申出を行う場合に、2以上の種別の厚生年金被保険者期間を有する者については、同時の申出が必要となった。

■ 同時に支給繰下げの申出が必要
2以上の種別の被保険者であった期間を有する者が老齢厚生年金の支給繰下げの申出を行う場合には同時に行わなければなりません（法第78条の28）。改正前は、老齢厚生年金と退職共済年金の受給権を有する場合に、同時に繰下げする必要がなかったため、ひとつの年金のみを受給し、他方の年金を繰下げ待機しておくことが可能でした。例えば、改正前は退職共済年金のみを受給し、老齢厚生年金は繰下げ受給する予定で待機状態にしておくことができましたが、改正後はできなくなりました。改正前に受給権が発生した老齢厚生年金または退職共済年金の受給権者が、平成27年10月1日以後に繰下げ請求を行う場合についても同様です。

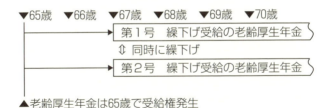

▲老齢厚生年金は65歳で受給権発生

法第78条の28（老齢厚生年金の支給の繰下げの特例）
2以上の種別の被保険者であった期間を有する者に係る老齢厚生年金について、第44条の3の規定を適用する場合においては、1の期間に基づく老齢厚生年金についての同条第1項の規定による申出は、他の期間に基づく老齢厚生年金についての当該申出と同時に行わなければならない。この場合において、同項ただし書中「他の年金たる保険給付」とあるのは「他の年金たる保険給付（当該老齢厚生年金と同一の支給事由に基づいて支給される老齢厚生年金を除く。）」と、同条第4項中「第46条第1項」とあるのは「第78条の29の規定により読み替えて適用する第46条第1項」とするほか、同条の規定の適用に関し必要な読替えその他必要な事項は、政令で定める。

ワンポイント──支給繰下げの申出
2以上の種別の厚生年金被保険者期間を有する者の老齢厚生年金の繰下げ請求については、それぞれの実施機関で行わなければなりませんが、ワンストップサービスの対象です。「老齢基礎・厚生年金支給繰下げ申出書（様式第235号）」は、いずれかの実施機関へ提出することにより手続きが可能です。

3 支給繰下げができない場合等

改正の要点
老齢厚生年金の支給繰下げの申出ができない場合について規定された。

■ 支給繰下げができない場合

　第1号から第4号までの各号の厚生年金被保険者期間のうち、1の期間に基づく老齢厚生年金を受給しつつ、他の期間に基づく老齢厚生年金を繰下げ待機することによって繰下げの利益を確保することを防ぐ観点から、支給繰下げの申出ができない場合について規定されました（令第3条の13の2）。

　なお、改正前共済各法による退職共済年金を未請求の者が、改正後厚生年金保険法による老齢厚生年金の受給権を取得した場合の支給繰下げの適用については、改正前退職共済年金を他の期間に基づく老齢厚生年金とみなして適用することとされています（経過措置政令第83条）。

　以下の図解において、各号の厚生年金被保険者期間のうち1の期間に基づく老齢厚生年金を「A老齢厚生年金」、他の期間に基づく老齢厚生年金がある場合にはその年金を「B老齢厚生年金」とし、A老齢厚生年金についての支給繰下げの可否を記載します。

1．他の年金たる給付の受給権者であった場合

　A老齢厚生年金の受給権が発生した時に、他の年金たる給付の受給権者であった場合は、支給繰下げができません。「他の年金たる給付」とは、障害厚生年金や遺族厚生年金のことをいい、B老齢厚生年金、老齢基礎年金および付加年金、障害基礎年金は含みません（以下の説明において同じ）。

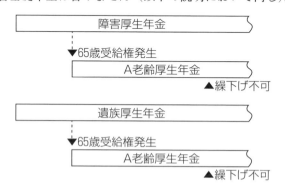

2．他の年金たる給付の受給権者となった場合

　A老齢厚生年金の受給権が発生した日から1年経過日までに、他の年金たる給付の受給権者となった場合は支給繰下げができません。

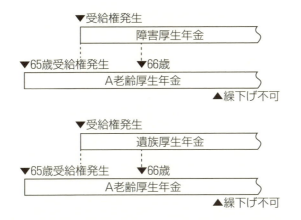

3．他の老齢厚生年金の受給権発生日から4年経過していた場合
　　A老齢厚生年金の受給権が発生した時に、B老齢厚生年金の受給権発生日から起算して4年経過していた場合は、支給繰下げができません。

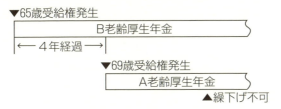

4．1年を経過した日に他の老齢厚生年金の支給を受けている場合
　　A老齢厚生年金の受給権が発生した時に、B老齢厚生年金の支給を受けている場合、または受けることができる場合は、支給繰下げができません。

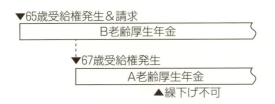

5．他の老齢厚生年金の受給権発生日から1年を経過していない場合
　　A老齢厚生年金の繰下げの申出日が、B老齢厚生年金の受給権発生日から1年を経過していない場合は、支給繰下げができません。

📖**法第44条の3（支給の繰下げ）　令第3条の13の2（2以上の種別の被保険者であった期間を有する者に係る老齢厚生年金の支給の繰下げの特例の適用に関する読替え）による読替え（_____部分）**

1　第78条の22に規定する各号の厚生年金被保険者期間のうち同条に規定する1の期間（以下この条において「1の期間」という。）に基づく老齢厚生年金の受給権を有する者であってその受給権を取得した日から起算して1年を経過した日（以下この条において「1年を経過した日」という。）前に当該1の期間に基づく老齢厚生年金を請求していなかったものは、実施機関に当該老齢厚生年金の支給繰下げの申出をすることができる。ただし、次に掲げる場合は、この限りでない。
　一　当該1の期間に基づく老齢厚生年金の受給権を取得したときに、他の年金たる給付（他の年金たる保険給付（当該1の期間に基づく老齢厚生年金と同一の支給事由に基づいて支給される第78条の22に規定する他の期間（以下この項及び次項において「他の期間」という。）に基づく老齢厚生年金を除く。）又は国民年金法による年金たる給付（老齢基礎年金及び付加年金並びに障害基礎年金を除く。）をいう。以下この条において同じ。）の受給権者であった場合
　二　当該1の期間に基づく老齢厚生年金の受給権を取得した日から1年を経過した日までの間において他の年金たる給付の受給権者となった場合
　三　当該1の期間に基づく老齢厚生年金の受給権を取得したときに、当該1の期間に基づく老齢厚生年金と同一の支給事由に基づいて支給される他の期間に基づく老齢厚生年金（当該1の期間に基づく老齢厚生年金の受給権を取得した日において、当該他の期間に基づく老齢厚生年金の受給権を取得した日から起算して4年を経過した日以後にあるものに限る。）の受給権者であった場合
　四　1年を経過した日において他の期間に基づく老齢厚生年金の支給を受けている場合又は受けることができる場合
　五　当該1の期間に基づく老齢厚生年金についてこの項の申出をしたときにおける当該申出をした日（次項の規定により同項各号に定める日に申出があったものとみなされる場合にあっては、その日）に、当該1の期間に基づく老齢厚生年金と同一の支給事由に基づいて支給される他の期間に基づく老齢厚生年金についてその受給権を取得した日から起算して1年を経過していない場合又は前三号に該当する場合
2～4　（略・83ページに記載）

4 支給繰下げの申出にかかるみなし措置

改正の要点
老齢厚生年金の支給繰下げの申出があったとみなされる場合について規定された。

■ 支給繰下げの申出があったとみなされる場合

　第1号から第4号までの各号の厚生年金被保険者期間のうち、1の期間に基づく老齢厚生年金を受給しつつ、他の期間に基づく老齢厚生年金を繰下げ待機することによって繰下げの利益を確保することを防ぐ観点から、支給繰下げの申出があったとみなされる場合について規定されました（令第3条の13の2）。

　なお、改正前共済各法による退職共済年金を未請求の者が、改正後厚生年金保険法による老齢厚生年金の受給権を取得した場合の支給繰下げの適用については、改正前退職共済年金を他の期間に基づく老齢厚生年金とみなして適用することとされています（経過措置政令第83条）。

　以下の説明において、各号の厚生年金被保険者期間のうち1の期間に基づく老齢厚生年金を「A老齢厚生年金」、他の期間に基づく老齢厚生年金がある場合にはその年金を「B老齢厚生年金」とし、A老齢厚生年金について特定の日に繰下げの申出があったとみなされる場合について記載します。

1．他の老齢厚生年金の請求手続きを既に行っている場合

　　A老齢厚生年金の支給繰下げについて、その後受給権が発生したB老齢厚生年金を既に請求している場合等については、その「受給権を取得した日」に繰下げの申出をしたものとみなされます（図①-1）。なお、B老齢厚生年金の受給権発生日が改正前の場合においては、平成27年9月30日に繰下げの申出をしたものとみなされます（図①-2）。

図①-1

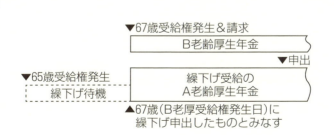

図①-2

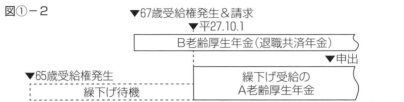

2．他の年金たる給付の受給権者となった場合

　A老齢厚生年金の受給権が発生した日から起算して5年経過日前に、他の年金たる給付の受給権者となった場合については、「他の年金たる給付を支給すべき事由が生じた日」に繰下げの申出をしたものとみなされます。

図②

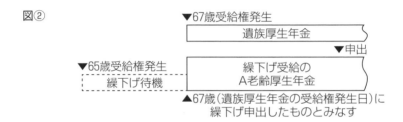

3．他の老齢厚生年金の受給権発生日から5年経過している場合

　A老齢厚生年金の支給繰下げと同時に、B老齢厚生年金（A老齢厚生年金よりも前に受給権発生）について繰下げ申出をした時に、B老齢厚生年金の受給権発生日から5年経過した日後にある場合については、「B老齢厚生年金の受給権発生日から5年経過した日」に繰下げの申出をしたものとみなされます（図③-1）。なお、経過措置により、B老齢厚生年金の受給権発生日から5年経過した日が平成27年10月1日前にある場合においては、平成27年9月30日に繰下げの申出をしたものとみなされます（図③-2）。

図③-1

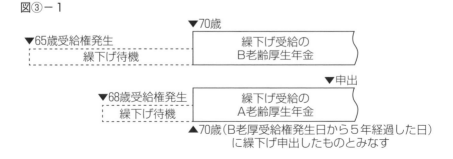

図③-2

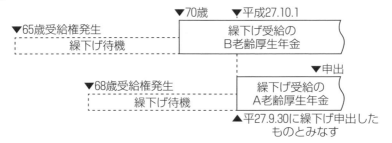

4. 受給権発生日から5年経過後に申出した場合

A老齢厚生年金の繰下げ申出日が、受給権発生日から5年経過日後にある場合については、「A老齢厚生年金の受給権発生日から5年経過した日」に繰下げの申出をしたものとみなされます。

図④

📖 **法第44条の3（支給の繰下げ）　法第78条の28（老齢厚生年金の支給の繰下げの特例）　令第3条の13の2（2以上の種別の被保険者であった期間を有する者に係る老齢厚生年金の支給の繰下げの特例の適用に関する読替え）による読替え（＿＿＿部分）**

1　（略・76ページに記載）
2　1年を経過した日後に次の各号に掲げる者が前項の申出をしたときは、当該各号に定める日において、同項の申出があったものとみなす。
　一　当該1の期間に基づく老齢厚生年金について前項の申出をするときにおいて、当該1の期間に基づく老齢厚生年金と同一の支給事由に基づいて支給される他の期間に基づく老齢厚生年金（当該1の期間に基づく老齢厚生年金の受給権を取得した日後に受給権を取得したものに限る。以下この号において同じ。）について、既に請求をした者又は前項第二号から第五号までのいずれかに該当する者　当該他の期間に基づく老齢厚生年金（当該他の期間に基づく老齢厚生年金が2以上ある場合は、当該他の期間に基づく老齢厚生年金のうち最も早い日において受給権を取得したもの）の受給権を取得した日
　二　当該1の期間に基づく老齢厚生年金の受給権を取得した日から起算して5年を経過した日前に他の年金たる給付の受給権者となった者（前号に該当する者を除く。）　他の年金たる給付を支給すべき事由が生じた日
　三　当該1の期間に基づく老齢厚生年金についての前項の申出と同時に当該1の期間

に基づく老齢厚生年金と同一の支給事由に基づいて支給される他の期間に基づく老齢厚生年金（当該1の期間に基づく老齢厚生年金の受給権を取得した日前に受給権を取得したものに限る。以下この号において同じ。）について同項の申出をしたときに、当該他の期間に基づく老齢厚生年金について次号に該当することとなる者（前二号に該当する者を除く。）　当該他の期間に基づく老齢厚生年金の受給権を取得した日から起算して5年を経過した日
　四　当該1の期間に基づく老齢厚生年金について前項の申出をするときにおいて、当該1の期間に基づく老齢厚生年金の受給権を取得した日から起算して5年を経過した日後にある者（前三号に該当する者を除く。）　当該1の期間に基づく老齢厚生年金の受給権を取得した日から起算して5年を経過した日
3　第1項の申出をした者に対する当該1の期間に基づく老齢厚生年金の支給は、第36条第1項の規定にかかわらず、当該申出のあった月の翌月から始めるものとする。
4　第1項の申出をした者に支給する当該1の期間に基づく老齢厚生年金の額は、第43条第1項及び第44条の規定にかかわらず、これらの規定により計算した額に、当該1の期間に基づく老齢厚生年金の受給権を取得した日の属する月の前月までの被保険者期間を基礎として第43条第1項の規定の例により計算した額及び第78条の29の規定により読み替えて適用する第46条第1項の規定の例により計算したその支給を停止するものとされた額を勘案して政令で定める額を加算した額とする。

📖 経過措置政令第83条（改正前国共済年金のうち退職共済年金等の受給権者の改正後厚生年金保険法による老齢厚生年金の支給の繰下げに関する経過措置）

1　施行日の前日において改正前退職共済年金の受給権を有していた者（当該改正前退職共済年金の請求をしていない者であって、かつ、改正前国共済法第78条の2第1項、改正前地共済法第80条の2第1項、改正前私学共済法第25条において準用する改正前国共済法第78条の2第1項又は平成13年統合法附則第16条第13項において準用する改正前厚生年金保険法第44条の3第1項の申出をしていない者に限る。）であって、改正後厚生年金保険法による老齢厚生年金の受給権を取得したものについて改正後厚年令第3条の13の2第1項の規定により読み替えられた改正後厚生年金保険法第78条の28の規定により読み替えられた改正後厚生年金保険法第44条の3の規定を適用する場合においては、当該改正前退職共済年金を同条第1項第一号に規定する他の期間に基づく老齢厚生年金とみなす。
2　前項に規定する者が、施行日の前日において改正前厚生年金保険法による老齢厚生年金（同日において当該老齢厚生年金の請求又は当該老齢厚生年金について改正前厚生年金保険法第44条の3第1項の申出をしていない場合に限る。）の受給権を有していた場合における改正後厚年令第3条の13の2第1項の規定により読み替えられた改正後厚生年金保険法第78条の28の規定により読み替えられた改正後厚生年金保険法第44条の3の規定の適用については、同条第2項第一号中「）の受給権を取得した日」とあるのは「）の受給権を取得した日（当該受給権を取得した日が被用者年金制度の一元化等を図るための厚生年金保険法等の一部を改正する法律（平成24年法律第63号）の施行の日（以下この号及び第三号において「施行日」という。）前にある場合にあっては、施行日の前日）」と、同項第三号中「経過した日」とあるのは「経過した日（当該5年を経過した日が施行日前にある場合にあっては、施行日の前日）」とする。

60歳台前半の老齢厚生年金

第4章

I 特別支給の老齢厚生年金

1 特別支給の老齢厚生年金の概要

■ 特別支給の老齢厚生年金の支給要件

　昭和60年改正により、老齢厚生年金と老齢基礎年金は、併せて65歳から支給されることになりました。しかし、過去に60歳から64歳までの間においても老齢厚生年金が支給されていたことを踏まえて、当分の間65歳前において「特別支給の老齢厚生年金」が支給されることとし、65歳以降の老齢厚生年金とは別個の給付として法附則第8条に規定されています。その支給要件は次のとおりです。
　1．60歳以上であること
　2．1年以上の厚生年金被保険者期間を有すること
　3．老齢基礎年金の受給資格期間を満たしていること

■「60歳」の読替え

　支給要件のひとつである「60歳以上であること」については、生年月日に応じて60歳から徐々に引き上げられています。特別支給の老齢厚生年金の定額部分の支給開始年齢の引上げ完了後、報酬比例部分相当額の支給開始年齢について、段階的に65歳に引き上げることとされており、法附則第8条の2は、その支給開始年齢について規定しています。

> **法附則第8条**（老齢厚生年金の特例）
> 　当分の間、65歳未満の者（附則第7条の3第1項各号に掲げる者を除く。）が、次の各号のいずれにも該当するに至ったときは、その者に老齢厚生年金を支給する。
> 　一　60歳以上であること。
> 　二　1年以上の被保険者期間を有すること。
> 　三　第42条第二号に該当すること。

> **ワンポイント——外国居住者の年金請求**
> 　外国居住者の年金請求に必要な書類は、実施機関によって異なる場合があるため、それぞれの実施機関での確認が必要です。

2 支給開始年齢（男子または第1号厚年以外の女子）

改正の要点
男子における特別支給の老齢厚生年金の支給開始年齢について定めた規定に、第2号または第3号または第4号厚生年金被保険者期間を有する女子が加えられることになった。

■ 支給開始年齢の特例

　男子または女子（第2号もしくは第3号もしくは第4号厚生年金被保険者期間を有する者）の特別支給の老齢厚生年金の支給開始年齢は下図のとおりです。例えば、昭和30年4月2日から32年4月1日生まれの者であって、1年以上の厚生年金被保険者期間があり老齢基礎年金の受給要件を満たす場合、特別支給の老齢厚生年金（報酬比例部分相当）の支給開始は62歳となります。支給開始年齢は徐々に引き上げられ、昭和36年4月2日以後生まれは、特別支給の老齢厚生年金が支給されなくなり、本来支給の老齢厚生年金を受けることになります（法附則（平6）第19条、法附則第8条の2第1項）。

○男子または女子であって第2号、第3号、第4号厚生年金被保険者期間を有する者の支給開始年齢

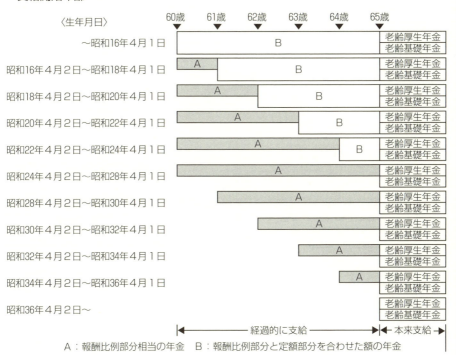

A：報酬比例部分相当の年金　B：報酬比例部分と定額部分を合わせた額の年金

📖 法附則（平6）第19条

1 男子又は女子（第2号厚生年金被保険者であり、若しくは第2号厚生年金被保険者期間を有する者、第3号厚生年金被保険者であり、若しくは第3号厚生年金被保険者期間を有する者又は第4号厚生年金被保険者であり、若しくは第4号厚生年金被保険者期間を有する者に限る。）であって次の表の上欄（著者注：下表の左欄）に掲げる者（附則第20条の2第1項又は平成24年一元化法附則第33条第1項若しくは第57条第1項若しくは第2項に規定する者を除く。）が、同表の下欄（著者注：下表の右欄）に掲げる年齢以上65歳未満である間において、厚生年金保険法附則第8条の規定による老齢厚生年金の受給権を取得した場合においては、同法第43条第1項及び附則第9条の2から第9条の4までの規定は、当該老齢厚生年金については、適用しない。

昭和16年4月2日から昭和18年4月1日までの間に生まれた者	61歳
昭和18年4月2日から昭和20年4月1日までの間に生まれた者	62歳
昭和20年4月2日から昭和22年4月1日までの間に生まれた者	63歳
昭和22年4月2日から昭和24年4月1日までの間に生まれた者	64歳

2・3 （略）

4 男子又は女子（第2号厚生年金被保険者であり、若しくは第2号厚生年金被保険者期間を有する者、第3号厚生年金被保険者であり、若しくは第3号厚生年金被保険者期間を有する者又は第4号厚生年金被保険者であり、若しくは第4号厚生年金被保険者期間を有する者に限る。）である厚生年金保険法附則第8条の規定による老齢厚生年金（同法第43条第1項及び附則第9条の規定によりその額が計算されているものに限る。）の受給権者（第1項の表の上欄（著者注：上表の左欄）に掲げる者（附則第20条の2第1項又は平成24年一元化法附則第33条第1項若しくは第57条第1項若しくは第2項に規定する者を除く。）に限る。）が同表の下欄（著者注：上表の右欄）に掲げる年齢に達したときは、同法附則第9条の2第2項の規定の例により老齢厚生年金の額を計算するものとし、その年齢に達した月の翌月から、年金の額を改定する。この場合において、第2項後段の規定を準用する。

5〜8 （略）

📖 法附則第8条の2第1項（特例による老齢厚生年金の支給開始年齢の特例）

1 男子又は女子（第2号厚生年金被保険者であり、若しくは第2号厚生年金被保険者期間を有する者、第3号厚生年金被保険者であり、若しくは第3号厚生年金被保険者期間を有する者又は第4号厚生年金被保険者であり、若しくは第4号厚生年金被保険者期間を有する者に限る。）であって次の表の上欄（著者注：下表の左欄）に掲げる者（第3項及び第4項に規定する者を除く。）について前条の規定を適用する場合においては、同条第一号中「60歳」とあるのは、それぞれ同表の下欄（著者注：下表の右欄）に掲げる字句に読み替えるものとする。

昭和28年4月2日から昭和30年4月1日までの間に生まれた者	61歳
昭和30年4月2日から昭和32年4月1日までの間に生まれた者	62歳
昭和32年4月2日から昭和34年4月1日までの間に生まれた者	63歳
昭和34年4月2日から昭和36年4月1日までの間に生まれた者	64歳

3 支給開始年齢（第1号厚年の女子）

改正の要点
女子の特別支給の老齢厚生年金の支給開始年齢について定めた規定が、第1号厚生年金被保険者期間を有する者に限ることになった。

■ 女子の支給開始年齢の特例
　女子の厚生年金被保険者の支給開始年齢の特例には、第1号厚生年金被保険者期間以外の種別の被保険者期間にかかる老齢厚生年金は適用されません。具体的な支給開始年齢は下図のとおりです。例えば、昭和33年4月2日から35年4月1日生まれの女子であって、1年以上の第1号厚生年金被保険者期間があり老齢基礎年金の受給要件を満たす場合、特別支給の老齢厚生年金（報酬比例部分相当）の支給開始は61歳となります。支給開始年齢は徐々に引き上げられ、昭和41年4月2日以後生まれは、特別支給の老齢厚生年金が支給されなくなり、本来支給の老齢厚生年金を受けることになります。坑内員と船員の期間を合わせて15年以上ある者の場合も同様です（法附則（平6）第20条、法附則第8条の2第2項）。

〇第1号厚生年金被保険者期間を有する女子または坑内員・船員の支給開始年齢

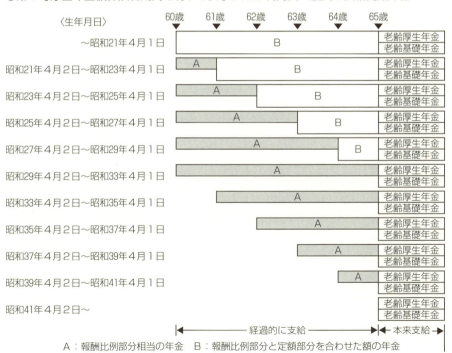

A：報酬比例部分相当の年金　　B：報酬比例部分と定額部分を合わせた額の年金

📖 **法附則（平6）第20条**

1　女子（第1号厚生年金被保険者であり、又は第1号厚生年金被保険者期間を有する者に限る。）であって次の表の上欄（著者注：下表の左欄）に掲げる者（次条第1項に規定する者を除く。）が、同表の下欄（著者注：下表の右欄）に掲げる年齢以上65歳未満である間において、厚生年金保険法附則第8条の規定による老齢厚生年金の受給権を取得した場合においては、同法第43条第1項及び附則第9条の2から第9条の4までの規定は、当該老齢厚生年金については、適用しない。

昭和21年4月2日から昭和23年4月1日までの間に生まれた者	61歳
昭和23年4月2日から昭和25年4月1日までの間に生まれた者	62歳
昭和25年4月2日から昭和27年4月1日までの間に生まれた者	63歳
昭和27年4月2日から昭和29年4月1日までの間に生まれた者	64歳

2・3　（略）

4　女子（第1号厚生年金被保険者であり、又は第1号厚生年金被保険者期間を有する者に限る。）である厚生年金保険法附則第8条の規定による老齢厚生年金（同法第43条第1項及び附則第9条の規定によりその額が計算されているものに限る。）の受給権者（第1項の表の上欄（著者注：上表の左欄）に掲げる者（次条第1項に規定する者を除く。）に限る。）が同表の下欄（著者注：上表の右欄）に掲げる年齢に達したときは、同法附則第9条の2第2項の規定の例により老齢厚生年金の額を計算するものとし、その年齢に達した月の翌月から、年金の額を改定する。

5～8　（略）

📖 **法附則第8条の2第2項（特例による老齢厚生年金の支給開始年齢の特例）**

2　女子（第1号厚生年金被保険者であり、又は第1号厚生年金被保険者期間を有する者に限る。）であって次の表の上欄（著者注：次表の左欄）に掲げる者（次項及び第4項に規定する者を除く。）について前条の規定を適用する場合においては、同条第一号中「60歳」とあるのは、それぞれ同表の下欄（著者注：次表の右欄）に掲げる字句に読み替えるものとする。

昭和33年4月2日から昭和35年4月1日までの間に生まれた者	61歳
昭和35年4月2日から昭和37年4月1日までの間に生まれた者	62歳
昭和37年4月2日から昭和39年4月1日までの間に生まれた者	63歳
昭和39年4月2日から昭和41年4月1日までの間に生まれた者	64歳

4 支給開始年齢(特定警察職員等)

改正の要点
特定警察職員等の特別支給の老齢厚生年金の支給開始年齢が、新たに厚生年金保険法に規定された。

■ 特定警察職員等の支給開始年齢の特例

「特定警察職員等」とは、警察・消防等の現場において、一定の役職以下で20年以上在職していた者のことをいいます。一定の役職とは、警察官にあっては警部、皇宮護衛官にあっては皇宮警部、消防吏員にあっては消防司令、常勤の消防団員にあっては副団長となります。

特定警察職員等の特別支給の老齢厚生年金の支給開始年齢は下図のとおりです。例えば、昭和34年4月2日から36年4月1日生まれの者が老齢基礎年金の受給要件を満たす場合、特別支給の老齢厚生年金(報酬比例部分相当)の支給開始は61歳となります。支給開始年齢は徐々に引き上げられ、昭和42年4月2日以後生まれは、特別支給の老齢厚生年金が支給されなくなり、本来支給の老齢厚生年金を受けることになります(法附則(平6)第20条の2、法附則第8条の2第4項)。

○特定警察職員等の支給開始年齢

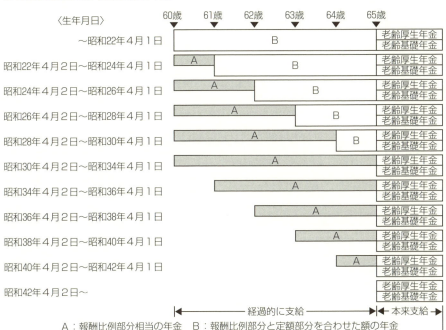

A:報酬比例部分相当の年金　B:報酬比例部分と定額部分を合わせた額の年金

📖 法附則(平6)第20条の2

1 特定警察職員等であって次の表の上欄(著者注:次表の左欄)に掲げる者(平成24年一元化法附則第33条第1項又は第57条第1項若しくは第2項に規定する者を除く。)が、同表の下欄(著者注:次表の右欄)に掲げる年齢以上65歳未満である間において、厚生年金保険法附則第8条の規定による老齢厚生年金の受給権を取得した場合においては、同法第43条第1項及び附則第9条の2から第9条の4までの規定は、当該老齢厚生年金については、適用しない。

昭和22年4月2日から昭和24年4月1日までの間に生まれた者	61歳
昭和24年4月2日から昭和26年4月1日までの間に生まれた者	62歳
昭和26年4月2日から昭和28年4月1日までの間に生まれた者	63歳
昭和28年4月2日から昭和30年4月1日までの間に生まれた者	64歳

2・3 (略)

4 特定警察職員等である厚生年金保険法附則第8条の規定による老齢厚生年金(同法第43条第1項及び附則第9条の規定によりその額が計算されているものに限る。)の受給権者(第1項の表の上欄(著者注:上表の左欄)に掲げる者(平成24年一元化法附則第33条第1項又は第57条第1項若しくは第2項に規定する者を除く。)に限る。)が同表の下欄(著者注:上表の右欄)に掲げる年齢に達したときは、厚生年金保険法附則第9条の2第2項の規定の例により老齢厚生年金の額を計算するものとし、その年齢に達した月の翌月から、年金の額を改定する。

5~8 (略)

📖 法附則第8条の2第4項 (特例による老齢厚生年金の支給開始年齢の特例)

4 特定警察職員等である者であって次の表の上欄(著者注:次表の左欄)に掲げるものについて前条の規定を適用する場合においては、同条第一号中「60歳」とあるのは、それぞれ同表の下欄(著者注:次表の右欄)に掲げる字句に読み替えるものとする。

昭和34年4月2日から昭和36年4月1日までの間に生まれた者	61歳
昭和36年4月2日から昭和38年4月1日までの間に生まれた者	62歳
昭和38年4月2日から昭和40年4月1日までの間に生まれた者	63歳
昭和40年4月2日から昭和42年4月1日までの間に生まれた者	64歳

5　2以上の種別の被保険者期間を有する者

改正の要点
特別支給の老齢厚生年金の「1年以上の厚生年金被保険者期間を有すること」の要件は、2以上の厚生年金被保険者期間を有する場合には、合算して適用することになった。

■「1年以上の厚生年金被保険者期間」の要件

特別支給の老齢厚生年金は、厚生年金被保険者期間が1年以上ある場合に支給されます。1年未満の場合には、65歳到達以後に老齢厚生年金として支給されます。

2以上の種別の厚生年金被保険者期間を有する場合の「1年以上の厚生年金被保険者期間を有すること」の要件については、2以上の厚生年金被保険者期間を合算して適用します（法附則第20条）。例えば、第1号厚生年金被保険者期間を6カ月、第2号厚生年金被保険者期間を6カ月有する場合、合算して1年以上の厚生年金被保険者期間を有するため、特別支給の老齢厚生年金がそれぞれの実施機関から支給されます。改正前は特別支給の老齢厚生年金は支給されず、本来支給の老齢厚生年金として65歳から支給されていました。

| 第2号厚年 6月 | 第1号厚年 6月 | 国民年金 30年 |

▼65歳
　　　　　　　　第1号特老厚 6月｜老齢厚生年金
　　　　　　　　　　　　　　　　　老齢基礎年金
　　　　　　　　第2号特老厚 6月｜老齢厚生年金

📖 法附則第20条（2以上の種別の被保険者であった期間を有する者に係る特例による老齢厚生年金の特例）

1　2以上の種別の被保険者であった期間を有する者については、附則第8条（附則第8条の2において読み替えて適用する場合を含む。）の規定を適用する場合においては、各号の厚生年金被保険者期間に係る被保険者期間ごとに適用する。ただし、附則第8条第二号の規定については、その者の2以上の被保険者の種別に係る被保険者であった期間に係る被保険者期間を合算し、1の期間に係る被保険者期間のみを有するものとみなして適用する。

2　（略）

ワンポイント──年金請求書の事前送付

老齢厚生年金の受給権が発生した者に対しては、最終加入期間を有する実施機関から、年金請求書（ターンアラウンド）が送付されます。支給開始年齢が異なる場合には、その都度該当の実施機関から年金請求書が送付されます。
- 送付時期……受給権発生の３カ月前
- 送付元………受給権が発生する月の４カ月前に加入している厚生年金の実施機関
　　　　　　　受給権が発生する月の４カ月前に、厚生年金に加入していないときは、最後に加入していた厚生年金の実施機関

・昭和31年10月２日生まれ男性

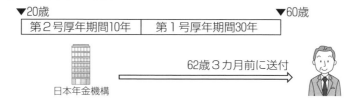

・昭和31年10月２日生まれ女性

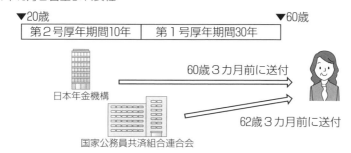

・昭和31年10月２日生まれ男性

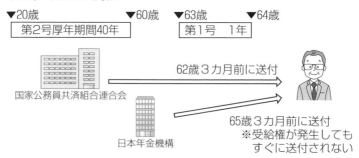

Ⅱ　障害者の特例

1　障害者の特例の概要

■障害者の特例の要件

　法附則第8条に規定される老齢厚生年金は報酬比例部分相当の老齢厚生年金です。平成6年改正により、定額部分相当額と報酬比例部分相当額とを合算した年金額から、段階的に報酬比例部分相当のみの年金額になりました。加給年金額も加算されません。

　しかし、障害状態に該当する場合の特例として、現在でも定額部分相当額と報酬比例部分相当額とを合わせた額の年金が支給される場合があり、加給年金額も要件を満たせば、原則請求月の翌月から加算されます。障害者の特例の要件は次のとおりです（法附則第9条の2第1項）。

① 　3級以上の障害状態にあるとき
② 　厚生年金保険の被保険者でないこと
③ 　請求すること

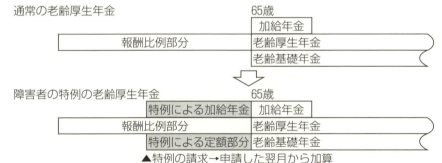

▲特例の請求→申請した翌月から加算

📖 法附則第9条の2

1　附則第8条の規定による老齢厚生年金（第43条第1項及び前条の規定によりその額が計算されているものに限る。）の受給権者（第5項において「老齢厚生年金の受給権者」という。）が、被保険者でなく、かつ、傷病により障害等級に該当する程度の障害の状態（以下この項、第4項、第5項、次条第5項、附則第9条の4第6項並びに第13条の5第1項及び第5項において「障害状態」という。）にあるとき（その傷病が治らない場合（その症状が固定し治療の効果が期待できない状態にある場合を除く。）にあっては、その傷病に係る初診日から起算して1年6月を経過した日以後においてその傷病により障害状態にあるとき。第5項及び附則第13条の5第1項において同じ。）は、その者は、老齢厚生年金の額の計算に係る特例の適用を請求することができる。

2～4　（略）

5　（略・96ページに記載）

2 障害者の特例の支給開始時期

支給開始時期

障害者の特例の請求があった場合、原則請求した日の属する月の翌月から年金額が改定されますが、次に該当する場合はそれぞれの日に請求があったものとみなし、その月の翌月に遡って特例の年金が支給されます(法附則第9条の2第5項)。

① 老齢厚生年金の受給権者となった日において、被保険者でなく、かつ、障害厚生年金等を受けることができるとき
② 障害厚生年金等を受けることができることとなった日において、老齢厚生年金の受給権者であって、かつ被保険者でないとき
③ 被保険者の資格を喪失した日において、老齢厚生年金の受給権者であって、かつ、障害厚生年金等を受けることができる障害状態にあるとき

遡及して適用される場合

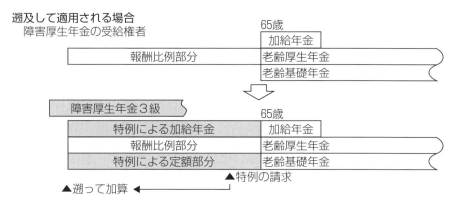

法附則第9条の2

1　(略・95ページに記載)
2～4　(略)
5　老齢厚生年金の受給権者又は老齢厚生年金の受給権者であった者が、次の各号のいずれかに該当するときは、第1項の規定にかかわらず、同項の規定による請求をすることができる。この場合において、当該各号に規定する日に同項の規定による請求があったものとみなす。
　一　老齢厚生年金の受給権者となった日において、被保険者でなく、かつ、障害状態にあるとき(障害厚生年金その他の障害を支給事由とする年金たる給付であって政令で定めるもの(次号及び第三号において「障害厚生年金等」という。)を受けることができるときに限る。)。
　二　障害厚生年金等を受けることができることとなった日において、老齢厚生年金の受給権者であって、かつ、被保険者でないとき。
　三　被保険者の資格を喪失した日(引き続き被保険者であった場合には、引き続く被保険者の資格を喪失した日)において、老齢厚生年金の受給権者であって、かつ、障害状態にあるとき(障害厚生年金等を受けることができるときに限る。)。

3　2以上の種別の被保険者期間を有する者

　改正の要点
　障害者の特例の老齢厚生年金は、2以上の種別の厚生年金被保険者期間を有する者においては、それぞれの種別ごとに要件が適用されることになった。

■ 2以上の厚生年金被保険者期間を有する場合
　障害者の特例の老齢厚生年金については、第1号から第4号までの各号の厚生年金の被保険者期間の種別ごとに適用されます。例えば、障害者の特例に該当する者が、第1号厚生年金被保険者期間と第2号厚生年金被保険者期間を有する場合には、それぞれの種別ごとに障害者の特例の加算要件を適用し、それぞれの支給開始年齢から特例の年金が支給されます（法附則第20条第2項）。

■ 支給開始年齢が異なる場合
　実施機関ごとに支給開始年齢が異なる場合に、先に発生した老齢厚生年金が障害者の特例に該当しているときは、後に発生する老齢厚生年金においても、障害者の特例に該当しているものとされます。例えば、昭和31年10月2日生まれの女子が第1号厚生年金被保険者期間と第2号厚生年金被保険者期間を合わせて1年以上有し、一定の要件を満たしていた場合、前者は60歳から、後者は62歳から特別支給の老齢厚生年金が支給されます。60歳の請求時に障害者の特例に該当しているとされた場合には、62歳の老齢厚生年金請求時にも障害者の特例に該当するものとされます。

昭和31年10月2日生まれの女子の場合

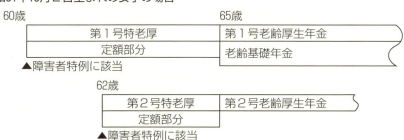

　法附則第20条（2以上の種別の被保険者であった期間を有する者に係る特例による老齢厚生年金の特例）
1　（略）
2　前項に規定する者であって、附則第8条の規定による老齢厚生年金の受給権者であるものについては、各号の厚生年金被保険者期間ごとに附則第9条の2から第9条の4まで及び第11条から第11条の6までの規定を適用する。（以下省略）

4 被保険者である場合の支給停止

改正の要点
障害者の特例の老齢厚生年金を受給する者が、第1号から第4号までのいずれかの種別の厚生年金保険の被保険者となった場合には、特例による年金は受給できないことになった。

被保険者である場合

障害者の特例の該当者が、いずれかの種別の厚生年金保険の被保険者である場合は、特例による定額部分および加給年金額の支給が停止されます。例えば、第2号厚生年金被保険者期間にかかる障害者の特例の老齢厚生年金を受給する者が、第1号厚生年金被保険者となった場合は、特例により加算されていた定額部分および加給年金額の支給が停止されます。また、支給される報酬比例部分相当額については、在職老齢年金の規定が適用されます（法附則第11条の2）。

	▼退職	▼就職	▼65歳
第2号厚生年金被保険者		第1号厚生年金被保険者	

特例による加給年金	（支給停止）
第2号特別支給の老齢厚生年金（報酬比例部分）	
特例による定額部分	（支給停止）

法附則第11条の2

1　附則第8条の規定による老齢厚生年金（附則第9条及び第9条の2第1項から第3項まで又は第9条の3の規定によりその額が計算されているものに限る。以下「障害者・長期加入者の老齢厚生年金」という。）の受給権者が被保険者等である日が属する月において、その者の総報酬月額相当額と当該老齢厚生年金に係る附則第9条の2第2項第二号に規定する額（第4項において「報酬比例部分の額」という。）を12で除して得た額（次項において「基本月額」という。）との合計額が前条第2項に規定する支給停止調整開始額（以下「支給停止調整開始額」という。）以下であるときは、その月の分の当該老齢厚生年金について、当該老齢厚生年金に係る附則第9条の2第2項第一号に規定する額（当該老齢厚生年金について、同条第3項又は附則第9条の3第2項若しくは第4項（同条第5項においてその例による場合を含む。）において準用する第44条第1項に規定する加給年金額(以下この項において単に「加給年金額」という。）が加算されているときは、当該附則第9条の2第2項第一号に規定する額に加給年金額を加えた額。次項において「基本支給停止額」という。）に相当する部分の支給を停止する。

2〜4　（略）

5 被保険者である場合の経過措置

改正の要点
改正前から引き続き厚生年金保険の被保険者または共済組合員等であって、かつ障害者の特例の老齢厚生年金を受給している者については、改正後も特例の年金を受給することができることとされた。

■ 被保険者等である場合における改正前の規定
改正前国共済法は障害者の特例について次のように規定していました。

「特別支給の退職共済年金の受給権者が、組合員でなく、かつ、傷病により障害等級に該当する程度の障害の状態にあるときは、退職共済年金の額の算定に係る特例の適用を請求することができる。」

この規定の「組合員」は厚生年金保険の被保険者を含んでいません。例えば、障害者の特例の退職共済年金の受給権者が、民間会社員として厚生年金保険の「被保険者」となった場合には、「組合員」には該当しないため、特例の年金は支給停止されることなく受給できました。障害者の特例の老齢厚生年金の受給権者が、公務員として共済年金制度の「組合員」となった場合も同様です。改正後は前述のとおり支給停止されることになります。

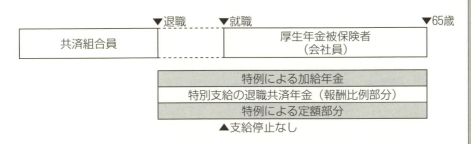

■ 障害者の特例の経過措置
改正前に障害者の特例の老齢厚生年金または退職共済年金を受給している者で、平成27年10月1日前から引き続き厚生年金保険の被保険者または共済組合員等である場合については、引き続き特例の年金を受給できることとされました。

なお、障害者の特例の老齢厚生年金を平成27年10月1日前から受給している共済組合員等における在職老齢年金は、定額部分と加給年金を含めずに報酬比例部分相当額のみを計算の基礎として算出します（経過措置政令第36条他・長期加入者の特例と同じ）。

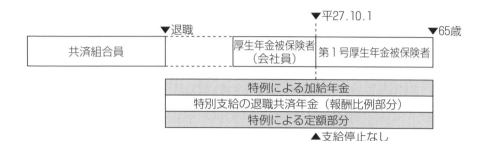

📖 経過措置政令第36条

1　前条第1項に規定する受給権者（施行日前から引き続き国家公務員共済組合の組合員、地方公務員共済組合の組合員若しくは私立学校教職員共済法の規定による私立学校教職員共済制度の加入者又は国会議員若しくは地方公共団体の議会の議員であるもの（以下第58条までにおいて「継続組合員等」という。）に限る。）について、改正後厚生年金保険法附則第11条の2第1項及び第2項の規定を適用する場合（前条第1項の規定により読み替えられた平成24年一元化法附則第13条第2項の規定により老齢厚生年金の支給が停止される場合を除く。）においては、改正後厚生年金保険法附則第11条の2第1項の規定にかかわらず、同項に規定する基本支給停止額に相当する部分の支給を停止せず、同条第2項に規定する支給停止基準額は、当該基本支給停止額を含めないものとして計算した額とする。

2　前条第4項に規定する受給権者（障害者・長期加入者の老齢厚生年金の受給権者であって、継続組合員等であるものに限る。）について、厚生年金保険法附則第11条の6第1項の規定を適用する場合（前条第4項の規定により読み替えられた平成24年一元化法附則第13条第2項の規定により老齢厚生年金の支給が停止される場合を除く。）においては、改正後厚生年金保険法附則第11条の2の規定を適用した場合における同条第1項の規定にかかわらず、同項に規定する基本支給停止額に相当する部分の支給を停止せず、同条第2項に規定する支給停止基準額は、当該基本支給停止額を含めないものとして計算した額とする。

👉 ワンポイント――障害者特例請求書

2以上の種別の被保険者期間を有する者の障害者特例請求書の提出については、診断書の内容の確認を含めて、ワンストップサービスの対象となりますので、いずれかの実施機関に提出すれば、手続きが完了します。

Ⅲ 長期加入者の特例

1 長期加入者の特例の概要

改正の要点
被保険者の資格を喪失することにより長期加入者の特例に該当する場合、改定時期は退職日から起算して1月を経過した日の属する月からとなった。

■ 長期加入者の特例の要件
特別支給の老齢厚生年金の受給権者が、その権利を取得した当時、被保険者でなく、かつ、その者の被保険者期間が44年以上であるときは、定額部分と報酬比例部分を合わせた老齢厚生年金が支給される特例があります。加給年金額の加算対象者がいる場合は、加給年金額も加算されます（法附則第9条の3第1項）。

通常の老齢厚生年金

	65歳	
	加給年金	
報酬比例部分	老齢厚生年金	
	老齢基礎年金	

長期加入者の特例の老齢厚生年金

▼退職

厚生年金44年加入

	65歳	
特例による加給年金	加給年金	
報酬比例部分	老齢厚生年金	
特例による定額部分	老齢基礎年金	

■ 資格喪失により要件を満たす場合
厚生年金保険の被保険者であり、かつ、被保険者期間が44年以上である場合においては、その資格の喪失時に特例が適用されます。

１．改正前の適用時期
改正前の特例の適用時期は、資格喪失日から起算して1月を経過した日の属する月からとなっていました。

●月末日退職の場合

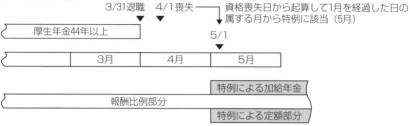

●月末日以外の退職の場合

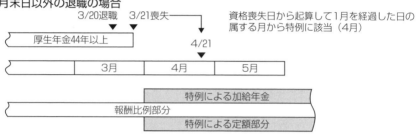

2．改正後の適用時期

改正後の特例の適用時期は、資格喪失日（退職、任意適用事業所の廃止、任意単独被保険者の任意喪失、適用除外による資格喪失はその状態に該当した日）から起算して1月を経過した日の属する月からとなります（法附則第9条の3第4項）。

●月末日退職の場合

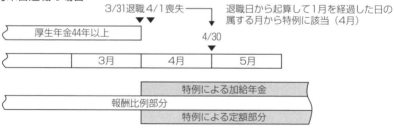

●月末日以外の退職の場合

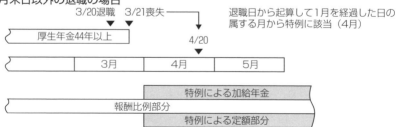

📖 法附則第9条の3

1 附則第8条の規定による老齢厚生年金の受給権者が、その権利を取得した当時、被保険者でなく、かつ、その者の被保険者期間が44年以上であるとき（次条第1項の規定が適用される場合を除く。）は、当該老齢厚生年金の額は、第43条第1項の規定にかかわらず、前条第2項の規定の例により計算する。

2～3 （略）

4 第44条及び平成25年改正法附則第86条第1項の規定によりなおその効力を有するものとされた平成25年改正法第1条の規定による改正前の第44条の2の規定は、前項の規定により老齢厚生年金の額を改定する場合に準用する。この場合において、第44条第1項中「受給権者がその権利を取得した当時（その権利を取得した当時、当該老齢厚生年金の額の計算の基礎となる被保険者期間の月数が240未満であったときは、第43条第3項の規定により、当該月数が240以上となるに至った当時。第3項において同じ。）」とあるのは、「附則第9条の3第3項の規定による老齢厚生年金の額の改定に係る被保険者の資格を喪失した日（第14条第二号から第四号までいずれかに該当するに至った日にあっては、その日）から起算して1月を経過した当時」と、「第43条の規定」とあるのは、「附則第9条の3第3項においてその例によるものとされた附則第9条の2第2項の規定」と、「同条」とあるのは「同項」と、同条第3項中「受給権者がその権利を取得した当時」とあるのは「附則第9条の3第3項の規定による老齢厚生年金の額の改定に係る被保険者の資格を喪失した日（第14条第二号から第四号までのいずれかに該当するに至った日にあっては、その日）から起算して1月を経過した当時」と、平成25年改正法附則第86条第1項の規定によりなおその効力を有するものとされた平成25年改正法第1条の規定による改正前の第44条の2第1項中「第43条第1項に規定する額」とあるのは「附則第9条の2第2項第二号に規定する額」と、「同項に定める額から」とあるのは「同号に定める額（以下この条において「報酬比例部分の額」という。）から」と、「第132条第2項」とあるのは「国民年金法等の一部を改正する法律（昭和60年法律第34号。以下「昭和60年改正法」という。）附則第82条第1項若しくは第83条の2第1項、昭和60年改正法附則第83条第1項の規定によりなおその効力を有するものとされた昭和60年改正法第3条の規定による改正前の第132条第2項、国民年金法等の一部を改正する法律（平成12年法律第18号。以下「平成12年改正法」という。）附則第9条第1項の規定によりなおその効力を有するものとされた平成12年改正法第4条の規定による改正前の第132条第2項若しくは平成12年改正法第13条の規定による改正前の昭和60年改正法附則第82条第1項、平成12年改正法附則第23条第1項若しくは第24条第1項又は公的年金制度の健全性及び信頼性の確保のための厚生年金保険法等の一部を改正する法律（平成25年法律第63号）附則第5条第1項の規定によりなおその効力を有するものとされた同法第1条の規定による改正前の第132条第2項」と、「第43条第1項に定める額」とあるのは「報酬比例部分の額」と、「同項に定める額）」とあるのは「報酬比例部分の額）」と読み替えるものとする。

5 （略）

2 2以上の種別の被保険者期間を有する者

改正の要点
長期加入者の特例の要件について、2以上の種別の厚生年金保険の被保険者期間を有する場合においては、各種別の厚生年金被保険者期間ごとに適用することになった。

■2以上の種別の厚生年金被保険者期間を有する者
　2以上の種別の厚生年金被保険者期間を有する者について、長期加入者の特例の要件のひとつである被保険者期間44年以上をみる場合、複数の種別の期間を合算するのではなく、各種別の厚生年金被保険者期間ごとに適用します。つまり、ひとつの種別で44年以上の被保険者期間の要件を満たす必要があります（法附則第20条第2項）。

　平成27年10月1日前の公務員等の期間については、改正法附則第7条により第2号厚生年金被保険者期間、第3号厚生年金被保険者期間、第4号厚生年金被保険者期間とみなされた期間も合算して適用します。例えば、改正前に国家公務員共済組合員期間が42年、改正後に第2号厚生年金被保険者期間が2年あった場合には、合算して44年以上となるため要件を満たします。なお、第2号厚生年金被保険者期間と第3号厚生年金被保険者期間は通算されます。

◇第1号厚生年金期間と第2号厚生年金期間を合算して44年

▼平27.10.1

| 国家公務員共済組合組合員期間 42年 |
| ↓みなす |
| 第2号厚生年金期間 42年 | 第1号厚生年金期間 2年 |

▼65歳

| 報酬比例部分　42年 |
| 報酬比例部分　2年 |

※長期加入者の特例に該当しない

◇第2号厚生年金期間だけで44年

▼平27.10.1

| 国家公務員共済組合組合員期間 42年 |
| ↓みなす |
| 第2号厚生年金期間 42年 | 第2号厚生年金期間 2年 |

▼65歳

| 特例による加給年金 |
| 報酬比例部分　44年 |
| 特例による定額部分 |

※長期加入者の特例に該当する

3 被保険者である場合の支給停止

改正の要点
長期加入者の特例の老齢厚生年金を受給する者が、いずれかの種別の厚生年金保険の被保険者となった場合には、特例による年金は受給できないことになった。

■ 被保険者である場合

長期加入者の特例は、被保険者でないことが要件です。そのため、年金額の計算の基礎となる厚生年金保険の被保険者期間が44年以上あっても、被保険者である間は定額部分と加給年金額は支給されません。例えば、第1号厚生年金被保険者期間にかかる長期加入者の特例の老齢厚生年金を受給する者が、第1号厚生年金被保険者となった場合には、特例の年金を受給できません（図①）。これは改正前から変わりません。第2号厚生年金被保険者となった場合においても特例の年金を受給できなくなりました（図②）。

また、支給される報酬比例部分相当額については、在職老齢年金の規定が適用されます（法附則第11条の2・障害者の特例と同じ）。

①受給している老齢厚生年金と同じ種別の被保険者となった場合

▼18歳　　　　　　　　▼62歳（退職）　　　▼就職　　　　　　　▼65歳

| 第1号厚生年金期間　44年 | | 第1号厚生年金被保険者 |

　　　　　　　　　特例による加給年金　　　（支給停止）
　　　　　　　　　報酬比例部分
　　　　　　　　　特例による定額部分　　　（支給停止）
　　　　　　　△長期加入者の特例に該当
　　　　　　　　　　　　　　△被保険者であるため定額と加給は支給停止

②受給している老齢厚生年金と違う種別の被保険者となった場合

▼18歳　　　　　　　　▼62歳（退職）　　　▼就職　　　　　　　▼65歳

| 第1号厚生年金期間　44年 | | 第2号厚生年金被保険者 |

　　　　　　　　　特例による加給年金　　　（支給停止）
　　　　　　　　　報酬比例部分
　　　　　　　　　特例による定額部分　　　（支給停止）
　　　　　　　△長期加入者の特例に該当
　　　　　　　　　　　　　　△被保険者であるため定額と加給は支給停止

4 被保険者である場合の経過措置

改正の要点

改正前から引き続き厚生年金保険の被保険者または共済組合員等であって、かつ長期加入者の特例の年金を受給している者については、改正後も特例の年金を受給することができることになった。

■ 被保険者等である場合における改正前の規定

改正前は、障害者の特例の規定と同様に、長期加入者の特例の退職共済年金の受給権者が民間会社員となった場合には、支給停止されることなく特例の年金を受給することができました。長期加入者の特例の老齢厚生年金の受給権者が、公務員として共済年金制度の組合員となった場合も同様です。つまり、平成27年10月1日前においては、長期加入者の特例の老齢厚生年金を受給中の公務員や、長期加入者の特例の退職共済年金を受給中の会社員が存在しました。

■ 長期加入者の特例の経過措置

改正前に長期加入者の特例の老齢厚生年金または退職共済年金を受給している者で、平成27年10月1日前から引き続き厚生年金保険の被保険者または共済組合員等である場合には、引き続き特例の年金が受給できることとされました。

なお、長期加入者の特例の老齢厚生年金を平成27年10月1日前から受給している共済組合員等における在職老齢年金の計算は、定額部分と加給年金を含めずに報酬比例部分相当額のみを計算の基礎とします（経過措置政令第36条・障害者の特例と同じ）。

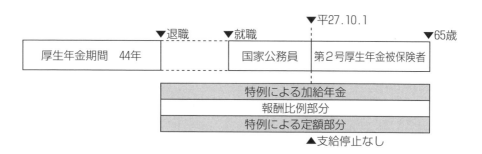

Ⅳ 老齢厚生年金の支給の繰上げ

1 経過的な繰上げ支給の老齢厚生年金

改正の要点
65歳前に老齢厚生年金の繰上げをすることができる者に、第2号または第3号または第4号厚生年金被保険者期間を有する女子と特定警察職員等が加えられることになった。

■ 経過的な繰上げ支給の老齢厚生年金の対象者

支給開始年齢引上げ経過期間中で、報酬比例部分相当額の支給開始年齢が61歳から64歳に引き上げられている年代の者は、老齢厚生年金の支給繰上げの請求をすることができます。この規定の対象者が次のように改正されました（法附則第13条の4）。

改正前

	生年月日
男子	昭和28年4月2日から 昭和36年4月1日までに生まれた者
女子	昭和33年4月2日から 昭和41年4月1日までに生まれた者
坑内員と船員の期間を合算して15年以上ある者	昭和33年4月2日から 昭和41年4月1日までに生まれた者

改正後

	生年月日
男子または女子（第2号厚生年金被保険者期間、第3号厚生年金被保険者期間、第4号厚生年金被保険者期間を有する者）	昭和28年4月2日から 昭和36年4月1日までに生まれた者
女子（第1号厚生年金被保険者期間に限る）	昭和33年4月2日から 昭和41年4月1日までに生まれた者
坑内員と船員の期間を合算して15年以上ある者	昭和33年4月2日から 昭和41年4月1日までに生まれた者
特定警察職員等	昭和34年4月2日から 昭和42年4月1日までに生まれた者

経過的な繰上げ支給の老齢厚生年金の請求

上記該当者が、老齢厚生年金の受給要件を満たしていて、かつ国民年金の任意加入被保険者でない場合は、60歳から支給開始年齢に達するまでの間に老齢厚生年金の繰上げを請求することができます。

60歳	61歳	62歳	63歳	64歳	65歳	
繰上げ	特別支給の老齢厚生年金				老齢厚生年金	
	繰上げ支給の老齢基礎年金				老齢基礎年金	
	繰上げ	特別支給の老齢厚生年金			老齢厚生年金	
	繰上げ支給の老齢基礎年金				老齢基礎年金	
		繰上げ		特老厚	老齢厚生年金	
		繰上げ支給の老齢基礎年金			老齢基礎年金	
		繰上げ支給の老齢厚生年金		特老厚	老齢厚生年金	
		繰上げ支給の老齢基礎年金			老齢基礎年金	

法附則第13条の4（老齢厚生年金の支給の繰上げの特例）

1 附則第8条の2各項に規定する者であって、附則第8条各号のいずれにも該当するもの（国民年金法附則第5条第1項の規定による国民年金の被保険者でないものに限る。）は、それぞれ附則第8条の2各項の表の下欄（著者注：88ページ下表・90ページ下表・92ページ下表の右欄）に掲げる年齢に達する前に、実施機関に老齢厚生年金の支給繰上げの請求をすることができる。

2 前項の請求は、国民年金法附則第9条の2第1項又は第9条の2の2第1項に規定する支給繰上げの請求を行うことができる者にあっては、これらの請求と同時に行わなければならない。

3 第1項の請求があったときは、第42条の規定にかかわらず、その請求があった日の属する月から、その者に老齢厚生年金を支給する。

4～9 （略）

2 経過的な繰上げ支給の老齢厚生年金（2以上の種別期間）

改正の要点
老齢厚生年金の支給繰上げの申出を行う場合に、2以上の種別の厚生年金保険の被保険者期間を有する者については、同時の申出が必要となった。

■ 2以上の種別の被保険者であった期間を有する者

2以上の種別の被保険者であった期間を有する者が、1の期間に基づく老齢厚生年金を繰上げ受給する場合、他の期間に基づく老齢厚生年金も同時に繰上げ請求をしなければなりません。例えば、第1号厚生年金被保険者期間と第2号厚生年金被保険者期間を有する者については、第1号厚生年金被保険者期間にかかる老齢厚生年金のみを繰上げすることはできず、第2号厚生年金被保険者期間にかかる老齢厚生年金も同時に繰上げする必要があります（法附則第21条）。

・昭和33年4月2日生まれ　女子の場合

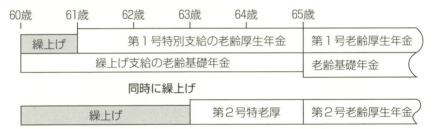

法附則第21条（2以上の種別の被保険者であった期間を有する者に係る特例による老齢厚生年金の支給の繰上げの特例）

1 　2以上の種別の被保険者であった期間を有する者について、附則第13条の4第1項の規定を適用する場合においては、当該2以上の被保険者の種別に係る被保険者であった期間のうち1の期間に基づく老齢厚生年金についての同項の請求は、他の期間に基づく老齢厚生年金についての当該請求と同時に行わなければならない。

2 　（略）

3 老齢厚生年金の繰上げ支給

改正の要点
65歳前に老齢厚生年金の繰上げをすることができる者に、第2号または第3号または第4号厚生年金被保険者期間を有する女子と特定警察職員等が加えられることになった。

■ 65歳支給の老齢厚生年金の繰上げの対象者
支給開始年齢引上げが完了し、60歳から64歳の間は、基本的に特別支給の老齢厚生年金が支給されない年代の者は、老齢厚生年金の支給繰上げの請求をすることができます。この規定の対象者が次のように改正されました（法附則第7条の3）。

改正前

	生年月日
男子	昭和36年4月2日以後に生まれた者
女子	昭和41年4月2日以後に生まれた者
坑内員と船員の期間を合算して15年以上ある者	昭和41年4月2日以後に生まれた者

改正後

	生年月日
男子または女子（第2号厚生年金被保険者期間、第3号厚生年金被保険者期間、第4号厚生年金被保険者期間を有する者）	昭和36年4月2日以後に生まれた者
女子（第1号厚生年金被保険者期間に限る）	昭和41年4月2日以後に生まれた者
坑内員と船員の期間を合算して15年以上ある者	昭和41年4月2日以後に生まれた者
特定警察職員等	昭和42年4月2日以後に生まれた者

■ 65歳支給の老齢厚生年金の繰上げ請求
上記該当者が、老齢厚生年金の受給要件を満たしていて、かつ国民年金の任意加入被保険者でない場合は、60歳から65歳に達するまでの間に老齢厚生年金の繰上げを請求することができます。

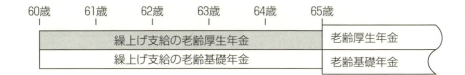

📖 **法附則第 7 条の 3（老齢厚生年金の支給の繰上げ）**

1 当分の間、次の各号に掲げる者であって、被保険者期間を有し、かつ、60歳以上65歳未満であるもの（国民年金法附則第 5 条第 1 項の規定による国民年金の被保険者でないものに限る。）は、政令で定めるところにより、65歳に達する前に、実施機関に当該各号に掲げる者の区分に応じ当該者の被保険者の種別に係る被保険者期間に基づく老齢厚生年金の支給繰上げの請求をすることができる。ただし、その者が、その請求があった日の前日において、第42条第二号に該当しないときは、この限りでない。

一 男子又は女子（第 2 号厚生年金被保険者であり、若しくは第 2 号厚生年金被保険者期間を有する者、第 3 号厚生年金被保険者であり、若しくは第 3 号厚生年金被保険者期間を有する者又は第 4 号厚生年金被保険者であり、若しくは第 4 号厚生年金被保険者期間を有する者に限る。）であって昭和36年 4 月 2 日以後に生まれた者（第三号及び第四号に掲げる者を除く。）

二 女子（第 1 号厚生年金被保険者であり、又は第 1 号厚生年金被保険者期間を有する者に限る。）であって昭和41年 4 月 2 日以後に生まれた者（次号及び第四号に掲げる者を除く。）

三 鉱業法（昭和25年法律第289号）第 4 条に規定する事業の事業場に使用され、かつ、常時坑内作業に従事する被保険者（以下「坑内員たる被保険者」という。）であった期間と船員として船舶に使用される被保険者（以下「船員たる被保険者」という。）であった期間とを合算した期間が15年以上である者であって、昭和41年 4 月 2 日以後に生まれたもの（次号に掲げる者を除く。）

四 特定警察職員等（警察官若しくは皇宮護衛官又は消防吏員若しくは常勤の消防団員（これらの者のうち政令で定める階級以下の階級である者に限る。）である被保険者又は被保険者であった者のうち、附則第 8 条各号のいずれにも該当するに至ったとき（そのときにおいて既に被保険者の資格を喪失している者にあっては、当該被保険者の資格を喪失した日の前日）において、引き続き20年以上警察官若しくは皇宮護衛官又は消防吏員若しくは常勤の消防団員として在職していた者その他これらに準ずる者として政令で定める者をいう。以下同じ。）である者で昭和42年 4 月 2 日以後に生まれたもの

2 前項の請求は、国民年金法附則第 9 条の 2 第 1 項又は第 9 条の 2 の 2 第 1 項に規定する支給繰上げの請求を行うことができる者にあっては、これらの請求と同時に行わなければならない。

3 第 1 項の請求があったときは、第42条の規定にかかわらず、その請求があった日の属する月から、その者に老齢厚生年金を支給する。

4〜6 （略）

4 老齢厚生年金の繰上げ支給（2以上の種別期間）

改正の要点
老齢厚生年金の支給繰上げの申出を行う場合に、2以上の種別の厚生年金保険の被保険者期間を有する者については、同時の申出が必要となった。

2以上の種別の被保険者であった期間を有する者

2以上の種別の被保険者であった期間を有する者が、1の期間に基づく老齢厚生年金を繰上げ受給する場合、他の期間に基づく老齢厚生年金も同時に繰上げ請求をしなければなりません（法附則第18条）。例えば、第1号厚生年金被保険者期間と第2号厚生年金被保険者期間を有する者については、第1号厚生年金被保険者期間にかかる老齢厚生年金のみを繰上げすることはできず、第2号厚生年金被保険者期間にかかる老齢厚生年金も同時に繰上げする必要があります。

坑内員・船員の特例に該当する者については第1号厚生年金被保険者期間に基づく老齢厚生年金に限り、特定警察職員等の特例に該当する者については、第3号厚生年金被保険者期間に基づく老齢厚生年金に限ることとされています（令第8条の3）。

法附則第18条（2以上の種別の被保険者であった期間を有する者に係る老齢厚生年金の支給の繰上げの特例）

1　2以上の種別の被保険者であった期間を有する者について、附則第7条の3第1項の規定を適用する場合においては、当該2以上の被保険者の種別に係る被保険者であった期間のうち1の期間に基づく老齢厚生年金についての同項の請求は、他の期間に基づく老齢厚生年金についての当該請求と同時に行わなければならない。
2　前項の場合においては、各号の厚生年金被保険者期間ごとに附則第7条の3の規定を適用する。この場合において、同条の規定の適用に関し必要な読替えその他必要な事項は、政令で定める。

加給年金額と振替加算

第5章

Ⅰ 加給年金額の加算

1 加給年金額の概要

■ 加給年金額加算の基本的なしくみ

老齢厚生年金の加給年金額加算の要件は次のとおりです（法第44条）。

① 厚生年金保険の被保険者期間が240月（20年）以上あるか、または中高齢の特例に該当すること
② 65歳以後またはそれ以前の一定の年齢の老齢厚生年金の受給権を有した当時、生計を維持していた65歳未満の配偶者、18歳に達する日以後の最初の3月31日までの間にある子、または障害等級1級もしくは2級の障害の状態にある20歳未満の子があること

```
┌─厚生年金期間　20年以上─┐
                              ▼妻65歳
              ┌─加給年金─┐
              ├─老齢厚生年金──────
              ├─老齢基礎年金──────
```

📖 法第44条（加給年金額）

1　老齢厚生年金（その年金額の計算の基礎となる被保険者期間の月数が240以上であるものに限る。）の額は、受給権者がその権利を取得した当時（その権利を取得した当時、当該老齢厚生年金の額の計算の基礎となる被保険者期間の月数が240未満であったときは、第43条第3項の規定により当該月数が240以上となるに至った当時。第3項において同じ。）その者によって生計を維持していたその者の65歳未満の配偶者又は子（18歳に達する日以後の最初の3月31日までの間にある子及び20歳未満で第47条第2項に規定する障害等級（以下この条において単に「障害等級」という。）の1級若しくは2級に該当する障害の状態にある子に限る。）があるときは、第43条の規定にかかわらず、同条に定める額に加給年金額を加算した額とする。ただし、国民年金法第33条の2第1項の規定により加算が行われている子があるとき（当該子について加算する額に相当する部分の全額につき支給を停止されているときを除く。）は、その間、当該子について加算する額に相当する部分の支給を停止する。

2〜5　（略）

2 2以上の種別の被保険者期間を有する場合

改正の要点

老齢厚生年金の加給年金額については、2以上の種別の厚生年金保険の被保険者期間を合算してひとつの厚生年金被保険者期間を有するものとして支給要件が適用されることになった。

2以上の種別の被保険者であった期間を有する者

2以上の種別の被保険者であった期間を有する者に係る老齢厚生年金の加給年金額の加算については、その者の2以上の種別の厚生年金被保険者期間を合算し、ひとつの厚生年金被保険者期間のみを有する者とみなした上で、加給年金額の加算の要件（被保険者期間の月数が240月（20年）以上）を適用します（法第78条の27）。例えば、民間会社員期間15年、公務員期間10年を有する者は、被保険者期間が合わせて20年以上あるため、対象配偶者等がいれば加給年金額が加算されます。

改正前は、加入制度ごとに240月（20年）以上の加入期間が必要であったため、厚生年金被保険者期間と共済年金加入期間がともに240月（20年）未満の場合は、加算されていませんでした。

| 民間会社員15年 | 国家公務員10年 |

```
              ┌─ 老齢厚生年金15年分 ─┐
改正前        │  老齢基礎年金         │
              └─ 退職共済年金10年分 ─┘

              ┌─ 加給年金 ──────────┐
              │ 第1号老齢厚生年金15年分 │
改正後        │  老齢基礎年金         │
              └─ 第2号老齢厚生年金10年分┘
```

法第78条の27（老齢厚生年金に係る加給年金額の特例）

2以上の種別の被保険者であった期間を有する者に係る老齢厚生年金の額については、その者の2以上の被保険者の種別に係る被保険者であった期間に係る被保険者期間を合算し、1の期間に係る被保険者期間のみを有するものとみなして第44条（この法律及び他の法令において、引用し、準用し、又はその例による場合を含む。）の規定を適用する。この場合において、同条第1項に規定する加給年金額は、政令で定めるところにより、各号の厚生年金被保険者期間のうち1の期間に係る被保険者期間を計算の基礎とする老齢厚生年金の額に加算するものとする。

3 2以上の種別にかかる年金の加給年金額の加算時期

改正の要点
2以上の種別の厚生年金保険の被保険者期間を有する場合における加給年金額の加算時期について規定された。

加給年金額の加算時期

2以上の種別の被保険者期間を有する者について、加給年金額が加算されるのは次の場合です（令第3条の13第1項）。

① 1の期間に基づく老齢厚生年金の権利を取得した当時に、その額の計算の基礎となる被保険者月数と他の期間に基づく老齢厚生年金の額の計算の基礎となる被保険者期間の月数とを合算した月数が240月（20年）以上あるとき

② 1の期間に基づく老齢厚生年金の権利を取得した当時に、その額の計算の基礎となる被保険者月数と他の期間に基づく老齢厚生年金の額の計算の基礎となる被保険者期間の月数とを合算した月数が240月（20年）未満で、次のアまたはイのいずれかに該当するとき

ア．退職改定により被保険者期間が240月（20年）以上となった時

イ．他の期間に基づく老齢厚生年金の受給権を取得したことにより合算した被保険者期間が240月（20年）以上となるに至った時

【事 例】
- 昭和31年10月1日生まれの男性
- 第1号厚生年金被保険者期間120月、第2号厚生年金被保険者期間200月
- 特別支給の老齢厚生年金の受給権発生時期は62歳
- 加給年金額の対象となる妻あり

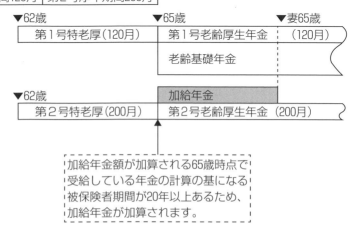

【事　例】
- 昭和31年10月1日生まれの女性
- 第1号厚生年金被保険者期間140月、第2号厚生年金被保険者期間120月
- 第1号特別支給の老齢厚生年金の受給権発生時期は60歳、第2号は62歳
- 障害者の特例に該当、加給年金額の対象となる夫あり

（障害者特例の請求）

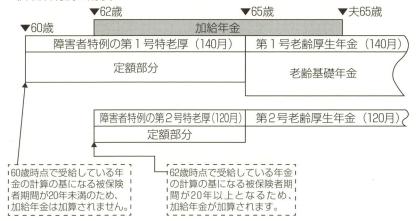

📖 法第44条（加給年金額）　令第3条の13第1項（2以上の種別の被保険者であった期間を有する者に係る老齢厚生年金に係る加給年金額の特例の適用に関する読替え等）による読替え（＿＿＿部分）

1　第78条の22に規定する各号の厚生年金被保険者期間のうち同条に規定する1の期間に基づく老齢厚生年金（当該1の期間に基づく老齢厚生年金の額の計算の基礎となる被保険者期間の月数と同条に規定する他の期間（以下この項において「他の期間」という。）に基づく老齢厚生年金の額の計算の基礎となる被保険者期間の月数とを合算した月数が240以上であるものに限る。）の額は、受給権者がその権利を取得した当時（その権利を取得した当時、当該月数が240未満であったときは、第43条第3項の規定又は他の期間に基づく老齢厚生年金の受給権を取得したことにより当該月数が240以上となるに至った当時。第3項において同じ。）その者によって生計を維持していたその者の65歳未満の配偶者又は子（18歳に達する日以後の最初の3月31日までの間にある子及び20歳未満で第47条第2項に規定する障害等級（以下この条において単に「障害等級」という。）の1級若しくは2級に該当する障害の状態にある子に限る。）があるときは、第43条の規定にかかわらず、同条に定める額に加給年金額を加算した額とする。ただし、国民年金法第33条の2第1項の規定により加算が行われている子があるとき（当該子について加算する額に相当する部分の全額につき支給を停止されているときを除く。）は、その間、当該子について加算する額に相当する部分の支給を停止する。

2～5　（略）

4 加給年金額の加算の優先順位

改正の要点
2以上の種別の厚生年金保険の被保険者期間を有する者が加給年金額の要件を満たした場合に、加算される老齢厚生年金の優先順位が規定された。

■ 加給年金額の加算の優先順位

2以上の種別の被保険者であった期間を有する者にかかる老齢厚生年金の期間合算による加給年金額は、第1号から第4号までの各号の厚生年金被保険者期間のうち、いずれかひとつの期間に基づく老齢厚生年金の額に加算されることになります。優先順位は次のとおり規定されています(令第3条の13第2項)。

【優先順位】
① 最初に受給権を取得した老齢厚生年金に加算する。
   (加給年金額の加算開始が最も早い年金に加算する。)
② 受給権取得が同時の場合は、最も加入期間の長い老齢厚生年金に加算する。
③ 最も加入期間の長い老齢厚生年金が2つ以上ある場合は、第1号厚生年金被保険者期間、第2号厚生年金被保険者期間、第3号厚生年金被保険者期間、第4号厚生年金被保険者期間に基づく老齢厚生年金の優先順位で加算する。
④ 特別支給の老齢厚生年金に加給年金が加算されている場合は、65歳以降も引き続き支給されるその期間に基づく老齢厚生年金に加算する。

(次ページの図参照)

■ 優先順位の例外

加給年金額の加算後に被保険者期間の長さが変わった場合においても、加算する老齢厚生年金に変更はありません。また、加給年金額が加算されるものとされた老齢厚生年金について、他法令の規定により加給年金額の支給が停止される場合であって、かつ他の期間に基づく老齢厚生年金が支給されている(全額停止ではない)場合については、他の期間に基づく老齢厚生年金に加給年金額が加算されることとなります。ただし、最初に加給年金額が加算された老齢厚生年金について生計維持関係を判定した時から引き続き生計維持関係を有することを要件とします(令第3条の13第3項)。

加給年金額の加算の優先順位

①最初に受給権を取得した年金

| 民間会社員20年 | 国家公務員5年 |

　　　　　　　　　加給年金
　　　　　　　　　第1号老齢厚生年金20年
　　　　　　　　　　　　第2号老齢厚生年金5年

②受給権取得が同時の場合は加入期間の長い年金

| 民間会社員10年 | 国家公務員15年 |

　　　　　　　　　　　第1号老齢厚生年金10年
　　　　　　　　　加給年金
　　　　　　　　　第2号老齢厚生年金15年

③期間が同じ場合は1号から4号の順

| 民間会社員10年 | 国家公務員10年 |

　　　　　　　　　加給年金
　　　　　　　　　第1号老齢厚生年金10年
　　　　　　　　　第2号老齢厚生年金10年

④特別支給の老齢厚生年金に加算されていた場合

| 民間会社員20年 | 国家公務員22年 |

加給年金	加給年金
特老厚　20年	第1号老齢厚生年金20年
特退共　22年	第2号老齢厚生年金22年

※老齢基礎年金の図は省略（以下同じ）

📖 **令第3条の13（2以上の種別の被保険者であった期間を有する者に係る老齢厚生年金に係る加給年金額の特例の適用に関する読替え等）**

1　（略）
2　2以上の種別の被保険者であった期間を有する者に係る老齢厚生年金について前項の規定により読み替えられた法第44条第1項の規定により同項に規定する加給年金額（以下この条において「加給年金額」という。）が加算される場合は、各号の厚生年金被保険者期間のうち法第78条の22に規定する1の期間（以下「1の期間」という。）に基づく老齢厚生年金のうち最も早い日において受給権を取得したもの（法附則第8条の規定による老齢厚生年金（65歳に達する日の前日において加給年金額が加算されていたものに限る。）の受給権者であった者が65歳に達したときに支給する老齢厚生年金については、当該同条の規定による老齢厚生年金の額の計算の基礎となる被保険者期間に係る被保険者の種別に係る被保険者期間を計算の基礎とする老齢厚生年金）について加給年金額を加算するものとする。この場合において、当該最も早い日において受給権を取得した老齢厚生年金が2以上あるときは、各号の厚生年金被

保険者期間のうち最も長い1の期間（当該1の期間が2以上ある場合は、次に掲げる順序による。）に基づく老齢厚生年金について加給年金額を加算するものとする。
　一　法第2条の5第1項第一号に規定する第1号厚生年金被保険者期間（以下「第1号厚生年金被保険者期間」という。）
　二　法第2条の5第1項第二号に規定する第2号厚生年金被保険者期間（以下「第2号厚生年金被保険者期間」という。）
　三　法第2条の5第1項第三号に規定する第3号厚生年金被保険者期間（以下「第3号厚生年金被保険者期間」という。）
　四　法第2条の5第1項第四号に規定する第4号厚生年金被保険者期間（以下「第4号厚生年金被保険者期間」という。）
3　前項の規定により加給年金額を加算するものとされた1の期間に基づく老齢厚生年金について、法又は他の法令の規定（法第46条第6項の規定を除く。以下この項及び次項において同じ。）により当該加給年金額に相当する部分の支給が停止される場合（同条第6項の規定に該当している場合において、同項の規定に該当しなくなったときに引き続き法又は他の法令の規定により当該加給年金額に相当する部分の支給が停止される場合を含む。次項において同じ。）にあっては、前項の規定にかかわらず、当該1の期間に基づく老齢厚生年金に代えて、同項後段の規定の例により、他の1の期間に基づく老齢厚生年金（その全額について支給が停止されているものを除く。）について加給年金額を加算するものとする。ただし、他の1の期間に基づく老齢厚生年金の全てが、その全額について支給が停止されている場合は、この限りでない。
4～7　（略）

5 改正前の退職共済年金の受給権者

改正の要点

退職共済年金（20年未満）の受給権者が、改正後に老齢厚生年金の受給権を取得した場合、加給年金額の加算の要件は、双方の期間を合算して判断することになった。

■ 加給年金額が加算される場合

改正前共済各法による退職共済年金または旧共済各法による退職年金、減額退職年金もしくは通算退職年金の受給権を有し、かつ、その年金額の計算の基礎となる期間が240月（20年）に満たない者には加給年金額は加算されていません。その者が、平成27年10月1日以後に老齢厚生年金の受給権を取得した場合、法附則第7条第1項の規定により被保険者期間とみなされた旧国家公務員共済組合員期間、旧地方公務員共済組合員期間または旧私立学校教職員共済加入者期間と、当該老齢厚生年金の額の計算の基礎となる被保険者期間とを合算した期間が240月（20年）以上になれば、加給年金額が加算されます。遺族厚生年金の中高齢寡婦加算も同様です（改正法附則第21条）。

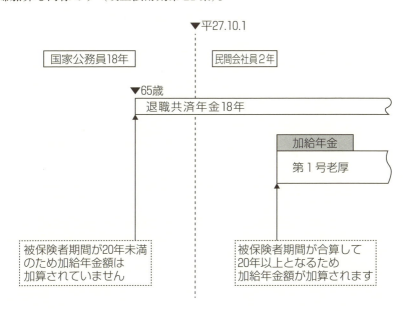

改正法附則第21条（老齢厚生年金に係る加給年金額等の特例）

　施行日の前日において附則第11条第1項各号に掲げる年金たる給付の受給権を有していた者（当該年金たる給付の額の計算の基礎となる期間の月数が240に満たない者に限る。）であって、施行日以後に老齢厚生年金の受給権を取得したものについて、厚生年金保険法第44条及び第62条の規定その他の法令の規定でこれらの規定に相当するものとして政令で定めるものを適用する場合においては、同法第44条第1項中「被保険者期間の月数が240以上」とあるのは「被保険者期間（被用者年金制度の一元化等を図るための厚生年金保険法等の一部を改正する法律（平成24年法律第63号。以下「平成24年一元化法」という。）附則第7条第1項の規定により被保険者期間とみなされた旧国家公務員共済組合員期間（他の法令の規定により当該旧国家公務員共済組合員期間に算入された期間を含む。）、旧地方公務員共済組合員期間（他の法令の規定により当該旧地方公務員共済組合員期間に算入された期間を含む。）又は旧私立学校教職員共済加入者期間と当該老齢厚生年金の額の計算の基礎となる被保険者期間とを合算して得た被保険者期間とする。以下この項において同じ。）の月数が240以上」と、同法第62条第1項中「被保険者期間」とあるのは「被保険者期間（平成24年一元化法附則第7条第1項の規定により被保険者期間とみなされた旧国家公務員共済組合員期間（他の法令の規定により当該旧国家公務員共済組合員期間に算入された期間を含む。）、旧地方公務員共済組合員期間（他の法令の規定により当該旧地方公務員共済組合員期間に算入された期間を含む。）又は旧私立学校教職員共済加入者期間と当該遺族厚生年金の額の計算の基礎となる被保険者期間とを合算して得た被保険者期間とする。）」とするほか、これらの規定の適用に関し必要な読替えその他必要な事項は、政令で定める。

ワンポイント──加給年金額の加算手続き

　年金額の計算の基礎となる期間が20年に満たない場合には加給年金額は加算されませんが、平成27年10月1日以後に老齢厚生年金の受給権を取得した場合など、合算した被保険者期間が20年以上となり、加給対象配偶者および子がいる場合には加給年金額が加算されます。しかし自動的に加算されるわけではなく、「老齢厚生年金・退職共済年金加給年金額加算開始事由該当届」の提出が必要です。提出時の添付書類は、受給権者の戸籍抄本または戸籍謄本、世帯全員の住民票の写し、加算対象配偶者および子の所得証明書または非課税証明書であり、加算開始日以降かつ提出日の6カ月以内のものが必要です。

6 改正前の退職共済年金および老齢厚生年金の受給権者

改正の要点
改正前に退職共済年金（20年未満）と老齢厚生年金（20年未満）を受給している者について、改正後に加給年金額が加算される場合が規定された。

■ 加給年金額が加算される場合

平成27年9月30日において、改正前共済各法による退職共済年金と改正前厚生年金保険法の老齢厚生年金の受給権者であって、双方ともその年金額の計算の基礎となる被保険者期間が240月（20年）未満である場合、施行日において加給年金額の加算の要件の判定は行われていません。つまり、合算して240月（20年）以上の被保険者期間があっても加給年金額は加算されていません。また、定額部分の支給開始による年金額の改定は、期間の合算の契機になりません。

ただし、平成27年10月1日以降に次の①～④に該当した場合は、2以上の種別の厚生年金被保険者期間を合算した上で加給年金額の要件（被保険者期間240月（20年）以上等）を満たせば加算されることとなります（経過措置政令第67条他）。

①老齢厚生年金の受給権が発生した場合
②退職改定が行われた場合
③離婚分割により第2号改定者または被扶養配偶者として年金額の改定が行われた場合
④外国協定の施行による外国通算期間の追加または外国通算期間の追加に伴う年金額改定が行われた場合

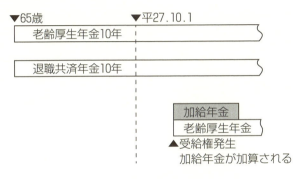

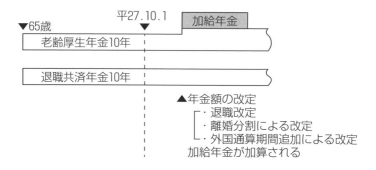

> 📖 **経過措置政令第67条**

　施行日の前日において平成24年一元化法附則第11条第1項各号に掲げる年金たる給付の受給権を有していた者（当該年金たる給付の額の計算の基礎となる期間の月数が240に満たない者に限る。）であって、かつ、同日において改正前厚生年金保険法による老齢厚生年金の受給権を有していたもの（当該老齢厚生年金の額の計算の基礎となる被保険者期間の月数が240に満たない者に限る。）のうち、次の各号のいずれかに該当した者については、平成24年一元化法附則第21条に規定する者とみなして、同条及び前条の規定を適用する。

一　施行日以後の第1号厚生年金被保険者期間に基づき、当該老齢厚生年金の額が平成24年一元化法附則第12条第2項の規定によりなおその効力を有するものとされた改正前厚生年金保険法第43条第3項の規定により改定されたとき。

二　改正後厚生年金保険法第78条の6第1項第二号及び第2項第二号の規定により標準報酬の改定又は決定が行われたことにより、当該老齢厚生年金又は当該年金たる給付の額が次に掲げる規定により改定されたとき（当該標準報酬の改定又は決定が行われたことにより、改正後厚生年金保険法による老齢厚生年金の受給権を取得する場合を除く。）。

　　イ　厚生年金保険法第78条の10第1項
　　ロ　なお効力を有する改正前国共済法第93条の10第1項
　　ハ　なお効力を有する改正前地共済法第107条の4第1項
　　ニ　なお効力を有する改正前私学共済法第25条において準用する例による改正前国共済法第93条の10第1項

三　改正後厚生年金保険法第78条の14第2項及び第3項の規定により標準報酬の決定が行われたことにより、当該老齢厚生年金又は当該年金たる給付の額が次に掲げる規定により改定されたとき（当該標準報酬の決定が行われたことにより、改正後厚生年金保険法による老齢厚生年金の受給権を取得する場合を除く。）。

　　イ　厚生年金保険法第78条の18第1項
　　ロ　なお効力を有する改正前国共済法第93条の14第1項
　　ハ　なお効力を有する改正前地共済法第107条の8第1項
　　ニ　なお効力を有する改正前私学共済法第25条において準用する例による改正前国共済法第93条の14第1項

7 加給年金額の加算の具体的事例

2以上の種別の厚生年金保険の被保険者期間を有する場合の加給年金額の加算についての具体的事例は次のとおりです（加給年金額の対象となる配偶者がいるとき）。

【事例1】施行日以後に特老厚を受給する場合
- 昭和30年8月生まれの男性
- 第1号厚生年金期間100月、第2号厚生年金期間140月

・施行日以後、65歳で老齢厚生年金の受給権を取得した時、合算した被保険者期間の月数が240月以上あるため、加給年金額が加算される。
・受給権の取得時期が同じであるため、被保険者期間の長い第2号老齢厚生年金に加算される。

【事例2】施行日前から特老厚・特退共を受給している場合
- 昭和28年8月生まれの男性
- 第1号厚生年金期間120月、第2号厚生年金期間120月
- 施行日前から特別支給の老齢厚生年金と特別支給の退職共済年金を受給

・施行日以後、65歳で老齢厚生年金の受給権を取得した時、合算した被保険者期間の月数が240月以上あるため、加給年金額が加算される。
・被保険者期間が同じであるため、第1号＞第2号＞第3号＞第4号の順番で加算される。

【事例３】施行日前から老厚・退共を受給している場合
- 昭和24年９月生まれの男性
- 第１号厚生年金期間200月、第２号厚生年金期間40月
- 施行日前から老齢厚生年金と退職共済年金を受給

第１号厚年期間200月	第２号厚年期間40月

```
▼60歳              ▼65歳                      ▼平27.10.1(施行日)
特老厚(200月)     老齢厚生年金(200月)

特退共(40月)      退職共済年金(40月)
```

・施行日前から受給している老齢厚生年金・退職共済年金は、施行日においても合算せず、加給年金額は加算されない。
・なお、施行日以後に退職改定が行われる場合には合算され、加給年金額が加算されることになる。

【事例４】施行日以後に特老厚の定額部分が支給される場合
- 昭和27年６月生まれの女性
- 第１号厚生年金期間180月、第２号厚生年金期間100月
- 施行日前から特別支給の老齢厚生年金と特別支給の退職共済年金を受給
- 特別支給の老齢厚生年金の定額部分の支給開始年齢は64歳

第１号厚年期間180月	第２号厚年期間100月

```
            平27.10.1(施行日)        ▼65歳              ▼夫65歳
▼60歳          ▼         ▼64歳      加給年金
特老厚(180月)                         第１号老齢厚生年金(180月)
                         定額部分

特退共(100月)                         第２号老齢厚生年金(100月)
```

・施行日以後、65歳で老齢厚生年金の受給権を取得した時、合算した被保険者期間の月数が240月以上あるため、加給年金額が加算される。
・定額部分支給による年金額の変更時には加給年金額は加算されない。
・加給年金の加算時期が同じであるため、被保険者期間の長い第１号老齢厚生年金に加算される。

【事例5】施行日に特老厚の受給権が発生、その後定額部分が支給される場合
- 昭和27年6月生まれの女性
- 第1号厚生年金期間11月、第2号厚生年金期間230月
- 施行日前から特別支給の退職共済年金を受給
- 第1号特別支給の老齢厚生年金は施行日に受給権を取得し、定額部分の支給開始年齢は64歳

・施行日に、第1号特別支給の老齢厚生年金の受給権が発生した時点で被保険者期間を合算する。合算した被保険者期間の月数は240月以上となる。
・その後第1号特別支給の老齢厚生年金の定額部分支給開始時から加給年金額が加算される（第1号特別支給の老齢厚生年金に加算）。

【事例6】第2号特別支給の老齢厚生年金の受給権が発生、その後定額部分が支給される場合
- 昭和27年6月生まれの女性
- 第1号厚生年金期間150月、第2号厚生年金期間100月
- 施行日以後に第2号厚生年金被保険者となり10月加入し退職
- 施行日前から特別支給の老齢厚生年金と特別支給の退職共済年金を受給

・施行日以後に、第2号特別支給の老齢厚生年金の受給権が発生した時点で被保険者期間を合算する。合算した被保険者期間の月数は240月以上となる。
・その後特別支給の老齢厚生年金の定額部分支給開始時から加給年金額が加算される（特別支給の老齢厚生年金に加算）。
・施行日前から退職共済年金を受給する者の施行日以後の第2号厚生年金期間については退職改定は行われず、受給権が発生する。

【事例7】施行日前に老齢厚生年金・退職共済年金の繰上げを行っている場合
- 昭和30年6月生まれの男性
- 第1号厚生年金期間140月、第2号厚生年金期間100月
- 特別支給の老齢厚生年金の本来の支給開始年齢は62歳
- 施行日前の60歳時に繰上げ受給開始

・施行日前から受給している繰上げ支給の老齢厚生年金・退職共済年金は、施行日および65歳時においても被保険者期間を合算せず、加給年金額は加算されない。
・なお、施行日以後に退職改定等が行われる場合には合算され、加給年金額が加算されることになる。

【事例8】施行日前から老厚・退共を受給、退職改定が行われる場合
- 昭和24年9月生まれの男性
- 第2号厚生年金期間140月、第1号厚生年金期間120月
- 施行日前から老齢厚生年金と退職共済年金を受給
- 施行日以後に第1号厚生年金に10月加入後退職し、第1号老齢厚生年金が改定

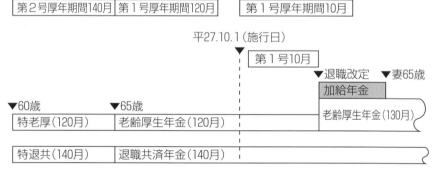

・施行日以後の退職改定時点で被保険者期間を合算する。合算した被保険者期間の月数は240月以上となり、加給年金額が加算される。
・この場合、老齢厚生年金に加算される。

【事例9】施行日以後に老齢厚生年金の受給権が発生
- 昭和24年9月生まれの男性
- 第2号厚生年金期間239月
- 施行日前から退職共済年金（239月）を受給
- 施行日以後に第1号厚生年金に1月加入、第1号老齢厚生年金の受給権が発生

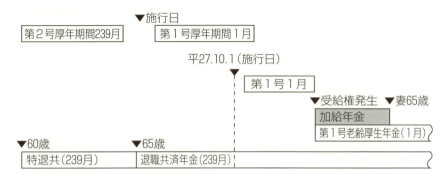

・第1号老齢厚生年金の受給権の発生時点で被保険者期間を合算する。合算した被保険者期間の月数は240月以上となり、加給年金額が加算される。
・この場合、第1号老齢厚生年金に加算される。

【事例10】施行日前に繰上げ老厚・退共を受給、退職改定が行われる場合
- 昭和30年6月生まれの男性
- 第1号厚生年金期間200月、第2号厚生年金期間40月
- 施行日以後に第1号厚生年金被保険者となり10月加入し退職
- 特別支給の老齢厚生年金の本来の支給開始年齢は62歳
- 施行日前の60歳時に繰上げ受給開始

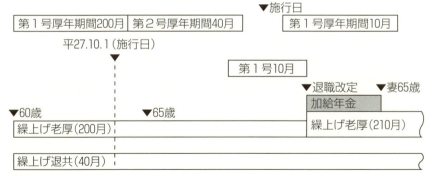

・施行日前から受給している繰上げ支給の老齢厚生年金・退職共済年金は、施行日および65歳時においても被保険者期間は合算されず、加給年金額は加算されない。
・施行日以後、第1号厚生年金被保険者となり、退職改定が行われた時点で被保険者期間が合算され、加給年金額が加算される。

Ⅱ　配偶者加給年金額の停止

1　配偶者加給年金額の支給停止の概要

■ 配偶者加給年金額の支給停止

　一定の要件を満たした老齢厚生年金等の受給権者に、生計維持関係にある65歳未満の配偶者がいれば、配偶者加給年金額が加算されます。加算対象配偶者が65歳に達したときにはその権利が消滅しますが、65歳に達する前であっても加算対象配偶者が、次の年金を受けることができるときは支給が停止されます（法第46条第6項）。

　①　被保険者期間240月（20年）以上の老齢厚生年金および退職共済年金
　②　障害厚生年金および障害共済年金、障害基礎年金等

①のケース

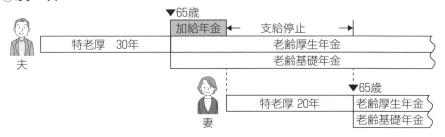

②のケース

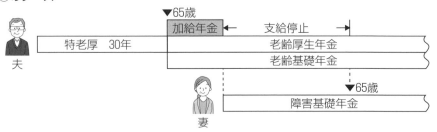

📖 **法第46条第6項（支給停止）**

6　第44条第1項の規定によりその額が加算された老齢厚生年金については、同項の規定によりその者について加算が行われている配偶者が、老齢厚生年金（その年金額の計算の基礎となる被保険者期間の月数が240以上であるものに限る。）、障害厚生年金、国民年金法による障害基礎年金その他の年金たる給付のうち、老齢若しくは退職又は障害を支給事由とする給付であって政令で定めるものの支給を受けることができ

るときは、その間、同項の規定により当該配偶者について加算する額に相当する部分の支給を停止する。

ワンポイント——支給停止の手続き

夫が加給年金額の加算された老齢厚生年金を受給中に、妻が240月（20年）以上の特別支給の老齢厚生年金を受給するようになった場合、夫の加給年金額は支給停止されますが、両者が受給する老齢厚生年金の種別が異なる場合には、自動的に支給停止されません。従来どおり、加給年金額支給停止事由該当届の提出が必要となります。

夫婦の受給する老齢厚生年金の種別が同じ場合

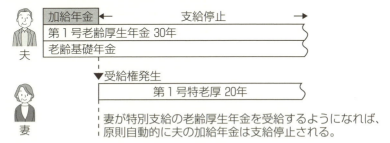

夫婦の受給する老齢厚生年金の種別が異なる場合

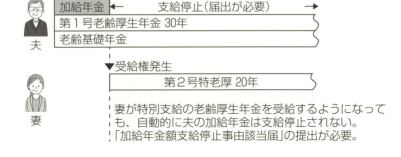

2　2以上の種別の被保険者期間を有する者

改正の要点

老齢厚生年金の加給年金額の支給停止については、2以上の種別の厚生年金保険の被保険者期間を合算してひとつの厚生年金被保険者期間を有するものとして要件を適用することになった。

■ 2以上の種別の厚生年金被保険者期間を有する場合

　加算対象配偶者が2以上の種別の被保険者であった期間を有する者であって、合算した被保険者期間が240月（20年）以上ある老齢厚生年金および退職共済年金を受給している場合は、配偶者加給年金額の停止の要件に該当することになりました（法第78条の29）。

　例えば、妻が第2号厚生年金被保険者期間10年と第4号厚生年金被保険者期間10年を有し、その夫の老齢厚生年金に加給年金額が加算されている場合、妻が合算して20年分の老齢厚生年金の受給権を有したときに加給年金額の支給が停止されます。

　改正前は、妻のそれぞれの加入期間が20年未満の場合には、加給年金額は停止されていませんでした。

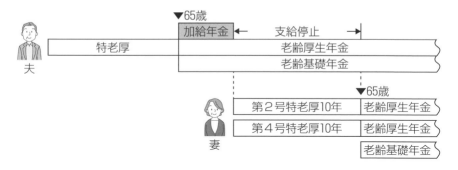

法第78条の29（老齢厚生年金の支給停止の特例）

　2以上の種別の被保険者であった期間を有する者について、第46条の規定を適用する場合においては、（途中省略）同条第6項中「被保険者期間の月数」とあるのは「被保険者期間の月数（その者の2以上の被保険者の種別に係る被保険者であった期間に係る被保険者期間を合算し、1の期間に係る被保険者期間のみを有するものとみなした場合における当該被保険者期間の月数とする。）」とするほか、同条の規定の適用に関し必要な読替えその他必要な事項は、政令で定める。

3 旧共済組合員等期間の扱い

改正の要点
老齢厚生年金の加給年金額の支給停止については、旧共済組合員等期間を合算して要件を適用することになった。

■ 計算の基礎となる被保険者期間

配偶者加給年金額の支給停止の規定における被保険者期間については、改正法附則第7条第1項の規定により第2号から第4号厚生年金被保険者期間とみなされた旧国家公務員共済組合員期間、旧地方公務員共済組合員期間または旧私立学校教職員共済加入者期間と、当該老齢厚生年金の額の計算の基礎となる被保険者期間とを合算して得た被保険者期間の月数となります（経過措置政令第66条）。

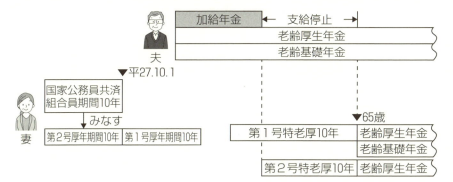

第46条第6項（支給停止） 経過措置政令第66条（老齢厚生年金に係る加給年金額等の特例）による読替え（＿＿＿部分）

6　第44条第1項の規定によりその額が加算された老齢厚生年金については、同項の規定によりその者について加算が行われている配偶者が、老齢厚生年金（その年金額の計算の基礎となる被保険者期間（被用者年金制度の一元化等を図るための厚生年金保険法等の一部を改正する法律（平成24年法律第63号。以下この項及び附則第16条第1項において「平成24年一元化法」という。）附則第7条第1項の規定により被保険者期間とみなされた旧国家公務員共済組合員期間（他の法令の規定により当該旧国家公務員共済組合員期間に算入された期間を含む。）、旧地方公務員共済組合員期間（他の法令の規定により当該旧地方公務員共済組合員期間に算入された期間を含む。）又は旧私立学校教職員共済加入者期間と当該老齢厚生年金の額の計算の基礎となる被保険者期間とを合算して得た被保険者期間とする。）の月数が240以上であるものに限る。）、障害厚生年金、国民年金法による障害基礎年金その他の年金たる給付のうち、老齢若しくは退職又は障害を支給事由とする給付であって政令で定めるものの支給を受けることができるときは、その間、平成24年一元化法附則第21条の規定により読み替えられた第44条第1項の規定により当該配偶者について加算する額に相当する部分の支給を停止する。

4 改正前に加給年金額が加算されている老齢厚生年金

改正の要点
改正前から加給年金額が加算された老齢厚生年金を受給している場合について、加給対象配偶者が2以上の種別の厚生年金被保険者期間を有する者の支給停止事由に該当する場合であっても、支給停止されないこととされた。

■ 改正前に加給年金額が加算されている場合
　改正前に加給年金額が加算されている老齢厚生年金について、配偶者加給年金の支給停止の要件をみる場合は、改正前の厚生年金保険法が適用されます。つまり、加給対象配偶者が2以上の種別の厚生年金被保険者期間を有し、単独での期間は240月（20年）に満たないものの合算することにより240月（20年）以上となる場合であっても、加給年金額は支給停止されません（経過措置政令第21条第2項）。

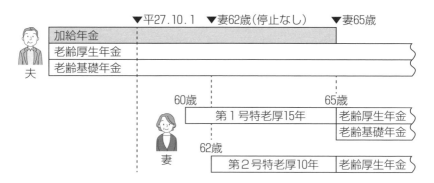

■ 改正後に加給年金額が加算される場合
　平成27年10月1日以後に加給年金額が加算された老齢厚生年金については、改正後の厚生年金保険法が適用されることとなるため、加給対象配偶者が合算して240月（20年）以上の老齢厚生年金を受けることができるときに加給年金額が支給停止されます（経過措置政令第21条第3項）。

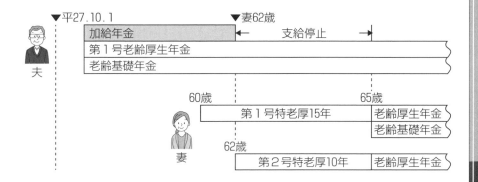

📖 経過措置政令第21条（改正前厚生年金保険法等による保険給付に関する経過措置）

1　（略）
2　改正前厚生年金保険法による年金たる保険給付については、次に掲げる規定を適用する。
　一　改正後厚生年金保険法第43条の2から第43条の5まで及び第46条（第6項を除く。）並びに附則第11条から第11条の4まで、第13条、第13条の2、第13条の5から第13条の8まで及び第17条の4
　二　改正後昭和60年改正法附則第62条
　三　改正後平成6年改正法附則第21条、第22条及び第24条から第27条まで
　四　改正後厚年令第3条、第3条の3から第3条の5まで、第3条の6、第3条の6の2、第3条の12の2、第3条の12の3、第3条の12の9、第6条の5、第7条、第8条の2及び第8条の2の6
　五　改正後平成6年経過措置政令第14条、第14条の3及び第14条の4
3　前項の規定によるほか、改正前厚生年金保険法による老齢厚生年金又は障害厚生年金について施行日以後に厚生年金保険法第44条第1項又は第50条の2第1項の規定により加給年金額が加算されたときは、当該改正前厚生年金保険法による老齢厚生年金又は障害厚生年金については、改正後厚生年金保険法第46条第6項（改正後厚生年金保険法第54条第3項において準用する場合を含む。）の規定を適用する。
4　（略）

5　加給年金額の停止の具体的事例

　加給対象配偶者が、2以上の種別の厚生年金保険の被保険者期間を有する場合の加給年金額の支給停止についての具体的事例は次のとおりです。

【事例1】施行日以後に加給年金額が加算される場合
- 夫：昭和26年10月生まれ　第1号厚年300月
- 妻：昭和27年10月生まれ　第1号厚年150月、第2号厚年90月

【夫】・240月以上の被保険者期間を有するため、65歳時に加算対象配偶者がいれば加給年金額が加算される。
【妻】・施行日前に特別支給の老齢厚生年金と特別支給の退職共済年金（合算して240月以上）を受給しているが、夫の65歳時の老齢厚生年金の受給権発生時は、妻の被保険者期間の月数を合算する契機とはならないため、「240月以上の老齢厚生年金および退職共済年金を受けている者」には該当しない。
⇒夫の老齢厚生年金に加算される加給年金額は、夫65歳時から妻65歳時まで加算される。

【事例2】施行日以後に加給年金額が加算、配偶者の年金が退職改定される場合①
- 夫：昭和26年10月生まれ　第1号厚年300月
- 妻：昭和29年6月生まれ　第1号厚年150月、第2号厚年90月
　　施行日以後に第1号厚年に10月加入後退職

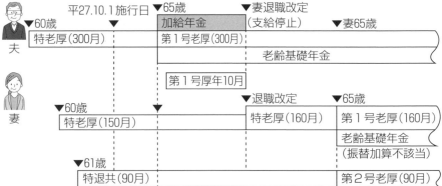

- 【夫】・240月以上の被保険者期間を有するため、65歳時に加算対象配偶者がいれば加給年金額が加算される。
- 【妻】・施行日前に特別支給の老齢厚生年金と特別支給の退職共済年金（合算して240月以上）を受給しているが、夫の65歳時の老齢厚生年金の受給権発生時は、妻の被保険者期間の月数を合算する契機とはならないため、「240月以上の老齢厚生年金および退職共済年金を受けている者」には該当しない。
  ・第1号厚生年金に10月加入後の退職時には改定が行われ、被保険者期間の月数を合算する契機となるため、「240月以上の老齢厚生年金および退職共済年金を受けている者」に該当する。

⇒夫の老齢厚生年金に加算される加給年金額は、夫65歳時から加算されるが、妻の退職改定時点で支給停止される。

【事例3】施行日以後に加給年金額が加算、配偶者の年金が退職改定される場合②
- 夫：昭和26年6月生まれ　第1号厚年300月
- 妻：昭和29年6月生まれ　60歳までの第1号厚年140月、第2号厚年40月
  　　　施行日前から第2号厚年に60月（施行日前10月、施行日以後50月）加入後退職

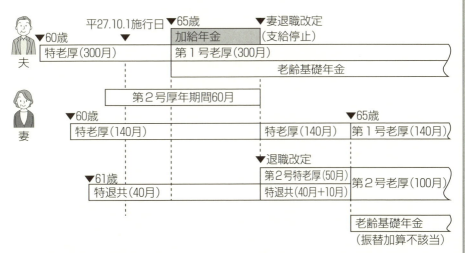

- 【夫】・240月以上の被保険者期間を有するため、65歳時に加算対象配偶者がいれば加給年金額が加算される。
- 【妻】・特別支給の老齢厚生年金と特別支給の退職共済年金（合算して240月未満）を受給しているため、夫の65歳時の老齢厚生年金に加給年金額が加算される。
  ・第2号厚生年金に60月加入後の退職時には、退職改定（施行日前10月分）が行われ、また、第2号特別支給の老齢厚生年金（施行日以後50月分）の受給権が発生し、被保険者期間の月数を合算する契機となるため、「240月以上の老齢厚生年金および退職共済年金を受けている者」に該当する。

⇒夫の老齢厚生年金に加算される加給年金額は、夫65歳時から加算されるが、妻の退職改定時点で支給停止される。

【事例4】施行日以後に加給年金額が加算後、配偶者が第2号特老厚の受給開始
- 夫：昭和26年9月生まれ　第1号厚年300月
- 妻：昭和30年9月生まれ　第1号厚年120月、第2号厚年120月

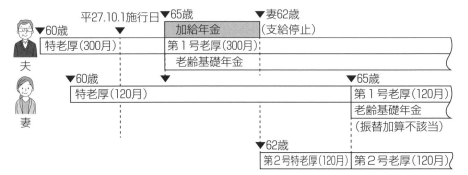

【夫】・240月以上の被保険者期間を有するため、65歳時に加算対象配偶者がいれば加給年金額が加算される。
【妻】・施行日前は、特別支給の老齢厚生年金（240月未満）を受給しており、夫の老齢厚生年金の受給権発生時も同様。
・62歳に、第2号特別支給の老齢厚生年金の受給権が発生し、被保険者期間の月数を合算する契機となるため、「240月以上の老齢厚生年金および退職共済年金を受けている者」に該当する。
⇒夫の老齢厚生年金に加算される加給年金額は、夫65歳時から加算されるが、妻が62歳となり第2号特別支給の老齢厚生年金を受給する時点で支給停止される。

【事例5】施行日前に加給年金額が加算
- 夫：昭和25年6月生まれ　第1号厚年300月
- 妻：昭和28年3月生まれ　第1号厚年120月、第2号厚年120月

【夫】・240月以上の被保険者期間を有するため、施行日前の65歳時から加給年金額が加算されている。
【妻】・施行日前から特別支給の老齢厚生年金（240月未満）と特別支給の退職共済年金（240月未満）を受給。
⇒妻が65歳に到達するまで妻の被保険者期間は合算しないため、夫の老齢厚生年金に加算されている加給年金額は、妻が65歳に到達するまで加算される。

【事例6】 施行日前に加給年金額が加算後、配偶者が施行日以後に加入した特老厚の受給権発生①
- 夫：昭和24年6月生まれ　第1号厚年300月
- 妻：昭和28年3月生まれ　第1号厚年120月、第2号厚年120月
　　　施行日後に第4号厚年に1月加入後退職

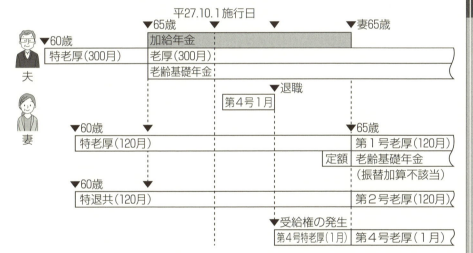

【夫】・240月以上の被保険者期間を有するため、施行日前の65歳時から加給年金額が加算されている。
【妻】・施行日前から、特別支給の老齢厚生年金（240月未満）と特別支給の退職共済年金（240月未満）を受給。
　　　・施行日以後に第4号厚生年金に1月加入後の退職時に、第4号特別支給の老齢厚生年金の受給権が発生し、被保険者期間の月数を合算する契機となる。
⇒妻は「240月以上の老齢厚生年金および退職共済年金を受けている者」に該当するが、夫の老齢厚生年金に加算される加給年金額は、施行日前より加算されているため支給停止とはならない。妻が65歳に達するまで継続して加算される。

【事例7】施行日前に加給年金額が加算後、配偶者が施行日以後に加入した特老厚の受給権発生②
- 夫：昭和24年6月生まれ　第1号厚年300月
- 妻：昭和27年6月生まれ　60歳までの第2号厚年200月
  施行日以後に第2号厚年に40月加入後退職

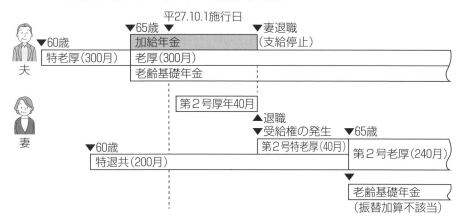

【夫】・240月以上の被保険者期間を有するため、施行日前の65歳時から加給年金額が加算されている。
【妻】・施行日前から、特別支給の退職共済年金（240月未満）を受給。
　　・施行日後に第2号厚生年金に加入しているため、退職時に第2号特別支給の老齢厚生年金の受給権が発生し、被保険者期間が240月以上となる。
⇒夫に加算される加給年金額の支給開始が施行日前であっても、妻のひとつの実施機関の厚生年金期間が240月以上となる場合は、経過措置の対象外となり、加給年金額は支給停止される。

【事例8】施行日以後に加給年金額が加算後、配偶者が繰上げ受給
- 夫：昭和25年12月生まれ　第1号厚年300月
- 妻：昭和31年6月生まれ　第1号厚年200月、第2号厚年40月
　　60歳到達時に第2号厚年40月分（本来62歳支給）の繰上げ受給を開始

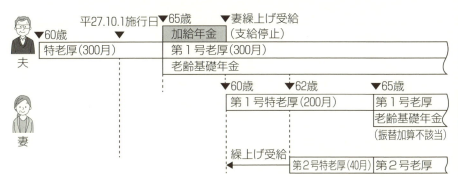

【夫】・240月以上の被保険者期間を有するため、施行日以後の65歳時から加給年金額が加算される。

【妻】・本来、60歳で第1号特別支給の老齢厚生年金、62歳で第2号特別支給の老齢厚生年金の受給権が発生するところ、繰上げ請求により両者ともに60歳で受給権が発生する。そのため、60歳時点で、「240月以上の老齢厚生年金および退職共済年金を受けている者」に該当する。

⇒夫の老齢厚生年金に加算される加給年金額は、夫65歳時から加算されるが、妻の繰上げ受給時点（60歳）で支給停止される。

Ⅲ　振替加算

1　振替加算額の概要

■ 振替加算額の基本的なしくみ

「振替加算額」とは一定の要件を満たす場合に老齢基礎年金に加算される加算額をいいます。一定の要件とは、大正15年4月2日から昭和41年4月1日までの間に生まれた者であって、65歳に達した日において、次の①または②のいずれかに該当する配偶者によって生計を維持されていた場合です（法附則（60）第14条）。

① 老齢厚生年金または退職共済年金の受給権者であって、その額の計算の基礎となる被保険者期間が240月（20年）以上の者
② 1・2級の障害厚生年金または障害共済年金の受給権者

①のケース

②のケース

2 配偶者が2以上の種別の被保険者期間を有する場合

改正の要点
振替加算額について、配偶者が2以上の種別の厚生年金保険の被保険者期間を有する場合、合算してひとつの厚生年金被保険者期間を有するものとして支給要件を適用することになった。

▌配偶者の要件
配偶者の要件のうち「老齢厚生年金または退職共済年金の受給権者であって、その額の計算の基礎となる被保険者期間が240月（20年）以上の者」について、2以上の種別の被保険者期間を合算した期間が240月（20年）以上ある場合は、その配偶者に振替加算が行われることになりました（経過措置政令第69条）。

▌旧共済組合員等期間の扱い
被保険者期間については、改正法附則第7条第1項の規定により第2号から第4号厚生年金被保険者期間とみなされた旧国家公務員共済組合員期間、旧地方公務員共済組合員期間または旧私立学校教職員共済加入者期間と、当該老齢厚生年金の額の計算の基礎となる被保険者期間とを合算して得た被保険者期間の月数となります（経過措置政令第66条）。

📖**法附則（60）第14条（老齢基礎年金の額の加算等） 経過措置政令第69条（2以上の種別の被保険者であった期間を有する者に係る昭和60年改正法等の規定の適用の特例）による読替え（＿＿＿部分）**

1 　老齢基礎年金の額は、受給権者（次条第1項若しくは第2項又は附則第18条第1項に該当する者を除く。）が、大正15年4月2日から昭和41年4月1日までの間に生まれた者であって、65歳に達した日において、次の各号のいずれかに該当するその者の配偶者（婚姻の届出をしていないが事実上婚姻関係と同様の事情にある者を含む。以下この条、次条及び附則第18条において同じ。）によって生計を維持していたとき（当該65歳に達した日の前日において当該配偶者がその受給権を有する次の各号に掲げる年金たる給付の加給年金額の計算の基礎となっていた場合に限る。）は、附則第17条並びに国民年金法第27条及び第28条並びに附則第9条の2、第9条の2の2及び第9条の4の5の規定にかかわらず、これらの規定に定める額に、22万4700円に同法第27条に規定する改定率（以下「改定率」という。）を乗じて得た額（その額に50円未満の端数が生じたときは、これを切り捨て、50円以上100円未満の端数が生じたときは、これを100円に切り上げるものとする。）にその者の生年月日に応じて政令で定める率を乗じて得た額を加算した額とする。ただし、その者が老齢厚生年金、退職共済年金その他の老齢又は退職を支給事由とする給付であって政令で定めるものを受けることができるときは、この限りでない。

一 <u>厚生年金保険法第78条の22に規定する各号の厚生年金被保険者期間のうち同条に規定する1の期間（以下この号において「1の期間」という。）に基づく老齢厚生年金又は退職共済年金</u>（その額の計算の基礎となる附則第8条第2項各号のいずれかに掲げる期間（同項第一号に掲げる期間にあっては、附則第47条第1項の規定又は他の法令の規定により厚生年金保険の被保険者であった期間とみなされた期間に係るものを含む。）の月数<u>（当該1の期間に基づく老齢厚生年金にあっては、当該1の期間に基づく老齢厚生年金の額の計算の基礎となる厚生年金保険の被保険者期間の月数と同法第78条の22に規定する他の期間に基づく老齢厚生年金の額の計算の基礎となる厚生年金保険の被保険者期間の月数とを合算した月数とする。）</u>が240以上であるもの（他の法令の規定により当該附則第8条第2項各号のいずれ

かに掲げる期間の月数が240以上であるものとみなされるものその他の政令で定めるものを含む。）に限る。）の受給権者（附則第31条第1項に規定する者並びに厚生年金保険法附則第7条の3第3項の規定による1の期間に基づく老齢厚生年金の受給権者（その者が65歳に達していないものに限る。）、同法附則第8条の規定による老齢厚生年金であって同法第43条第1項及び附則第9条の規定によりその額が計算されているもの（政令で定める老齢厚生年金を除く。）の受給権者及び同法附則第13条の4第3項の規定による老齢厚生年金の受給権者（その者が65歳に達していないもの（政令で定めるものを除く。）に限る。）並びに政令で定める退職共済年金の受給権者を除く。）

二　（略）

2～4　（略）

📖 **法附則（60）第14条（老齢基礎年金の額の加算等）　経過措置政令第66条（老齢厚生年金に係る加給年金額等の特例）による読替え（＿＿＿部分）**

1　（略・前ページと同じ）

一　老齢厚生年金又は退職共済年金（その額の計算の基礎となる附則第8条第2項各号のいずれかに掲げる期間（同項第一号に掲げる期間にあっては、附則第47条第1項の規定又は他の法令の規定により厚生年金保険の被保険者であった期間とみなされた期間に係るものを含む。）（老齢厚生年金にあっては、平成24年一元化法附則第7条第1項の規定により厚生年金保険の被保険者期間とみなされた旧国家公務員共済組合員期間（他の法令の規定により当該旧国家公務員共済組合員期間に算入された期間を含む。）、旧地方公務員共済組合員期間（他の法令の規定により当該旧地方公務員共済組合員期間に算入された期間を含む。）又は旧私立学校教職員共済加入者期間と当該老齢厚生年金の額の計算の基礎となる厚生年金保険の被保険者期間とを合算して得た期間とする。）の月数が240以上であるもの（他の法令の規定により当該附則第8条第2項各号のいずれかに掲げる期間の月数が240以上であるものとみなされるものその他の政令で定めるものを含む。）に限る。）の受給権者（附則第31条第1項に規定する者並びに厚生年金保険法附則第7条の3第3項の規定による老齢厚生年金の受給権者（その者が65歳に達していないものに限る。）、同法附則第8条の規定による老齢厚生年金であって同法第43条第1項及び附則第9条の規定によりその額が計算されているもの（政令で定める老齢厚生年金を除く。）の受給権者及び同法附則第13条の4第3項の規定による老齢厚生年金の受給権者（その者が65歳に達していないもの（政令で定めるものを除く。）に限る。）並びに政令で定める退職共済年金の受給権者を除く。）

二　（略）

2～4　（略）

3 配偶者が繰り上げた老齢厚生年金を受給している場合

改正の要点
配偶者が繰り上げた老齢厚生年金を受給している場合の振替加算額の加算について規定された。

計算の基礎となる被保険者月数

振替加算額の要件のひとつに、「配偶者が老齢厚生年金または退職共済年金の受給権者であって、その額の計算の基礎となる被保険者期間が240月以上の者」がありますが、配偶者が繰り上げた老齢厚生年金または退職共済年金を受給している場合においては、本来の支給開始年齢になるまでは、240月の計算の基礎となる被保険者の月数から除かれます（経過措置政令第69条第3項）。例えば、昭和36年4月2日生まれの夫が、第1号厚生年金被保険者期間15年と第2号厚生年金被保険者期間10年を有する場合、本来65歳から支給される老齢厚生年金を60歳で繰上げ受給しても、その時点で妻（65歳以上）に振替加算額が加算されることはありません。夫の本来の支給開始年齢（65歳）から加算されることになります。

厚生年金保険法附則第13条の4第3項の規定による老齢厚生年金の繰上げ

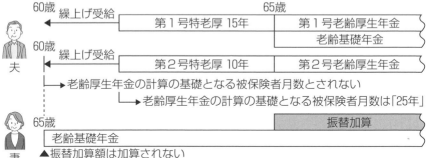

※厚生年金保険法附則第13条の4第3項の規定による老齢厚生年金の繰上げについては、第4章Ⅳ1・107ページ参照

厚生年金保険法附則第7条の3第3項の規定による老齢厚生年金の繰上げ

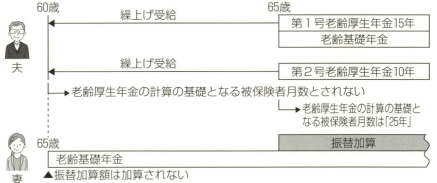

※厚生年金保険法附則第7条の3第3項の規定による老齢厚生年金の繰上げについては、第4章Ⅳ3・110ページ参照

📖 **経過措置政令第69条（2以上の種別の被保険者であった期間を有する者に係る昭和60年改正法等の規定の適用の特例）**

1・2　（略）
3　第1項の規定により読み替えられた昭和60年改正法附則第14条第1項第一号の規定を適用する場合において、同号に規定する他の期間に基づく老齢厚生年金のいずれかが次の各号に掲げる老齢厚生年金であるときは、当該各号に掲げる老齢厚生年金の額の計算の基礎となる被保険者期間の月数は、当該各号に定める日の前日までの間、同項第一号に規定する他の期間に基づく老齢厚生年金の額の計算の基礎となる被保険者期間の月数から除くものとする。
　一　厚生年金保険法附則第7条の3第3項の規定による老齢厚生年金　その受給権者が65歳に達する日
　二　厚生年金保険法附則第13条の4第3項の規定による老齢厚生年金　その受給権者が改正後厚生年金保険法附則第8条の2各項の表の上欄（著者注：88、90、92ページ下表の左欄）に掲げる当該受給権者の生年月日に応じ、それぞれ同表の下欄（著者注：88、90、92ページ下表の右欄）に掲げる年齢に達する日

👆 **ワンポイント――振替加算額の加算手続き**
　老齢厚生年金や退職共済年金等の加給年金額の対象となっていた妻（夫）が65歳になると、夫（妻）の年金に加算されていた加給年金額はなくなり、妻（夫）の老齢基礎年金に生年月日に応じた振替加算額が加算されます。基本的には振替加算額を受けるための手続きは不要ですが、年上の妻（夫）の場合や、妻（夫）が65歳になった後に夫（妻）の厚生年金の加入期間が20年以上となった場合等には、「国民年金老齢基礎年金額加算開始事由該当届」の提出が必要です。提出時の添付書類は、受給権者の戸籍抄本または戸籍謄本、世帯全員の住民票の写し、受給権者の所得証明書または非課税証明書であり、加算開始日以降かつ提出日の6カ月以内のものが必要です。

4 受給権者自身の要件

改正の要点
振替加算額について、受給権者が2以上の種別の厚生年金保険の被保険者期間を有する場合、合算してひとつの厚生年金被保険者期間を有するものとして要件を適用することになった。

■ 受給権者の要件
振替加算額は老齢基礎年金の受給権者自身が次の年金を受けることができるときは加算されません（昭和61年経過措置政令第25条）。
① 被保険者期間が240月（20年）以上ある老齢厚生年金または退職共済年金等
② 中高齢の特例に該当する年金
③ その他老齢または退職を支給事由とする給付であって政令で定めるもの

■ 2以上の種別の被保険者であった期間を有する者
上記のうち①の要件について、2以上の種別の被保険者期間を有する者であって合算した期間が240月（20年）以上ある場合は、振替加算額が加算されないことになりました。例えば、第1号厚生年金被保険者期間15年、第2号厚生年金被保険者期間10年を有している場合には、振替加算は行われません。改正前は、それぞれの加入期間が20年未満の場合は、振替加算額が加算されていました（経過措置政令第69条）。

改正前

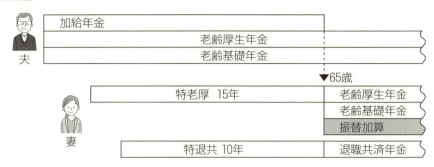

改正後

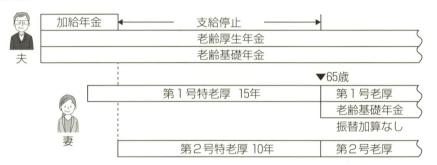

　📖 **昭和 61 年経過措置政令第 25 条　経過措置政令第 69 条（2 以上の種別の被保険者であった期間を有する者に係る昭和 60 年改正法等の規定の適用の特例）による読替え（＿＿部分）**

　昭和 60 年改正法附則第 14 条第 1 項に規定する老齢又は退職を支給事由とする給付であって政令で定めるものは、次のとおりとする。

　一　厚生年金保険法による老齢厚生年金（その額の計算の基礎となる被保険者期間の<u>月数（その者の 2 以上の被保険者の種別（同法第 15 条に規定する被保険者の種別をいう。以下この条において同じ。）に係る厚生年金保険の被保険者であった期間に係る厚生年金保険の被保険者期間を合算し、同法第 78 条の 22 に規定する 1 の期間（以下この条において「1 の期間」という。）に係る厚生年金保険の被保険者期間のみを有するものとみなした場合における当該厚生年金保険の被保険者期間の月数とする。）</u>が 240 以上であるもの又は昭和 60 年改正法附則第 12 条第 1 項第四号から第七号までのいずれかに該当する者に支給されるもの若しくは平成 24 年一元化法附則第 35 条第 1 項の規定により読み替えられた厚生年金保険法の規定により支給されるもの若しくは平成 24 年一元化法附則第 59 条第 1 項（同条第 2 項の規定により適用する場合を含む。）の規定の適用を受けることにより支給されるものに限る。）

　二〜八　（略）

5 改正前から振替加算額が加算されている老齢基礎年金

改正の要点
改正前に振替加算額の加算された老齢基礎年金を受給している場合について、2以上の種別の厚生年金被保険者期間が合算して20年以上であっても加算され続けることになった。

■ 振替加算額の経過措置
改正前に振替加算額が加算されている老齢基礎年金の受給権者については、2以上の種別の被保険者期間が合算して240月（20年）以上である場合においてもその振替加算額は失権しません（経過措置政令第69条第2項）。

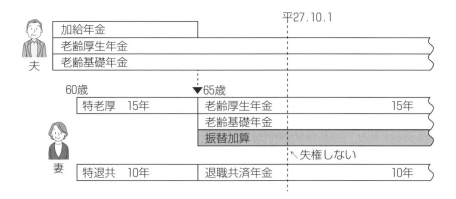

経過措置政令第69条第2項
2　2以上の種別の被保険者であった期間を有する者（施行日の前日において昭和60年改正法附則第14条第1項に規定する加算額が加算された国民年金法による老齢基礎年金の受給権を有する者に限る。）については、前項（同項の表改正後昭和61年経過措置政令第25条第一号の項及び改正後昭和61年経過措置政令第25条第二号の二及び第三号の二の項に係る部分に限る。）の規定は、適用しない。

6 振替加算額の加算の具体的事例

2以上の種別の厚生年金保険の被保険者期間を有する場合の振替加算額の加算についての具体的事例は次のとおりです。

【事例1】施行日前に振替加算額が加算、その後老齢厚生年金が退職改定される場合①
- 昭和24年10月生まれの女性　第2号厚年期間230月
- 施行日以後に第1号厚生年金に10月加入後退職

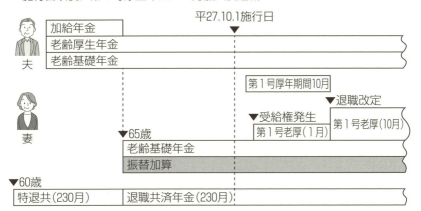

・施行日以後に第1号厚生年金に10月加入の場合、1カ月で第1号厚生年金の受給権が発生し、退職改定により10カ月の老齢厚生年金を受給することになる。
・退職改定により合算して「240月以上の老齢厚生年金および退職共済年金を受けている者」に該当することになるが、施行日前から加算されている振替加算額については、経過措置により加算が継続される。

【事例2】施行日前に振替加算額が加算、その後老齢厚生年金が退職改定される場合②
- 昭和24年4月生まれの女性　第1号厚年期間150月、第2号厚年期間120月
- 施行日以後に第1号厚生年金に30月加入後退職

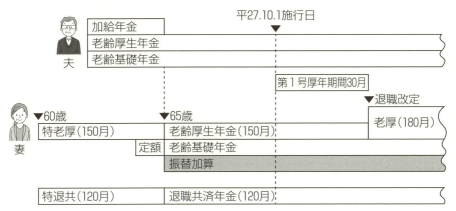

・施行日以後に第1号厚生年金に30月加入の場合、退職改定により180月の老齢厚生年金を受給することになる。
・退職改定により合算して「240月以上の老齢厚生年金および退職共済年金を受けている者」に該当することになるが、施行日前から加算されている振替加算額については、経過措置により加算が継続される。

【事例3】施行日前に振替加算額が加算、その後老齢厚生年金が退職改定される場合③
- 昭和24年6月生まれの女性　第1号厚年期間230月、第2号厚年期間100月
- 施行日以後に第1号厚生年金に10月加入後退職

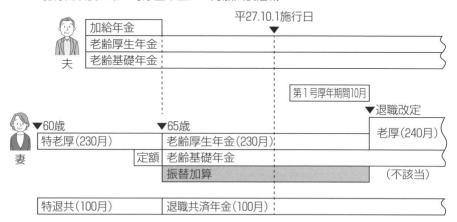

・施行日以後に第1号厚生年金に10月加入の場合、退職改定により240月以上の老齢厚生年金を受給することになる。
・ひとつの老齢厚生年金および退職共済年金の被保険者期間が240月以上となった場合には、経過措置に該当せず、振替加算額は不該当となる。

【事例4】施行日以後に老齢厚生年金等を繰下げ待機する場合
- 昭和28年6月生まれの女性　第1号厚年期間120月、第2号厚年期間120月
- 65歳時に第1号老厚、第2号老厚を受給せず繰下げ待機中。老齢基礎年金は65歳から受給中

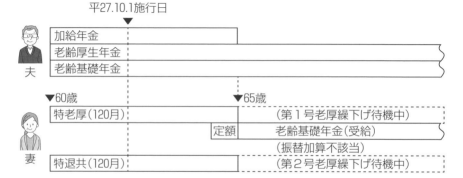

・老齢厚生年金の繰下げ待機中であっても、65歳時点で、「合算して240月以上の老齢厚生年金および退職共済年金を受けている者」に該当するため、振替加算は不該当となる。

【事例5】施行日前から老齢基礎年金を繰下げ待機する場合

- 昭和24年6月生まれの女性　第1号厚年期間120月、第2号厚年期間120月
- 65歳時から老齢厚生年金、退職共済年金を受給中。老齢基礎年金は受給せずに繰下げ待機、その後受給

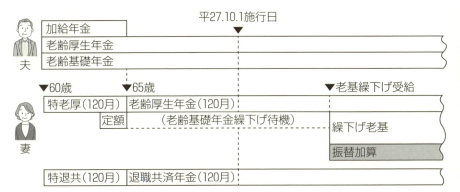

・施行日前の65歳時点では、各年金の被保険者期間は240月未満であるため、振替加算額は不該当とはならない。繰下げの老齢基礎年金の受給開始時に、振替加算額が加算されることになる。

【事例6】施行日前から老齢厚生年金等を繰下げ待機している場合

- 昭和24年6月生まれの女性　第1号厚年期間120月、第2号厚年期間120月
- 65歳時から老齢厚生年金、退職共済年金を受給せず繰下げ待機、その後受給。老齢基礎年金は65歳から受給

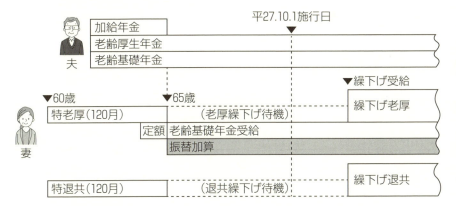

・老齢厚生年金と退職共済年金の繰下げ受給開始は合算の契機とはならないため、振替加算は継続して加算される。

【事例7】繰上げ受給者の場合

- 昭和26年6月生まれの女性　第2号厚年期間120月、第4号厚年期間120月
- 65歳時から第2号厚生年金に20月加入後退職
- 施行日前から退職共済年金を繰り上げて受給（老齢基礎年金も同時繰上げ）

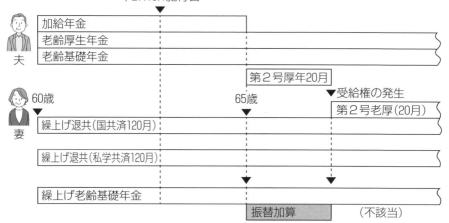

- 合算して240月以上の被保険者期間を有する者が、施行日前から繰上げ支給の退職共済年金を受給していた場合、施行日以後の65歳到達時に新たな受給権は発生しないため、合算の契機とはならず、老齢基礎年金に振替加算額が加算される。
- その後、第2号老齢厚生年金の受給権の発生により振替加算は不該当となる。

【事例8】施行日後に離婚分割の2号改定者として「みなし被保険者期間」を有する場合

- 昭和29年6月生まれの女性　第1号厚年50月、第2号厚年（離婚時みなし被保険者期間）200月、65歳以降振替加算額加算後に離婚

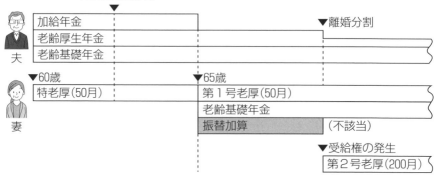

- 施行日以後に離婚分割の2号改定者として離婚時みなし被保険者期間を有し、第2号老齢厚生年金の受給権が発生することにより、「240月以上の老齢厚生年金および退職共済年金を受けている者」に該当する。
- 離婚時みなし被保険者期間と第1号厚生年金期間を合計して240月以上となるため、振替加算は不該当となる。

支給停止

第6章

I　65歳以降の在職老齢年金

1　在職老齢年金の概要

◆改正の要点
改正前に受給権が発生した年金給付においても改正後の厚生年金保険法の在職老齢年金のしくみが適用されることとなった。

■在職老齢停止額の計算
　厚生年金保険の受給権者が被保険者等である間の支給停止について、基本月額と総報酬月額相当額との合計が支給停止調整額を超える場合は、超えた額の2分の1に相当する額が停止されます（法第46条）。下記は、平成28年度の基準額（支給停止調整額47万円）による支給停止額（月額）の計算式です。このページ以後の事例等においても平成28年度の基準額で記載します。

$$支給停止額（月額）＝（基本月額＋総報酬月額相当額－47万円）×1/2$$

※基本月額：老齢厚生年金の額の12分の1。加給年金額、繰下げ加算額、経過的加算額は含めない。

※総報酬月額相当額：その月の標準報酬月額とその月以前1年間の標準賞与額の総額の12分の1。

※47万円：平成28年度の支給停止調整額は47万円。法定額は48万円とされており、平成17年度以後の各年度の名目賃金変動率により算出され、毎年4月以後自動改定される。

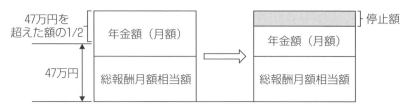

【計算事例】
　老齢厚生年金　　　10万円／月
　老齢基礎年金　　　6万円／月
　総報酬月額相当額　　41万円
　　※加給年金額および繰上げ加算額は加算されないものとする
①基本月額　10万円
　　※老齢基礎年金は計算の対象とならない

② 支給停止額　(10万円＋41万円－47万円)×1/2＝2万円
③ 支給額　　10万円－2万円＝8万円
　　　　　　8万円＋6万円(老齢基礎年金)＝14万円

■ 改正前厚生年金保険法による年金給付

　改正前に受給権が発生した年金給付においても、平成27年10月1日以降は、改正後の厚生年金保険法による在職老齢年金の停止の規定が適用されます（経過措置政令第21条）。

📖 **法第46条（支給停止）**

1　老齢厚生年金の受給権者が被保険者（前月以前の月に属する日から引き続き当該被保険者の資格を有する者に限る。）である日（厚生労働省令で定める日を除く。）、国会議員若しくは地方公共団体の議会の議員（前月以前の月に属する日から引き続き当該国会議員又は地方公共団体の議会の議員である者に限る。）である日又は70歳以上の使用される者（前月以前の月に属する日から引き続き当該適用事業所において第27条の厚生労働省令で定める要件に該当する者に限る。）である日が属する月において、その者の標準報酬月額とその月以前の1年間の標準賞与額の総額を12で除して得た額とを合算して得た額（国会議員又は地方公共団体の議会の議員については、その者の標準報酬月額に相当する額として政令で定める額とその月以前の1年間の標準賞与額及び標準賞与額に相当する額として政令で定める額の総額を12で除して得た額とを合算して得た額とし、70歳以上の使用される者（国会議員又は地方公共団体の議会の議員を除く。次項において同じ。）については、その者の標準報酬月額に相当する額とその月以前の1年間の標準賞与額及び標準賞与額に相当する額の総額を

12で除して得た額とを合算して得た額とする。以下「総報酬月額相当額」という。）及び老齢厚生年金の額（第44条第1項に規定する加給年金額及び第44条の3第4項に規定する加算額を除く。以下この項において同じ。）を12で除して得た額（以下この項において「基本月額」という。）との合計額が支給停止調整額を超えるときは、その月の分の当該老齢厚生年金について、総報酬月額相当額と基本月額との合計額から支給停止調整額を控除して得た額の2分の1に相当する額に12を乗じて得た額(以下この項において「支給停止基準額」という。）に相当する部分の支給を停止する。ただし、支給停止基準額が老齢厚生年金の額以上であるときは、老齢厚生年金の全部（同条第4項に規定する加算額を除く。）の支給を停止するものとする。
2～6　（略）

経過措置政令第21条（改正前厚生年金保険法等による保険給付に関する経過措置）

1　改正前厚生年金保険法による年金たる保険給付について平成24年一元化法附則第12条第2項の規定によりなおその効力を有するものとされた同項に規定する改正前厚生年金保険法等の規定を適用する場合においては、次の表の上欄に掲げる法令の規定中同表の中欄に掲げる字句は、それぞれ同表の下欄に掲げる字句とする。
　　表（略）
2　改正前厚生年金保険法による年金たる保険給付については、次に掲げる規定を適用する。
　一　改正後厚生年金保険法第43条の2から第43条の5まで及び第46条(第6項を除く。)並びに附則第11条から第11条の4まで、第13条、第13条の2、第13条の5から第13条の8まで及び第17条の4
　二　改正後昭和60年改正法附則第62条
　三　改正後平成6年改正法附則第21条、第22条及び第24条から第27条まで
　四　改正後厚年令第3条、第3条の3から第3条の5まで、第3条の6、第3条の6の2、第3条の12の2、第3条の12の3、第3条の12の9、第6条の5、第7条、第8条の2及び第8条の2の6
　五　改正後平成6年経過措置政令第14条、第14条の3及び第14条の4
3・4　（略）

2 在職老齢年金の対象となる月

改正の要点
　在職老齢年金の対象となる月について、新たな対象者が加わることになった。

■ 在職老齢年金の対象となる月

　65歳以降の在職老齢年金は、受給権者が一定の状況にある日の属する月に対して適用されます。その対象者に、国会議員および地方公共団体の議会の議員(前月以前の月に属する日から引き続き当該国会議員および地方公共団体の議会の議員である者に限る。)と、昭和12年4月1日以前生まれの者(前月以前の月に属する日から引き続き当該適用事業所において使用される者に限る。)が加わりました。具体的には、下表のように改正されました。

【改正前】

	状　況	要　件
1	被保険者である日	前月以前の月に属する日から引き続き被保険者の資格を有する者
2	70歳以上の使用される者である日	前月以前の月に属する日から引き続き当該適用事業所に使用される者。昭和12年4月1日以前に生まれた者は除く

【改正後】

	状　況	要　件
1	被保険者である日	前月以前の月に属する日から引き続き被保険者の資格を有する者
2	国会議員もしくは地方公共団体の議会の議員である日	前月以前の月に属する日から引き続き当該国会議員または地方公共団体の議会の議員である者
3	70歳以上の使用される者である日	前月以前の月に属する日から引き続き当該適用事業所に使用される者

3 前月から被保険者資格を有する者

改正の要点

平成27年10月1日に厚生年金保険の資格を取得した公務員等は、在職老齢年金の対象である「被保険者である日（前月以前の月に属する日から引き続きその被保険者の資格を有する者に限る。）」の要件に該当するものとみなされることになった。

▍被保険者である日の属する月

老齢厚生年金の受給権者であって被保険者である場合には、被保険者である日の属する月は在職老齢年金の規定が適用されます。ただし、前月以前の月に属する日から引き続きその被保険者の資格を有する者に限られています。例えば、平成27年10月1日に厚生年金保険の資格を取得した場合における平成27年10月分の老齢厚生年金は、在職老齢年金の規定が適用されません。「前月以前の月に属する日から引き続きその被保険者の資格を有する者」に該当しないためです。

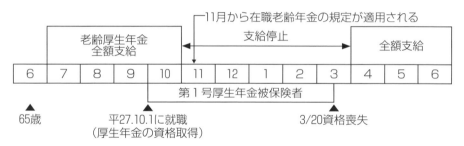

▍平成27年10月1日に厚生年金保険の被保険者資格を取得した公務員等

国家公務員、地方公務員および私学教職員等にも厚生年金保険法が適用されることになり、70歳未満の公務員等は平成27年10月1日に厚生年金保険の被保険者の資格を取得しました（改正法附則第5条）。この場合、平成27年9月は厚生年金保険の被保険者でないため、10月は「前月以前の月に属する日から引き続きその被保険者の資格を有する者」に該当せず、在職老齢年金適用の要件を満たしません。この点について経過措置政令によって、平成27年9月以前から引き続き被保険者の資格を有する者とみなすこととされました（経過措置政令第34条）。つまり、平成27年10月1日に厚生年金保険の被保険者資格を取得した公務員等について、平成27年10月は改正後厚生年金保険法の在職老齢年金の規定が適用されています。60歳台前半の在職老齢年金についても同様です。

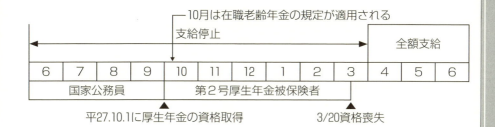

📖 **経過措置政令第 34 条**
1 老齢厚生年金の受給権者（昭和 20 年 10 月 2 日以後に生まれた者に限る。）が、施行日の前日において国家公務員共済組合の組合員、地方公務員共済組合の組合員又は私立学校教職員共済法の規定による私立学校教職員共済制度の加入者であった者である場合においては、施行日の属する月の前月以前の月に属する日から引き続き厚生年金保険の被保険者の資格を有する者であるものとみなして、施行日の属する月において改正後厚生年金保険法第 46 条第 1 項並びに附則第 7 条の 5、第 11 条第 1 項及び第 5 項、第 11 条の 2、第 11 条の 3 並びに第 11 条の 4 第 2 項及び第 3 項、厚生年金保険法附則第 11 条の 6 並びに改正後厚生年金保険法附則第 13 条の 6（第 3 項を除く。）、平成 25 年改正法附則第 86 条第 1 項の規定によりなおその効力を有するものとされた平成 25 年改正法第 1 条の規定による改正前の厚生年金保険法第 46 条第 5 項並びに改正後平成 6 年改正法附則第 21 条（改正後平成 6 年改正法附則第 22 条において準用する場合を含む。）、第 24 条第 4 項及び第 5 項並びに第 26 条の規定を適用する。この場合において、これらの規定の適用については、当該受給権者が施行日に平成 24 年一元化法附則第 5 条の規定により厚生年金保険の被保険者の資格を取得する者である場合を除き、施行日に当該被保険者の資格を取得し、かつ、施行日に当該被保険者の資格を喪失したものとみなす。
2 （略）

4 在職老齢年金が適用される「被保険者である日」とは

改正の要点
在職老齢年金の規定が適用される対象月について「資格を喪失した日が属する月」の扱いが変わった。

■ 改正前の「被保険者である日」

被保険者である日が属する月は在職老齢年金の規定が適用されます。改正前は、被保険者が資格を喪失した日（前月以前の月に属する日から引き続き被保険者の資格を有する者に限る）は「被保険者である日」に相当する日とみなされていたため、「資格を喪失した日が属する月」については、在職老齢年金の規定が適用されていました。例えば、3月31日退職の場合は4月1日が資格喪失日となるため、4月は在職老齢年金の規定が適用されていました。

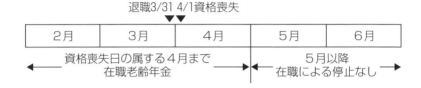

■ 改正後の「被保険者である日」

資格を喪失した日は「被保険者である日」に相当する日とはみなされなくなり、在職老齢年金の規定が適用されるのは、退職日が属する月までとなりました。例えば、3月31日退職の場合は、在職老齢年金の規定が適用されるのは3月までとなります。ただし、資格を喪失後1カ月以内に再び厚生年金保険の被保険者となった場合においては、4月は在職老齢年金の規定が適用されます。

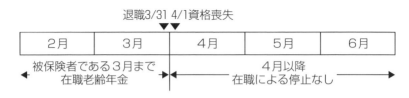

【参考　改正前厚生年金保険法施行令第3条の6】（※この規定の内容は改正により現在は変更になっています。）

法第46条第1項に規定する政令で定める日は、法第14条の規定により被保険者（前月以前の月に属する日から引き続き当該被保険者の資格を有する者に限る。）たる資格を喪失した日とする。

5 国会議員等にも在職老齢年金を適用

改正の要点

国会議員もしくは地方公共団体の議会の議員についても在職老齢年金が適用されることになった。

■ 在職老齢年金の対象月

65歳以降の在職老齢年金の対象となる月に、国会議員および地方公共団体の議会の議員（以下「国会議員等」という。）である日の属する月が加えられました。対象者は前月以前の月に属する日から引き続き国会議員等である者に限られます。改正前は、共済年金制度においてのみ、在職老齢年金の規定が適用されていました。

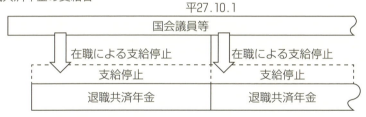

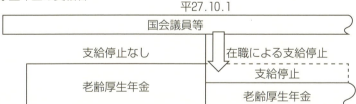

■ 国会議員等の標準報酬月額と標準賞与額

在職老齢年金の対象となる国会議員等である者および過去1年間に国会議員等であった者については、標準報酬月額に相当する額および標準賞与額に相当する額として、次の額が定められています（令第3条の6）。

1．「標準報酬月額に相当する額」
① 国会議員の歳費月額を標準報酬月額の基礎となる報酬月額とみなして計算した額
② 地方公共団体の議会の議員の議員報酬月額に相当する額として厚生労働省

で定めるところにより算定した額を標準報酬月額の基礎となる報酬月額とみなして計算した額
　③　厚生年金保険の被保険者の標準報酬月額等
2．「標準賞与額に相当する額」
　①　国会議員または国会議員であった者の期末手当の額を、標準賞与額の基礎となる賞与とみなして計算した額
　②　地方公共団体の議会の議員または地方公共団体の議会の議員であった者の期末手当の額を標準賞与額の基礎となる賞与額とみなして計算した額
　③　過去に議員であった期間を有する厚生年金保険の被保険者の標準賞与額等
　なお、平成27年9月30日以前に国会議員等が受けた期末手当（改正前共済各法で在職老齢年金の対象になっていた期末手当を除く。）については、在職老齢年金の計算の基礎とする標準賞与額に相当する額には含めません（経過措置政令第33条第2項）。

■ 兼業している国会議員等
　議員であると同時に厚生年金保険加入者である場合については、議員報酬に基づく標準報酬月額と厚生年金被保険者としての標準報酬月額を合算した上で支給停止額を算出することになります。合算後の標準報酬月額の上限は620,000円です。

📖 令第3条の6（法第46条第1項に規定する標準報酬月額に相当する額として政令で定める額及び標準賞与額に相当する額として政令で定める額）
1　法第46条第1項に規定する標準報酬月額に相当する額として政令で定める額は、同項に規定する被保険者である日、国会議員若しくは地方公共団体の議会の議員である日又は70歳以上の使用される者である日が属する月（次項において「被保険者等である日が属する月」という。）における次に掲げる額の合計額を、法第20条第1項の規定による標準報酬月額の基礎となる報酬月額とみなして同項の規定を適用した場合における額とする。
　一　被保険者又は法第27条に規定する70歳以上の使用される者（以下「70歳以上の使用される者」という。）である日のうち最も遅い日における、被保険者の標準報酬月額又は70歳以上の使用される者の法第46条第2項において準用する法第20条第1項に規定する標準報酬月額に相当する額
　二　国会議員の歳費月額（国会議員の歳費、旅費及び手当等に関する法律（昭和22年法律第80号）第1条の規定により受ける歳費月額をいう。）を、法第20条第1項の規定による標準報酬月額の基礎となる報酬月額とみなして同項の規定を適用した場合における額
　三　地方公共団体の議会の議員の地方自治法（昭和22年法律第67号）第203条第1項に規定する議員報酬の月額に相当する額として厚生労働省令で定めるところにより算定した額を、法第20条第1項の規定による標準報酬月額の基礎となる報酬月額とみなして同項の規定を適用した場合における額

2　法第46条第1項に規定する標準賞与額に相当する額として政令で定める額は、当該被保険者等である日が属する月以前の1年間の各月における次に掲げる額の各月ごとの合計額を、法第24条の4第1項の規定による標準賞与額の基礎となる賞与額とみなして同項の規定を適用した場合における額の総額とする。
　　一　70歳以上の使用される者又は70歳以上の使用される者であった者の法第46条第2項において準用する法第24条の4第1項に規定する標準賞与額に相当する額
　　二　国会議員又は国会議員であった者の期末手当（国会議員の歳費、旅費及び手当等に関する法律第11条の2から第11条の4までの規定により受ける期末手当をいう。）の額を、法第24条の4第1項の規定による標準賞与額の基礎となる賞与額とみなして同項の規定を適用した場合における額
　　三　地方公共団体の議会の議員又は地方公共団体の議会の議員であった者の地方自治法第203条第3項に規定する期末手当の額を、法第24条の4第1項の規定による標準賞与額の基礎となる賞与額とみなして同項の規定を適用した場合における額

📖 経過措置政令第33条（老齢厚生年金の支給停止に関する経過措置）
1　（略）
2　国会議員又は地方公共団体の議会の議員である者について、改正後厚年令第3条の6第2項の規定を適用する場合（次の各号に掲げる場合に限る。）においては、次の各号に掲げる場合の区分に応じ、被保険者等である日が属する月以前の1年間の各月における同項各号に掲げる額には、施行日の属する月の前月以前の各月における当該次の各号に定める額を含まないものとする。
　　一　その者が70歳以上の使用される者であって昭和12年4月1日以前に生まれた者である場合　改正後厚年令第3条の6第2項第一号に掲げる額
　　二　施行日の属する月の前月以前の当該各月から施行日の属する月の前月までの間に、改正後厚年令第3条の6第2項第二号及び第三号に掲げる額が、改正前国共済法第80条の規定の適用を受けたときにおける同条第1項に規定する総収入月額相当額、改正前地共済法第82条の規定の適用を受けたときにおける同条第1項に規定する基準収入月額相当額又は改正前私学共済法第25条において準用する改正前国共済法第80条の規定の適用を受けたときにおける同条第1項に規定する総収入月額相当額の計算の基礎とされていない場合　改正後厚年令第3条の6第2項第二号及び第三号に掲げる額

6　国会議員または地方議会議員である者の届出

改正の要点
国会議員等にかかる届出について規定された。

■ 国会議員等にかかる届出が必要な場合
国会議員等に在職老齢年金の規定が適用されることに伴い、次表に該当した時は、いずれかの実施機関に届出が必要となりました。

届出の必要な時	届出事項	添付書類
①老齢厚生年金の受給権者が国会議員等となった時、または国会議員等である者が受給権者となった時	氏名、生年月日、住所、基礎年金番号、老齢厚生年金の年金証書の年金コード（以下「氏名等」という。）、国会議員等となった年月日、国会議員等である日の属する月における歳費月額および所属する議会の名称	国会議員等となった年月日および国会議員等である日の属する月における歳費月額等を明らかにすることができる書類
②国会議員等である老齢厚生年金の受給権者が期末手当の支給を受けた時	氏名等、期末手当の支給を受けた年月日および期末手当の額	支給を受けた年月日および支給を受けた期末手当の額等を明らかにすることができる書類
③老齢厚生年金の受給権者が厚生年金保険の被保険者、国会議員等または70歳以上の使用される者となった場合において、被保険者等となった日の属する月以前1年間（その老齢厚生年金を受ける権利を取得した日前の期間に限る。）に期末手当の支給があるときまたは国会議員等である者が受給権者となった時	氏名等、期末手当の支給を受けた年月日および期末手当の額	支給を受けた年月日および支給を受けた期末手当の額等を明らかにすることができる書類
④国会議員等である老齢厚生年金の受給権者が支給を受けている標準報酬に相当する額に変更があった時	氏名等、標準報酬月額に相当する額の変更のあった年月日および変更後の額	変更のあった年月日および変更後の国会議員等である日の属する月における歳費月額等を明らかにすることができる書類
⑤国会議員等である老齢厚生年金の受給権者が国会議員等でなくなった時	氏名等および国会議員等でなくなった年月日	

※届書に議会事務局等による証明等を受けたときは、添付書類の省略可

7 「70歳以上の使用される者」とは

改正の要点
在職老齢年金が適用される「70歳以上の使用される者」について、適用事業所に使用される昭和12年4月1日以前生まれの者も対象になった。

■ 適用事業所に使用される70歳以上の者

適用事業所に使用される70歳以上の者にかかる在職老齢年金は、平成19年4月1日に導入され、当時70歳未満であった昭和12年4月2日以後生まれの者が対象となりました。

改正により、昭和12年4月1日以前生まれの者を対象外としていた規定（改正前法附則（平16）第43条）が削除され、適用事業所に使用される70歳以上の者は、その生年月日にかかわらず在職老齢年金の対象となりました。適用されるのは65歳以降の在職老齢年金の規定であり、基本月額は老齢厚生年金の額（加給年金額、繰下げ加算額、および経過的加算額を除く）で算出します。

老齢厚生年金の受給権者

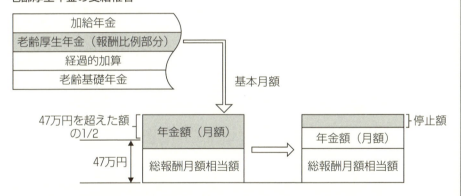

■ 旧法の老齢年金の受給権者

70歳以上の者に対する老齢厚生年金の在職老齢年金は、昭和60年改正法前の旧法の老齢年金等の受給権者にも適用されます。適用されるのは65歳以降の在職老齢年金の規定ですが、基本月額は定額部分を含めて算出します。

なお、昭和12年4月1日以前に生まれた者については、平成27年10月以前の各月における標準賞与額に相当する額を計算に含めません（経過措置政令第33条第1項）。

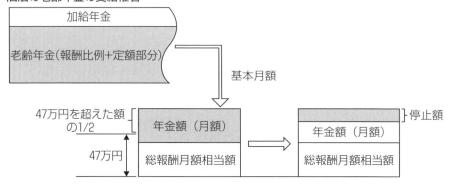

70歳以上の被用者該当届

平成27年10月1日以降に昭和12年4月1日以前に生まれた者が適用事業所に使用される場合には、「70歳以上の被用者該当届」の提出が必要です。

📖 **【参考】 改正前法附則（平16）第43条（老齢厚生年金の支給の停止に関する経過措置）の概略　　　　　　　　（※この規定は改正により削除されました）**

1　平成16年改正後の厚生年金保険法第46条第1項及び第5項の規定は、老齢厚生年金（その受給権者が昭和12年4月1日以前に生まれたものに限る。）については、適用しない。

2　昭和60年改正法附則第78条第6項の規定は、年金たる保険給付（その受給権者が昭和12年4月1日以前に生まれたものに限る。）については、適用しない。

📖 **経過措置政令第33条（老齢厚生年金の支給停止に関する経過措置）**

1　改正後厚生年金保険法第46条第1項に規定する70歳以上の使用される者（以下この条及び次条において「70歳以上の使用される者」という。）であって、昭和12年4月1日以前に生まれた者であるものについて、同項の規定を適用する場合においては、同項に規定する被保険者である日、国会議員若しくは地方公共団体の議会の議員である日又は70歳以上の使用される者である日（次項において「被保険者等である日」という。）が属する月以前の1年間の各月における改正後厚生年金保険法第46条第2項において準用する改正後厚生年金保険法第24条の4第1項に規定する標準賞与額に相当する額には、施行日の属する月の前月以前の各月における当該標準賞与額に相当する額を含まないものとする。

2　（略）

👉 **ワンポイント——保険料の負担**

70歳以上の使用される者は被保険者でないため、厚生年金保険の保険料は徴収されません。したがって、退職改定の規定が適用され年金額が増額することもありません。

8 2以上の種別の被保険者期間がある者の在職老齢年金

改正の要点
2以上の種別の厚生年金保険の被保険者期間を有する者の在職老齢年金による支給停止について、複数の年金の合算額をもとにそれぞれの年金の支給停止額が計算されることになった。

■ 在職老齢年金が適用される月
在職老齢年金は、第1号から第4号までのいずれかひとつの厚生年金被保険者期間を計算の基礎とする老齢厚生年金の受給権者が、被保険者である日等（国会議員等、70歳以上の使用される者である日を含む）が属する月において適用されます。例えば、第2号厚生年金被保険者期間にかかる老齢厚生年金の受給権者が、第2号厚生年金被保険者である場合はもちろん、第1号厚生年金被保険者である月においても在職老齢年金が適用されます。

■ 支給停止額の計算方法
2以上の種別の被保険者期間を有する者について、在職老齢年金による支給停止額は、複数の年金の合算額をもとに全体の支給停止総額を計算してから、各年金額で按分して算出します。算出された支給停止額が、各老齢厚生年金の額以上であるときは、各老齢厚生年金の全額が支給停止されることになります（法第78条の29）。改正前はそれぞれに計算していました。

支給停止額（月額）＝｛(合算した基本月額＋総報酬月額相当額－47万円)×1/2｝
　　　　　　　　　×（1期間の基本月額／合算した基本月額）

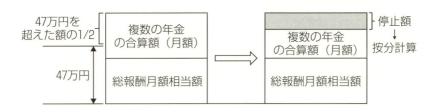

※合算した基本月額：第1号から第4号までの各号の厚生年金被保険者期間を計算の基礎とする各老齢厚生年金の額を合算して算出した額の12分の1。加給年金額、繰下げ加算額、経過的加算額は含めない。
※総報酬月額相当額：その月の標準報酬月額とその月以前1年間の標準賞与額の総額の12分の1。
※47万円：平成28年度の支給停止調整額は47万円。法定額は48万円とされており、平成17年度以後の各年度の名目賃金変動率により算出され、毎年4月以後自動改

定される。
※1期間の基本月額／合算した基本月額：1期間の基本月額を合算した基本月額で除して得た額を乗じることにより、各々の老齢厚生年金の支給停止額を按分して算出する。1期間の基本月額にも加給年金額等は含めない。

【計算事例】
　第1号老齢厚生年金　8万円／月
　第2号老齢厚生年金　2万円／月
　総報酬月額相当額　　　47万円
　　※加給年金額および繰上げ加算額は加算されないものとする

①合算した基本月額　8万円＋2万円＝10万円
②支給停止額（合算）（10万円＋47万円－47万円）×1/2＝5万円
③・第1号老厚　支給停止額　5万円×8万円／10万円＝4万円
　　　　　　　支給額　　　　8万円－4万円＝4万円
　・第2号老厚　支給停止額　5万円×2万円／10万円＝1万円
　　　　　　　支給額　　　　2万円－1万円＝1万円

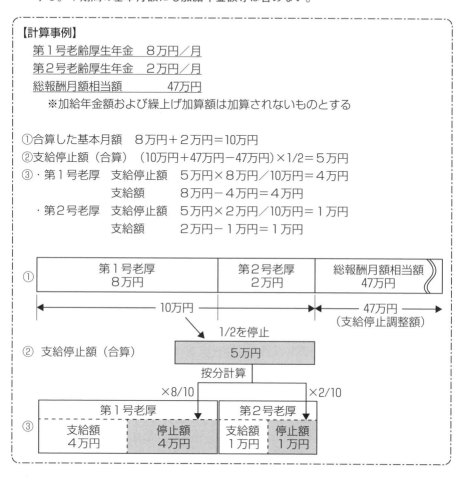

📖 **第78条の29（老齢厚生年金の支給停止の特例）**

2以上の種別の被保険者であった期間を有する者について、第46条の規定を適用する場合においては、同条第1項中「老齢厚生年金の受給権者」とあるのは「第78条の22に規定する各号の厚生年金被保険者期間（以下この項において「各号の厚生年金被保険者期間」という。）のうち同条に規定する1の期間（第6項において「1の期間」という。）に係る被保険者期間を計算の基礎とする老齢厚生年金の受給権者」と、「及び老齢厚生年金の額」とあるのは「及び各号の厚生年金被保険者期間に係る被保険者期間を計算の基礎とする老齢厚生年金の額を合算して得た額」と、「第44条の3第4項に規定する加算額を除く。以下この項において同じ」とあるのは「各号の厚生年金被保険者期間に係る被保険者期間を計算の基礎とする第44条の3第4項に規定する加算額を合算して得た額を除く」と、「当該老齢厚生年金」とあるのは「当該1の期間に係る被保険者期間を計算の基礎とする老齢厚生年金」と、「控除して得た額」とあるのは「控除して得た額に当該1の期間に係る被保険者期間を計算の基礎とする老齢厚生年金の額（第44条第1項に規定する加給年金額及び第44条の3第4項に規定する加算額を除く。以下この項において同じ。）を12で除して得た額を基本月額で除して得た数を乗じて得た額」と、「老齢厚生年金の額以上」とあるのは「当該1の期間に係る被保険者期間を計算の基礎とする老齢厚生年金の額以上」と、「老齢厚生年金の全部」とあるのは「当該1の期間に係る被保険者期間を計算の基礎とする老齢厚生年金の全部」と、同条第6項中「被保険者期間の月数」とあるのは「被保険者期間の月数（その者の2以上の被保険者の種別に係る被保険者であった期間に係る被保険者期間を合算し、1の期間に係る被保険者期間のみを有するものとみなした場合における当該被保険者期間の月数とする。）」とするほか、同条の規定の適用に関し必要な読替えその他必要な事項は、政令で定める。

📖 **法第46条（支給停止）　法第78条の29（老齢厚生年金の支給停止の特例）による読替え（＿＿部分）**

1　第78条の22に規定する各号の厚生年金被保険者期間（以下この項において「各号の厚生年金被保険者期間」という。）のうち同条に規定する1の期間（第6項において「1の期間」という。）に係る被保険者期間を計算の基礎とする老齢厚生年金の受給権者が被保険者（前月以前の月に属する日から引き続き当該被保険者の資格を有する者に限る。）である日（厚生労働省令で定める日を除く。）、国会議員若しくは地方公共団体の議会の議員（前月以前の月に属する日から引き続き当該国会議員又は地方公共団体の議会の議員である者に限る。）である日又は70歳以上の使用される者（前月以前の月に属する日から引き続き当該適用事業所において第27条の厚生労働省令で定める要件に該当する者に限る。）である日が属する月において、その者の標準報酬月額とその月以前の1年間の標準賞与額の総額を12で除して得た額とを合算して得た額（国会議員又は地方公共団体の議会の議員については、その者の標準報酬月額に相当する額として政令で定める額とその月以前の1年間の標準賞与額及び標準賞与額に相当する額として政令で定める額の総額を12で除して得た額とを合算して得た額とし、70歳以上の使用される者（国会議員又は地方公共団体の議会の議員を除く。次項において同じ。）については、その者の標準報酬月額に相当する額とその月以前の1年間の標準賞与額及び標準賞与額に相当する額の総額を12で除して得た額とを合算して得た額とする。以下「総報酬月額相当額」という。）及び各号の厚生年金被

保険者期間に係る被保険者期間を計算の基礎とする老齢厚生年金の額を合算して得た額（第44条第1項に規定する加給年金額及び各号の厚生年金被保険者期間に係る被保険者期間を計算の基礎とする第44条の3第4項に規定する加算額を合算して得た額を除く。）を12で除して得た額（以下この項において「基本月額」という。）との合計額が支給停止調整額を超えるときは、その月の分の当該1の期間に係る被保険者期間を計算の基礎とする老齢厚生年金について、総報酬月額相当額と基本月額との合計額から支給停止調整額を控除して得た額に当該1の期間に係る被保険者期間を計算の基礎とする老齢厚生年金の額（第44条第1項に規定する加給年金額及び第44条の3第4項に規定する加算額を除く。以下この項において同じ。）を12で除して得た額を基本月額で除して得た数を乗じて得た額の2分の1に相当する額に12を乗じて得た額（以下この項において「支給停止基準額」という。）に相当する部分の支給を停止する。ただし、支給停止基準額が当該1の期間に係る被保険者期間を計算の基礎とする老齢厚生年金の額以上であるときは、当該1の期間に係る被保険者期間を計算の基礎とする老齢厚生年金の全部（同条第4項に規定する加算額を除く。）の支給を停止するものとする。

2〜6　（略）

ワンポイント──改正前の退職共済年金の支給停止

一元化前の退職共済年金の在職による支給停止は「在職退職年金」といい、基本的に厚生年金保険の在職老齢年金のしくみと同様でした。国家公務員共済組合と地方公務員共済組合のいずれかの組合員期間を有している者が、いずれかの共済組合の組合員であったときや、私立学校教職員共済期間を有している者が私学共済の加入員であった場合には、在職退職年金のしくみが適用されていました。

一方、退職共済年金の受給者が厚生年金保険の被保険者となった場合等には、在職退職年金ではなく「所得制限」のしくみが適用されていました。所得制限は平成16年改定により、65歳以降の在職老齢年金のしくみとほぼ同様の計算方式となっています。

ワンポイント──在職老齢年金と経過的職域加算額

旧共済組合員等期間を有している者に支給される経過的職域加算額は、在職老齢年金の計算の対象となりません。

経過的職域加算額は、第2号または第3号老齢厚生年金を受給する者が、第2号厚生年金被保険者または第3号厚生年金被保険者である場合には全額支給停止となり、第1号厚生年金被保険者または第4号厚生年金被保険者である場合には全額支給となります。また、第4号老齢厚生年金を受給する者が、第4号厚生年金被保険者である場合には全額支給停止となり、第1号〜第3号厚生年金被保険者である場合には全額支給となります。

9 種別変更時の退職改定と在職老齢年金

改正の要点
同一事業所において種別に変更があった場合に、変更のあった月には在職老齢年金が適用されることとされた。

▍種別変更時の退職改定

同一の適用事業所において、被保険者の種別に変更があった場合には、法第15条の適用により、資格の喪失と取得が行われます。老齢厚生年金の受給者については、退職改定された老齢厚生年金が支給されます。

例えば、第3号老齢厚生年金を受給中の地方公務員（第3号厚生年金被保険者）が4月1日付で短時間勤務の公務員（第1号厚生年金被保険者）として再任用されたケースでは、4月からは退職改定された第3号老齢厚生年金が支給されることになります。

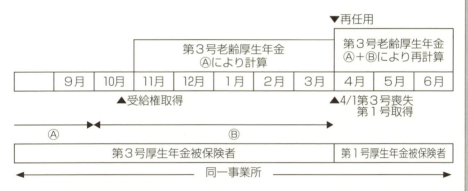

▍種別変更時の在職老齢年金

被保険者であった日の属する月は在職老齢年金の対象となり、資格喪失日の属する月以後（被保険者であった日がない月に限る）は、対象外となりました。ただし、1カ月以内に再度被保険者となった場合は、資格喪失後の各月に在職老齢年金のしくみが適用されます。

例えば、第3号老齢厚生年金を受給中の地方公務員（第3号厚生年金被保険者）が、4月1日付で短時間勤務の公務員（第1号厚生年金被保険者）として再任用されたケースでは、喪失後1カ月以内に被保険者となっているため、4月は在職老齢年金の規定が適用されます。その場合、同月得喪があった月の在職老齢年金の算出式には、資格喪失前の標準報酬月額および退職改定により再計算された基本月額を用います。

在職老齢年金の計算に用いる標準報酬月額と基本月額

▼4/1資格の喪失・取得

	3月	4月	5月
標準報酬月額	資格喪失前の標準報酬月額		資格取得後の標準報酬月額
基本月額	退職改定前の額	退職改定により再計算された額	

【計算事例】

第3号老齢厚生年金を受給中の地方公務員(第3号厚生年金被保険者)が、3月末に退職をし、4月1日付で短時間勤務の地方公務員(第1号厚生年金被保険者)として再任用された場合

 第3号老齢厚生年金　　　9万円／月
  (退職改定により4月から10万円／月)
 老齢基礎年金　　　6.5万円／月
 再任用前の標準報酬月額　41万円
 再任用後の標準報酬月額　28万円
 過去1年間に賞与なし
  ※加給年金額および繰上げ加算額は加算されないものとする

・3月の在職老齢年金
 ①基本月額　9万円
  ※老齢基礎年金は計算の対象とならず、全額支給
 ②支給停止額　(41万円+9万円-47万円)×1/2=1.5万円
 ③支給額　9万円-1.5万円=7.5万円

・4月の在職老齢年金
 ①基本月額　10万円
  ※老齢基礎年金は計算の対象とならず、全額支給
 ②支給停止額　(41万円+10万円-47万円)×1/2=2万円
 ③支給額　10万円-2万円=8万円

・5月の在職老齢年金
 ①基本月額　10万円
  ※老齢基礎年金は計算の対象とならず、全額支給
 ②支給停止額　(28万円+10万円-47万円)×1/2=▲4.5万円
             (停止なし)
 ③支給額　10万円

📖 **法第 15 条（被保険者の種別の変更に係る資格の得喪）**
　同一の適用事業所において使用される被保険者について、被保険者の種別（第1号厚生年金被保険者、第2号厚生年金被保険者、第3号厚生年金被保険者又は第4号厚生年金被保険者のいずれであるかの区別をいう。以下同じ。）に変更があった場合には、前2条の規定は、被保険者の種別ごとに適用する。

👉 **ワンポイント──退職改定の手続き**
　老齢厚生年金の受給者であって厚生年金保険の被保険者が退職した場合には、事業所から提出される資格喪失届によって、退職改定が行われます。退職時に加給年金額の加算手続き等の必要がなければ、年金に関する手続きは不要です。ただし、共済組合等においては、退職時の手続きが必要な場合もあります。例えば、私学共済では、平成27年10月以降に決定を受けた老齢厚生年金受給権者については手続きが必要ないものの、平成27年9月以前に決定を受けた退職共済年金受給権者の場合は、平成27年10月以降の加入期間にかかる老齢厚生年金の決定が必要なため、退職時の手続きが必要となっています。

Ⅱ 65歳前の在職老齢年金

1 65歳前の在職老齢年金のしくみ

改正の要点
改正前に受給権が発生した年金給付においても改正後の厚生年金保険法の在職老齢年金のしくみが適用されることとなった。

■ 在職老齢年金の概要
報酬比例部分相当の老齢厚生年金の在職老齢年金のしくみは法附則第11条に規定されています。また、定額部分や加給年金額が合わせて支給される老齢厚生年金の在職老齢年金は法附則（平6）第21条に、障害者の特例、長期加入者の特例、坑内員・船員の特例の在職老齢年金は、法附則第11条の2から第11条の4に規定されています。それぞれに規定は異なりますが、基本的な考え方は同じです。以下、法附則第11条の報酬比例部分相当の老齢厚生年金の在職老齢年金についての内容です。

■ 支給停止額の計算方法
65歳前の在職老齢年金のしくみは、基本月額と総報酬月額相当額との合計額が支給停止調整開始額を超えたときに在職停止が始まることを原則とし、基本月額および総報酬月額相当額によって4つに分けて算出します。下記、平成28年度の基準額（支給停止調整開始額28万円、支給停止調整変更額47万円）による支給停止額（月額）の計算式です。このページ以後の計算事例等においても平成28年度の基準額で記載します。

	基本月額	総報酬月額相当額
ア	基本月額 ≦ 28万円	総報酬月額相当額 ≦ 47万円
イ		総報酬月額相当額 > 47万円
ウ	基本月額 > 28万円	総報酬月額相当額 ≦ 47万円
エ		総報酬月額相当額 > 47万円

> ア．基本月額が28万円以下、総報酬月額相当額が47万円以下の場合
>   （基本月額＋総報酬月額相当額－28万円）×1/2
>
> イ．基本月額が28万円以下、総報酬月額相当額が47万円超の場合
>   （47万円＋基本月額－28万円）×1/2＋（総報酬月額相当額－47万円）
>
> ウ．基本月額が28万円超、総報酬月額相当額が47万円以下の場合
>   総報酬月額相当額×1/2
>
> エ．基本月額が28万円超、総報酬月額相当額が47万円超の場合
>   47万円×1/2＋総報酬月額相当額－47万円

※基本月額：特別支給の老齢厚生年金の額の12分の1。定額部分が加算される老齢厚生年金においては定額部分を含めて計算する。加給年金額は含めない。

※総報酬月額相当額：その月の標準報酬月額とその月以前1年間の標準賞与額の総額の12分の1。

※28万円、47万円：平成28年度の支給停止調整開始額は28万円、支給停止調整変更額は47万円であり、支給停止の基準となる金額である。前者の法定額は28万円で平成17年度以後の各年度の名目手取り賃金変動率により算出、後者の法定額は48万円で平成17年度以後の各年度の名目賃金変動率により算出されており、1万円単位で変動した場合には自動改定される。

実務上の支給停止額の計算

在職老齢年金の計算方法は、上記のように4パターンありますが、基本月額が28万円を超えること（ウ・エ）は考えにくいので、アおよびイについての計算事例です。

ア．総報酬月額相当額が47万円以下の場合の支給停止額（月額）
（基本月額＋総報酬月額相当額－28万円）×1/2

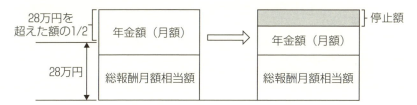

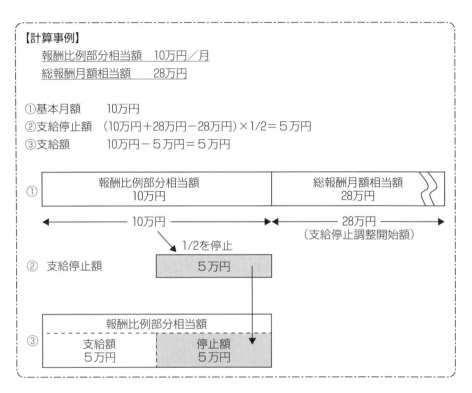

イ．総報酬月額相当額が47万円超の場合の支給停止額（月額）
　　（47万円＋基本月額－28万円）×1/2＋（総報酬月額相当額－47万円）

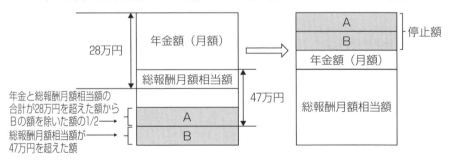

【計算事例】
　報酬比例部分相当額　10万円／月
　総報酬月額相当額　　48万円

①基本月額　　　10万円
②支給停止額　（47万円＋10万円－28万円）×1/2＋（48万円－47万円）＝15.5万円
③支給額　　　15.5万円＞10万円　→　支給なし

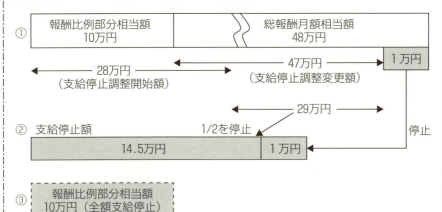

■ 改正前厚生年金保険法による年金給付

改正前に受給権が発生した年金給付においても、平成27年10月1日以後は、改正後の厚生年金保険法による在職老齢年金の停止の規定が適用されます（経過措置政令第21条）。

■ 厚生年金基金加入期間がある場合

厚生年金保険の被保険者であった期間の全部または一部が厚生年金基金の加入員である者にかかる在職老齢年金については、基金から支給される代行部分を含めた年金額に基づいて支給停止額が計算されます。支給停止方法は、まずは各実施機関から支給される年金部分で支給停止を行い、支給停止しきれない場合は基金代行部分で支給停止が行われます（法附則第11条第5項他）。実施機関支給分

が全額支給停止になっても、基金代行部分の一部が支給されるときには、加給年金額は加算されます。65歳以降の在職老齢年金についても同様の扱いです。

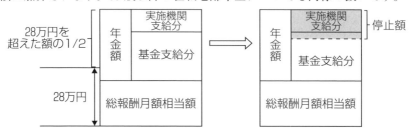

📖 **経過措置政令第21条（改正前厚生年金保険法等による保険給付に関する経過措置）**
1 改正前厚生年金保険法による年金たる保険給付について平成24年一元化法附則第12条第2項の規定によりなおその効力を有するものとされた同項に規定する改正前厚生年金保険法等の規定を適用する場合においては、次の表の上欄に掲げる法令の規定中同表の中欄に掲げる字句は、それぞれ同表の下欄に掲げる字句とする。
　　表（略）
2 改正前厚生年金保険法による年金たる保険給付については、次に掲げる規定を適用する。
　一　改正後厚生年金保険法第43条の2から第43条の5まで及び第46条（第6項を除く。）並びに附則第11条から第11条の4まで、第13条、第13条の2、第13条の5から第13条の8まで及び第17条の4
　二～五　（略）
3・4　（略）

👉 **ワンポイント──支給停止額の変更**
　標準報酬月額が変更になったり、賞与が支給されたりした場合には、その月から支給停止額が変更になります。例えば、6月に賞与が支給された場合には、6月分の年金額の支給停止額が変更になり、8月期支払額からの支給額が変わります。このように支給停止額に変更がある場合には、原則として通知があります。例えば、第1号老齢厚生年金の場合は、支払期初旬に「年金決定通知書・支給額変更通知書」が送付されます。

2 在職老齢年金の対象となる月

改正の要点
国会議員もしくは地方公共団体の議会の議員が在職している場合にも、在職老齢年金が適用されることとなった。

■ 在職老齢年金の対象となる月

65歳前の在職老齢年金は、受給権者が一定の状況にある日の属する月に対して適用されます。次のように改正されました（法附則第11条）。

【改正前】

	状　況	要　件
1	被保険者である日	前月以前の月に属する日から引き続き被保険者の資格を有する者に限る

【改正後】

	状　況	要　件
1	被保険者である日	前月以前の月に属する日から引き続き被保険者の資格を有する者に限る
2	国会議員もしくは地方公共団体の議会の議員である日	前月以前の月に属する日から引き続き国会議員または地方公共団体の議会の議員である者に限る

■ 主な改正点

65歳前の在職老齢年金は、被保険者である日が属する月に対して適用されますが、前月以前の月に属する日から引き続きその被保険者の資格を有する場合に限られます。この点についての改正はありません。

改正点としては、従来は法附則第7条の5により、「資格を喪失した日が属する月」についても在職老齢年金の規定が適用されていましたが、改正後は適用されないこととされました。

また、在職老齢年金の対象者に、国会議員および地方公共団体の議会の議員が加えられました。前月以前の月に属する日から引き続き当該国会議員および地方公共団体の議会の議員である者に限られます。これらの改正点は65歳以降の在職老齢年金と同様です。

📖 法附則第11条

1　附則第8条の規定による老齢厚生年金（第43条第1項及び附則第9条の規定によりその額が計算されているものに限る。第5項において同じ。）の受給権者が被保険者である日又は国会議員若しくは地方公共団体の議会の議員（前月以前の月に属する日から引き続き当該国会議員又は地方公共団体の議会の議員である者に限る。）である日（次条第1項及び第2項並びに附則第11条の3第1項、第11条の4第1項及び第2項、第13条の5第6項並びに第13条の6第1項において「被保険者等である日」という。）が属する月において、その者の総報酬月額相当額と老齢厚生年金の額を12で除して得た額（以下この項において「基本月額」という。）との合計額が支給停止調整開始額を超えるときは、その月の分の当該老齢厚生年金について、次の各号に掲げる場合に応じ、それぞれ当該各号に定める額に12を乗じて得た額（以下この項において「支給停止基準額」という。）に相当する部分の支給を停止する。ただし、当該各号に掲げる場合において、支給停止基準額が老齢厚生年金の額以上であるときは、老齢厚生年金の全部の支給を停止するものとする。
　一　基本月額が支給停止調整開始額以下であり、かつ、総報酬月額相当額が支給停止調整変更額以下であるとき。　総報酬月額相当額と基本月額との合計額から支給停止調整開始額を控除して得た額に2分の1を乗じて得た額
　二　基本月額が支給停止調整開始額以下であり、かつ、総報酬月額相当額が支給停止調整変更額を超えるとき。　支給停止調整変更額と基本月額との合計額から支給停止調整開始額を控除して得た額に2分の1を乗じて得た額に、総報酬月額相当額から支給停止調整変更額を控除して得た額を加えた額
　三　基本月額が支給停止調整開始額を超え、かつ、総報酬月額相当額が支給停止調整変更額以下であるとき。　総報酬月額相当額に2分の1を乗じて得た額
　四　基本月額が支給停止調整開始額を超え、かつ、総報酬月額相当額が支給停止調整変更額を超えるとき。　支給停止調整変更額に2分の1を乗じて得た額に総報酬月額相当額から支給停止調整変更額を控除して得た額を加えた額
2　前項の支給停止調整開始額は、28万円とする。ただし、28万円に平成17年度以後の各年度の再評価率の改定の基準となる率であって政令で定める率をそれぞれ乗じて得た額（その額に5000円未満の端数が生じたときは、これを切り捨て、5000円以上1万円未満の端数が生じたときは、これを1万円に切り上げるものとする。以下この項において同じ。）が28万円（この項の規定による支給停止調整開始額の改定の措置が講ぜられたときは、直近の当該措置により改定した額）を超え、又は下るに至った場合においては、当該年度の4月以後の支給停止調整開始額を当該乗じて得た額に改定する。
3　第1項各号の支給停止調整変更額は、48万円とする。ただし、48万円に平成17年度以後の各年度の物価変動率に第43条の2第1項第二号に掲げる率を乗じて得た率をそれぞれ乗じて得た額（その額に5000円未満の端数が生じたときは、これを切り捨て、5000円以上1万円未満の端数が生じたときは、これを1万円に切り上げるものとする。以下この項において同じ。）が48万円（この項の規定による支給停止調整変更額の改定の措置が講ぜられたときは、直近の当該措置により改定した額）を超え、又は下るに至った場合においては、当該年度の4月以後の支給停止調整変更額を当該乗じて得た額に改定する。
4・5　（略）

3 2以上の種別の被保険者期間がある者の在職老齢年金

改正の要点
2以上の種別の厚生年金保険の被保険者期間を有する者にかかる在職老齢年金による支給停止について、複数の年金の合算額をもとに支給停止額が計算されることになった。

■ 支給停止額の計算方法
2以上の種別の被保険者期間を有する者の在職老齢年金による支給停止額は、複数の年金の合算額をもとに全体の支給停止総額を計算してから、各年金額で按分して算出します。算出された支給停止額が、各老齢厚生年金の額以上であるときは、各老齢厚生年金の全額が支給停止されることになります(法附則第20条)。改正前はそれぞれに計算していました。

合算した基本月額および総報酬月額相当額によって次の4つに分けて算出します。

	基本月額	総報酬月額相当額
ア	合算した基本月額≦ 28 万円	総報酬月額相当額≦ 47 万円
イ		総報酬月額相当額＞ 47 万円
ウ	合算した基本月額＞ 28 万円	総報酬月額相当額≦ 47 万円
エ		総報酬月額相当額＞ 47 万円

ア．合算した基本月額が28万円以下、総報酬月額相当額が47万円以下の場合
  {(合算した基本月額＋総報酬月額相当額－28万円)×1/2}
      ×(1期間の基本月額／合算した基本月額)

イ．合算した基本月額が28万円以下、総報酬月額相当額が47万円超の場合
  {(47万円＋合算した基本月額－28万円)×1/2＋(総報酬月額相当額
      －47万円)}×(1期間の基本月額／合算した基本月額)

ウ．合算した基本月額が28万円超、総報酬月額相当額が47万円以下の場合
  総報酬月額相当額×1/2×(1期間の基本月額／合算した基本月額)

エ．合算した基本月額が28万円超、総報酬月額相当額が47万円超の場合
  (47万円×1/2＋総報酬月額相当額－47万円)
      ×(1期間の基本月額／合算した基本月額)

第6章 支給停止

※合算した基本月額：第1号から第4号までの各号の厚生年金被保険者期間を計算の基礎とする各老齢厚生年金の額を合算して算出した額の12分の1。定額部分が加算される老齢厚生年金においては、定額部分を含めて計算する。加給年金額は含めない。

※総報酬月額相当額：その月の標準報酬月額とその月以前1年間の標準賞与額の総額の12分の1。

※28万円、47万円：平成28年度の支給停止調整開始額は28万円、支給停止調整変更額は47万円であり、支給停止の基準となる金額である。前者の法定額は28万円で平成17年度以後の各年度の名目手取り賃金変動率により算出、後者の法定額は48万円で平成17年度以後の各年度の名目賃金変動率により算出されており、1万円単位で変動した場合には自動改定される。

※1期間の基本月額／合算した基本月額：1期間の基本月額を合算した基本月額で除して得た額を乗ずることにより、各々の特別支給の老齢厚生年金の支給停止額を按分して算出する。1期間の基本月額にも加給年金額は含めない。

■ 実務上の在職老齢年金の計算

在職老齢年金の計算方法は上記のように4パターンありますが、基本月額が28万円を超えること（ウ・エ）は考えにくいので、アおよびイについての計算事例です。

ア．総報酬月額相当額が47万円以下の場合の支給停止額（月額）
　　｛（合算した基本月額＋総報酬月額相当額－28万円）×1/2｝
　　　　　　　　　　　　　　　×（1期間の基本月額／合算した基本月額）

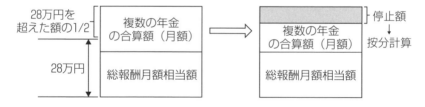

【計算事例】
　第1号特別支給の老齢厚生年金　8万円／月
　第2号特別支給の老齢厚生年金　2万円／月
　総報酬月額相当額　26万円

①合算した基本月額　8万円＋2万円＝10万円
②支給停止額（合算）（10万円＋26万円－28万円）×1/2＝4万円
③・第1号特老厚　支給停止額　4万円×8万円／10万円＝3.2万円
　　　　　　　　　支給額　　　8万円－3.2万円＝4.8万円
　・第2号特老厚　支給停止額　4万円×2万円／10万円＝0.8万円
　　　　　　　　　支給額　　　2万円－0.8万円＝1.2万円

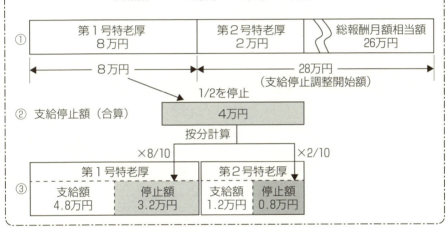

イ．総報酬月額相当額が47万円超の場合の支給停止額（月額）

$$\{(47万円＋合算した基本月額－28万円)×1/2＋(総報酬月額相当額－47万円)\}×(1期間の基本月額／合算した基本月額)$$

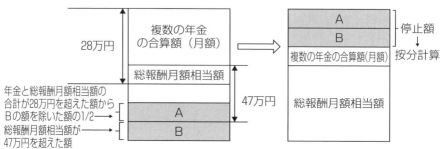

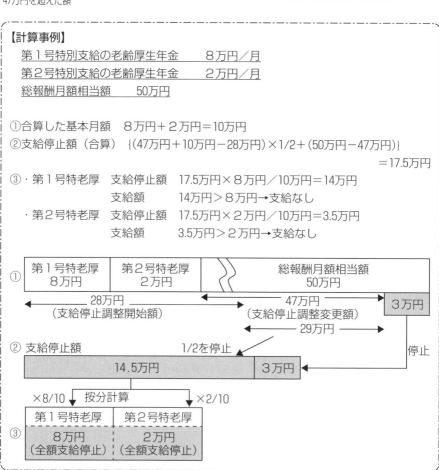

📖 **法附則第 20 条（2 以上の種別の被保険者であった期間を有する者に係る特例による老齢厚生年金の特例）**

1 （略）
2 前項に規定する者であって、附則第 8 条の規定による老齢厚生年金の受給権者であるものについては、各号の厚生年金被保険者期間ごとに附則第 9 条の 2 から第 9 条の 4 まで及び第 11 条から第 11 条の 6 までの規定を適用する。この場合において、附則第 11 条第 1 項中「附則第 8 条の規定による老齢厚生年金」とあるのは「各号の厚生年金被保険者期間のうち 1 の期間に基づく附則第 8 条の規定による老齢厚生年金」と、「老齢厚生年金の額を」とあるのは「各号の厚生年金被保険者期間に基づく老齢厚生年金の額を合算して得た額を」と、「当該老齢厚生年金」とあるのは「当該 1 の期間に基づく老齢厚生年金」と、「老齢厚生年金の額以上」とあるのは「当該 1 の期間に基づく老齢厚生年金の額以上」と、「老齢厚生年金の全部」とあるのは「当該 1 の期間に基づく老齢厚生年金の全部」と、同項第一号及び第二号中「控除して得た額」とあるのは「控除して得た額に当該 1 の期間に基づく老齢厚生年金の額を 12 で除して得た額を基本月額で除して得た数を乗じて得た額」と、同項第三号中「総報酬月額相当額に」とあるのは「総報酬月額相当額に当該 1 の期間に基づく老齢厚生年金の額を 12 で除して得た額を基本月額で除した数を乗じて得た額に」と、同項第四号中「乗じて得た額」とあるのは「乗じて得た額に当該 1 の期間に基づく老齢厚生年金の額を 12 で除して得た額を基本月額で除して得た数を乗じて得た額」と、「控除して得た額」とあるのは「控除して得た額に当該 1 の期間に基づく老齢厚生年金の額を 12 で除して得た額を基本月額で除して得た数を乗じて得た額」とするほか、当該受給権者に係る保険給付の額の計算及びその支給停止に関するこの法律その他政令で定める規定の適用に関し必要な読替えその他必要な事項は、政令で定める。

📖 **法附則第 11 条　法附則第 20 条による読替え（＿＿＿部分）**

1 <u>各号の厚生年金被保険者期間のうち 1 の期間に基づく附則第 8 条の規定による老齢厚生年金</u>（第 43 条第 1 項及び附則第 9 条の規定によりその額が計算されているものに限る。第 5 項において同じ。）の受給権者が被保険者である日又は国会議員若しくは地方公共団体の議会の議員（前月以前の月に属する日から引き続き当該国会議員又は地方公共団体の議会の議員である者に限る。）である日（次条第 1 項及び第 2 項並びに附則第 11 条の 3 第 1 項、第 11 条の 4 第 1 項及び第 2 項、第 13 条の 5 第 6 項並びに第 13 条の 6 第 1 項において「被保険者等である日」という。）が属する月において、その者の総報酬月額相当額と<u>各号の厚生年金被保険者期間に基づく老齢厚生年金の額を合算して得た額を</u> 12 で除して得た額（以下この項において「基本月額」という。）との合計額が支給停止調整開始額を超えるときは、その月の分の<u>当該 1 の期間に基づく老齢厚生年金</u>について、次の各号に掲げる場合に応じ、それぞれ当該各号に定める額に 12 を乗じて得た額（以下この項において「支給停止基準額」という。）に相当する部分の支給を停止する。ただし、当該各号に掲げる場合において、支給停止基準額が<u>当該 1 の期間に基づく老齢厚生年金の額以上</u>であるときは、<u>当該 1 の期間に基づく老齢厚生年金の全部</u>の支給を停止するものとする。
一 基本月額が支給停止調整開始額以下であり、かつ、総報酬月額相当額が支給停止調整変更額以下であるとき。　総報酬月額相当額と基本月額との合計額から支給停止調整開始額を<u>控除して得た額に当該 1 の期間に基づく老齢厚生年金の額を 12 で</u>

除して得た額を基本月額で除して得た数を乗じて得た額に2分の1を乗じて得た額
二 基本月額が支給停止調整開始額以下であり、かつ、総報酬月額相当額が支給停止調整変更額を超えるとき。 支給停止調整変更額と基本月額との合計額から支給停止調整開始額を控除して得た額に2分の1を乗じて得た額に、総報酬月額相当額から支給停止調整変更額を控除して得た額に当該1の期間に基づく老齢厚生年金の額を12で除して得た額を基本月額で除して得た数を乗じて得た額を加えた額
三 基本月額が支給停止調整開始額を超え、かつ、総報酬月額相当額が支給停止調整変更額以下であるとき。 総報酬月額相当額に当該1の期間に基づく老齢厚生年金の額を12で除して得た額を基本月額で除した数を乗じて得た額に2分の1を乗じて得た額
四 基本月額が支給停止調整開始額を超え、かつ、総報酬月額相当額が支給停止調整変更額を超えるとき。 支給停止調整変更額に2分の1を乗じて得た額に当該1の期間に基づく老齢厚生年金の額を12で除して得た額を基本月額で除して得た数を乗じて得た額に総報酬月額相当額から支給停止調整変更額を控除して得た額に当該1の期間に基づく老齢厚生年金の額を12で除して得た額を基本月額で除して得た数を乗じて得た額を加えた額

2～5 （略）

ワンポイント──厚生年金保険の被保険者

在職老齢年金は厚生年金保険の被保険者に対して適用されますが、その適用基準が年金機能強化法の一部の施行に伴い変更になりました（平成28年10月1日以降）。

1. 被保険者資格の取得基準
   1週間の所定労働時間および1月間の所定労働日数が、同一の事業所に使用される通常の労働者の4分の3以上である者は、厚生年金保険の被保険者とされます。
2. 上記基準外で次の5要件をすべて満たす者は、厚生年金保険の被保険者とされます。
   ①1週間の所定労働時間が20時間以上であること
   ②同一の事業所に継続して1年以上使用されることが見込まれること
   ③報酬（最低賃金法で賃金不算入相当のものを除く。）の月額が8万8千円以上であること
   ④学生でないこと
   ⑤特定適用事業所（被保険者総数が501人以上等要件あり）に使用されていること

Ⅲ 激変緩和措置

1 老齢厚生年金の受給権者である公務員等

改正の要点
老齢厚生年金の受給権者が公務員等である場合について、改正後の在職老齢年金規定の適用による急激な年金受給額の減少に配慮し、改正法附則第13条第1項に経過措置が設けられた。

■ 改正法附則第13条第1項による経過措置

改正前は加入している制度(各共済組合および厚生年金保険)等により在職による支給停止の方法が異なっていました。例えば、老齢厚生年金の受給者が公務員として在職している場合については支給停止の規定はありませんでした。一方、老齢厚生年金の受給者が民間会社員として在職している場合については、65歳以降の在職老齢年金のしくみ(以下、「高在老」といいます。)による支給停止が行われていました。改正により、前者の場合についても高在老による支給停止が行われることになりました。

その影響により、老齢厚生年金の受給者である国家公務員等について、年金受給額が急激に減少する者が存在するため、配慮措置(以下、「激変緩和措置」といいます。)を設けることにより支給停止額の大幅な増加を抑えています。

改正前と改正後の在職老齢年金のしくみ

	改正前	改正後
老齢厚生年金受給の民間会社員	高在老	高在老
老齢厚生年金受給の公務員共済組合員	停止なし	
老齢厚生年金受給の私立学校教職員		
老齢厚生年金受給の国会議員等		
老齢厚生年金受給の70歳以上の使用される共済組合員等		

■ 改正法附則第13条第1項の対象者・対象月

◇激変緩和措置の対象者
　老齢厚生年金の受給権者
◇激変緩和措置の対象月
　① 「厚生年金保険の被保険者である日」が属する月
　　・平成27年10月1日前から継続して国家公務員共済組合の組合員、地方公務員共済組合の組合員または私立学校教職員共済の加入者である被保険者に限る。

② 「国会議員等である日」が属する月
　・平成27年10月1日前から継続して国会議員または地方公共団体の議会の議員である者に限る。
③ 「70歳以上の使用される者である日」が属する月
　・平成27年10月1日前から継続して国家公務員共済組合の組合員、地方公務員共済組合の組合員または私立学校教職員共済の加入者である被保険者に限る。

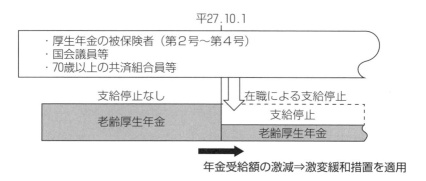

■ 激変緩和措置適用後の在職支給停止額

　本来の在職老齢年金の支給停止額が、激変緩和措置による支給停止額（10%上限）より高い金額となった場合には、後者を上限として支給停止額を決定します。つまり、下記【A】【B】のうち、どちらか低い金額が支給停止額となります。

【A】改正後の本来の支給停止額

> （基本月額＋総報酬月額相当額－47万円）×1/2

【B】10%上限による支給停止額（特例支給停止相当額）
　・基本月額と総報酬月額相当額の合計額の10%に相当する額

> （基本月額＋総報酬月額相当額）×10%

【計算事例】

<u>平成27年10月1日前から引き続き議員</u>
老齢厚生年金　　　　10万円／月
標準報酬月額　　　　44万円
期末手当　　　　　　120万円

①基本月額　10万円
②総報酬月額相当額　標準報酬月額44万円＋標準賞与額120万円×1/12＝54万円
③改正前の支給停止額　停止なし

A　本来の支給停止額（月額）
　　（10万円＋54万円－47万円）×1/2＝停止額8.5万円

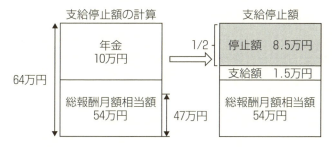

B　10%上限（月額）
　　（10万円＋54万円）×10%＝停止額6.4万円

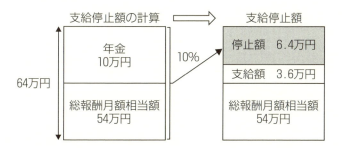

　A、Bを比較した結果、Bの10%上限による支給停止額が低いため、支給停止額は、月額6.4万円となります。

📖 **改正法附則第13条第1項（老齢厚生年金等の支給の停止に関する特例）**

1 施行日前において支給事由の生じた改正前厚生年金保険法による老齢厚生年金の受給権者（次条第1項及び附則第16条に規定する者を除く。）が厚生年金保険法の被保険者（施行日前から引き続き当該被保険者たる国家公務員共済組合の組合員、地方公務員共済組合の組合員又は私立学校教職員共済法の規定による私立学校教職員共済制度の加入者である者に限る。）である日（改正後厚生年金保険法第46条第1項に規定する厚生労働省令で定める日を除く。次項において「被保険者である日」という。）、国会議員若しくは地方公共団体の議会の議員（施行日前から引き続き国会議員又は地方公共団体の議会の議員である者に限る。）である日（次項において「国会議員等である日」という。）又は改正後厚生年金保険法第46条第1項に規定する70歳以上の使用される者（施行日前から引き続き国家公務員共済組合の組合員、地方公務員共済組合の組合員又は私立学校教職員共済法の規定による私立学校教職員共済制度の加入者である者に限る。）である日が属する月（施行日の属する月以後の月に限る。）において、同項に規定する総報酬月額相当額（次項、次条第2項及び附則第15条第2項において「総報酬月額相当額」という。）と改正後厚生年金保険法第46条第1項に規定する基本月額（次条第2項において「基本月額」という。）との合計額から支給停止調整額（改正後厚生年金保険法第46条第1項に規定する支給停止調整額をいう。次条第2項において同じ。）を控除して得た額の2分の1に相当する額が、当該合計額の10分の1に相当する額を超えるときは、当該合計額の10分の1に相当する額に12を乗じて得た額に相当する部分の支給を停止する。この場合において、必要な事項は、政令で定める。

👉 **ワンポイント――老齢厚生年金受給の民間会社員**

民間会社員期間（第1号厚生年金被保険者期間）にかかる老齢厚生年金のみの受給者であって、第1号厚生年金被保険者として在職している場合においては、在職支給停止の計算方法に変化はなく、激変緩和措置の適用もありません。

👉 **ワンポイント――平成27年10月1日以後の再就職**

平成27年10月1日時点で在職していなかった老齢厚生年金の受給者が、10月2日付で国家公務員（第2号厚生年金被保険者）として再就職した場合は、激変緩和措置の対象にはなりません。対象となるのは、平成27年10月1日前から継続して被保険者である場合に限られます。

2 特老厚の受給権者である公務員等

改正の要点
特別支給の老齢厚生年金の受給権者が公務員等である場合について、改正後の在職老齢年金の適用による急激な年金受給額の減少に配慮し、改正法附則第13条第2項に経過措置が設けられた。

■ 改正法附則第13条第2項による経過措置
改正前は加入している制度（各共済組合および厚生年金保険）等により在職による支給停止の方法が異なっていました。例えば、特別支給の老齢厚生年金の受給者が公務員として在職している場合について、支給停止の規定はありませんでした。一方、特別支給の老齢厚生年金の受給者が民間会社員として在職している場合については、65歳前の在職老齢年金のしくみ（以下、「低在老」といいます。）による支給停止が行われていました。改正により、前者の場合についても低在老による支給停止が行われることになりました。

その影響により、特別支給の老齢厚生年金の受給者である国家公務員等について、年金受給額が急激に減少する者が存在するため、激変緩和措置を設けることにより支給停止額の大幅な増加を抑えています。

改正前と改正後の在職老齢年金のしくみ

	改正前	改正後
特別支給の老齢厚生年金受給の民間会社員	低在老	低在老
特別支給の老齢厚生年金受給の公務員共済組合員	停止なし	
特別支給の老齢厚生年金受給の私立学校教職員		
特別支給の老齢厚生年金受給の国会議員等		

■ 改正法附則第13条第2項の対象者・対象月
◇激変緩和措置の対象者
　特別支給の老齢厚生年金の受給権者
◇激変緩和措置の対象月
　①「厚生年金保険法の被保険者である日」が属する月
　　平成27年10月1日前から継続して国家公務員共済組合の組合員、地方公務員共済組合の組合員または私立学校教職員共済の加入者である被保険者に限る。
　②「国会議員等である日」が属する月
　　平成27年10月1日前から継続して国会議員または地方公共団体の議会の議員である者に限る。

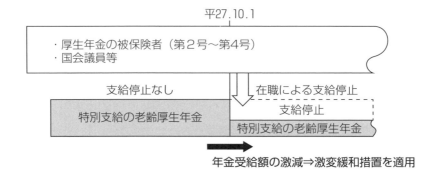

■ 激変緩和措置適用後の在職支給停止額

　本来の在職老齢年金の支給停止額が、激変緩和措置による支給停止額（10％上限、35万円保障）より高い金額となった場合には、より低い金額を上限として支給停止額を決定します。つまり、下記【A】【B】【C】のうち、一番低い金額が支給停止されます。

【A】改正後の本来の支給停止額

> ア．基本月額が28万円以下、総報酬月額相当額が47万円以下の場合
> 　　（基本月額＋総報酬月額相当額－28万円）×1/2
> イ．基本月額が28万円以下、総報酬月額相当額が47万円超の場合
> 　　（47万円＋基本月額－28万円）×1/2＋（総報酬月額相当額－47万円）
> ウ．基本月額が28万円超、総報酬月額相当額が47万円以下の場合
> 　　総報酬月額相当額×1/2
> エ．基本月額が28万円超、総報酬月額相当額が47万円超の場合
> 　　47万円×1/2＋総報酬月額相当額－47万円

【B】　10％上限による支給停止額（特例支給停止相当額）
　基本月額と総報酬月額相当額の合計額の10％に相当する額

> （基本月額＋総報酬月額相当額）×10％

【C】35万円保障による支給停止額　（特定支給停止相当額）

> （基本月額＋総報酬月額相当額）－35万円

　※基本月額＋総報酬月額相当額≦35万円の場合は停止額0とする。

【計算事例】
<u>平成 27 年 10 月 1 日前から引き続き公務員</u>
<u>特別支給の老齢厚生年金　10万円／月</u>
<u>標準報酬月額　　　　　　26万円、賞与なし</u>

①基本月額　10万円
②総報酬月額相当額　標準報酬月額26万円＋標準賞与額０円＝26万円
③改正前の支給停止額　停止なし

A　本来の支給停止額（月額）
　　　基本月額が28万円以下、総報酬月額相当額が47万円以下
　　　（10万円＋26万円－28万円）×1/2＝停止額4万円

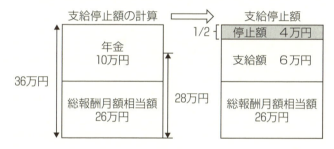

B　10％上限（月額）
　　　（10万円＋26万円）×10％＝停止額3.6万円

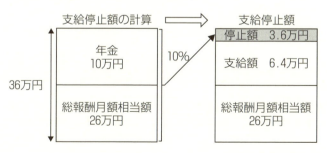

C　35万円保障（月額）
　　（10万円＋26万円）−35万円＝停止額1万円

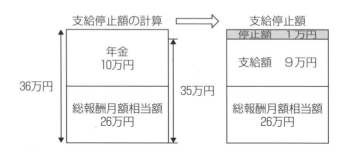

A、B、Cを比較した結果、Cの35万円保障による支給停止額が最も低いため、支給停止額は月額1万円となります。

■ 障害者・長期加入者の老齢厚生年金の受給権者

改正前厚生年金保険法の規定による障害者の特例、長期加入者の特例の老齢厚生年金の受給権者について、改正法附則第13条第2項を適用する場合は、在職老齢年金の計算に用いる「基本月額」は報酬比例部分相当額となります（経過措置政令第35条）。

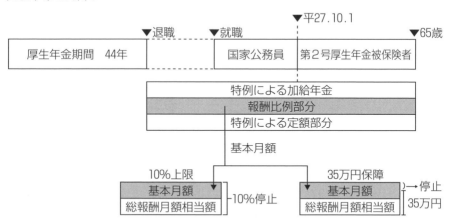

📖 **改正法附則第13条第2項（老齢厚生年金等の支給の停止に関する特例）**

2 施行日前において支給事由の生じた改正前厚生年金保険法附則第8条の規定による老齢厚生年金の受給権者（附則第15条第1項及び第16条に規定する者を除く。）が被保険者である日又は国会議員等である日が属する月（施行日の属する月以後の月に限る。）において、次の各号に掲げる場合に応じ、それぞれ当該各号に定める額が、総報酬月額相当額と改正後厚生年金保険法附則第11条第1項に規定する基本月額（以下この項及び附則第15条第2項において「基本月額」という。）との合計額の10分の1に相当する額を超えるときは、当該合計額の10分の1に相当する額（その額が、総報酬月額相当額と基本月額の合計額から35万円を控除した額を超えるときは、総報酬月額相当額と基本月額の合計額から35万円を控除した額とする。）に12を乗じて得た額に相当する部分の支給を停止する。この場合において、必要な事項は、政令で定める。
  一 基本月額が支給停止調整開始額（改正後厚生年金保険法附則第11条第1項の支給停止調整開始額をいう。以下この号から第四号までにおいて同じ。）以下であり、かつ、総報酬月額相当額が支給停止調整変更額（改正後厚生年金保険法附則第11条第1項の支給停止調整変更額をいう。次号から第四号までにおいて同じ。）以下であるとき　総報酬月額相当額と基本月額との合計額から支給停止調整開始額を控除して得た額に2分の1を乗じて得た額
  二 基本月額が支給停止調整開始額以下であり、かつ、総報酬月額相当額が支給停止調整変更額を超えるとき　支給停止調整変更額と基本月額との合計額から支給停止調整開始額を控除して得た額に2分の1を乗じて得た額に、総報酬月額相当額から支給停止調整変更額を控除して得た額を加えた額
  三 基本月額が支給停止調整開始額を超え、かつ、総報酬月額相当額が支給停止調整変更額以下であるとき　総報酬月額相当額に2分の1を乗じて得た額
  四 基本月額が支給停止調整開始額を超え、かつ、総報酬月額相当額が支給停止調整変更額を超えるとき　支給停止調整変更額に2分の1を乗じて得た額に総報酬月額相当額から支給停止調整変更額を控除して得た額を加えた額

📖 **経過措置政令第35条（平成24年一元化法附則第13条第2項の規定の適用に関する読替え等）**

1 施行日前において支給事由の生じた改正前厚生年金保険法附則第8条の規定による老齢厚生年金（改正前厚生年金保険法附則第11条の2第1項に規定する障害者・長期加入者の老齢厚生年金（以下この条、次条第2項、第38条及び第52条第1項において「障害者・長期加入者の老齢厚生年金」という。）に限る。）の受給権者（第4項及び第51条第1項に規定する者を除く。）について、平成24年一元化法附則第13条第2項の規定を適用する場合においては、同項中「の受給権者（附則第15条第1項及び第16条」とあるのは「（改正前厚生年金保険法附則第11条の2第1項に規定する障害者・長期加入者の老齢厚生年金に限る。）の受給権者（被用者年金制度の一元化等を図るための厚生年金保険法等の一部を改正する法律の施行に伴う厚生年金保険の保険給付等に関する経過措置に関する政令（平成27年政令第343号）第35条第4項及び第51条第1項」と、「附則第11条第1項に」とあるのは「附則第11条の2第1項に」と、「この項及び附則第15条第2項」とあるのは「この項」とする。

2～6　（略）

3 老齢厚生年金と改正前の退職共済年金の受給権者

改正の要点
昭和25年10月1日以前に生まれた者であって一定の要件に該当する者に対する改正後の在職老齢年金規定の適用による急激な年金受給額の減少に配慮し、改正法附則第14条に経過措置が設けられた。

■ 改正法附則第14条による経過措置
老齢厚生年金にかかる在職老齢年金による支給停止の基準が下表のとおり一律になることにより、年金受給額が急激に減少する者が存在するため、激変緩和措置を設けることで支給停止額の大幅な増加を抑えています。

◇改正前と改正後の在職老齢年金・在職退職年金（所得制限）のしくみ

改正前

		加入制度		
		厚生年金（民間会社員）	国・地共済（公務員）	私学共済（私学教職員）
受給中の年金	老齢厚生年金	高在老	停止なし	停止なし
	退職共済年金（国・地共済）	高在老	低在老	高在老
	退職共済年金（私学共済）	高在老	高在老	高在老

改正後

加入制度
すべて
高在老

※高在老…65歳以降の在職老齢年金規定の適用
　低在老…65歳前の在職老齢年金規定の適用

■ 改正法附則第14条の対象者・対象月
◇激変緩和措置の対象者

老齢厚生年金の受給権者であって、改正前の退職共済年金等の受給権者。
※改正前の退職共済年金等とは、改正前共済各法に規定されている退職共済年金、旧各共済組合法による退職年金、減額退職年金または通算退職年金等のことをいいます（経過措置政令第40条）。

◇激変緩和措置の対象月
① 「厚生年金保険の被保険者（第1号厚生年金被保険者に限る。）である日」が属する月
　・平成27年10月1日前から引き続きその被保険者の資格を有するもの。
② 「70歳以上の使用される者である日」が属する月
　・国家公務員共済組合の組合員、地方公務員共済組合の組合員または私立学

校教職員共済の加入者である者を除く。
・平成 27 年 10 月 1 日前から引き続き同一の厚生年金保険の適用事業所において厚生年金の適用対象の要件に該当する者（経過措置政令第 43 条）。
※老齢厚生年金の受給権者であって、平成 27 年 10 月 1 日前から継続して国家公務員共済組合の組合員、地方公務員共済組合の組合員、私立学校教職員共済の加入者または国会議員、地方公共団体の議会の議員である者について、厚生年金保険法第 46 条の在職老齢年金の規定を適用する場合についても同様の激変緩和措置が適用されます。
※特例として、厚生年金保険の被保険者（平成 27 年 10 月 1 日前から引き続き旧適用法人等適用事業所被保険者または農林漁業団体等適用事業所被保険者である者に限る。）または 70 歳以上の使用される者（平成 27 年 10 月 1 日前から引き続き 70 歳以上の旧適用法人等適用事業所に使用される者または 70 歳以上の農林漁業団体等適用事業所に使用される者である者に限る。）である者も対象となります（経過措置政令第 44 条）。

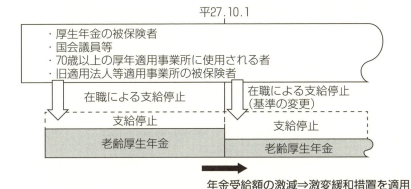

■ 激変緩和措置適用後の在職支給停止額

本来の在職老齢年金の支給停止額が、激変緩和措置による支給停止額（10％上限）より高い金額となった場合には、後者を上限として支給停止額を決定します。つまり、下記【A】【B】のうち、どちらか低い金額が支給停止額となります。

【A】改正後の本来の支給停止額

$$\{(合算した基本月額＋総報酬月額相当額－47万円) \times 1/2\} \\ \times (1期間の基本月額／合算した基本月額)$$

【B】10％上限による支給停止額（特例支給停止相当額）
・基本月額と総報酬月額相当額の合計額の10％に相当する額

{（合算した基本月額＋総報酬月額相当額－調整前支給停止額）
×10％＋調整前支給停止額}×（1期間の基本月額／合算した基本月額）

※調整前支給停止額：改正前の老齢厚生年金の支給停止額＋改正前の退職共済年金等の支給停止額

【計算事例（按分前の支給停止額の計算）】
平成27年10月1日前から同じ事業所で引き続き厚生年金（第1号）に加入
退職共済年金　　　12万円／月（職域加算除く）
老齢厚生年金　　　2万円／月
標準報酬月額　　　47万円、賞与なし

①基本月額　12万円＋2万円＝14万円
②総報酬月額相当額　標準報酬月額47万円＋標準賞与額0円＝47万円
③改正前の支給停止額
・退職共済年金　（12万円＋47万円－47万円）×1/2＝6万円
・老齢厚生年金　（2万円＋47万円－47万円）×1/2＝1万円

A　本来の支給停止額（月額）
　　（14万円＋47万円－47万円）×1/2＝停止額7万円

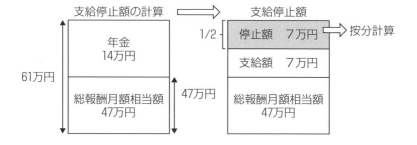

B　10%上限（月額）
　（61万円－7万円）×10％＋7万円＝停止額12.4万円

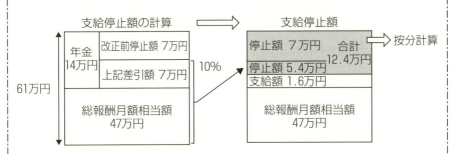

　A、Bを比較した結果、Bの10%上限による支給停止額がAの本来の支給停止額より大きくなるため、激変緩和措置は適用されず、退職共済年金と老齢厚生年金を合わせての支給停止額は月額7万円となります。

■ 平成27年10月1日以後に受給権が発生した老齢厚生年金の受給権者

　平成27年10月1日以後に支給事由の生じた改正後厚生年金保険法による老齢厚生年金の受給権者であって、平成27年10月1日前において支給事由の生じた改正前厚生年金保険法による老齢厚生年金の受給権者（継続組合員等に限る。）であるものについて、改正後厚生年金保険法第78条の29の規定により読み替えられた改正後厚生年金保険法第46条第1項の規定を適用する場合においては、改正法附則第14条第2項の規定が準用されます（経過措置政令第46条）。

※継続組合員等：平成27年10月1日前から引き続き国家公務員共済組合の組合員、地方公務員共済組合の組合員もしくは私立学校教職員共済法の規定による私立学校教職員共済制度の加入者または国会議員もしくは地方公共団体の議会の議員であるもの。

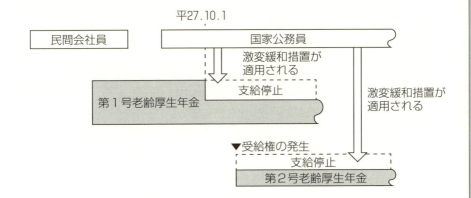

📖 改正法附則第14条

1　厚生年金保険法による老齢厚生年金の受給権者（附則第16条に規定する者を除く。）であって、改正前国共済法の規定による退職共済年金その他の退職を支給事由とする年金たる給付であって政令で定めるものの受給権者（昭和25年10月1日以前に生まれた者に限る。）であるものについて、改正後厚生年金保険法第46条第1項及び公的年金制度の健全性及び信頼性の確保のための厚生年金保険法等の一部を改正する法律（平成25年法律第63号。以下「平成25年改正法」という。）附則第86条第1項の規定によりなおその効力を有するものとされた平成25年改正法第1条の規定による改正前の厚生年金保険法第46条第5項の規定を適用する場合においては、改正後厚生年金保険法第46条第1項中「老齢厚生年金の額（第44条第1項に規定する加給年金額及び第44条の3第4項に規定する加算額を除く。以下この項において同じ」とあるのは「老齢厚生年金等の額の合計額（当該老齢厚生年金の額と被用者年金制度の一元化等を図るための厚生年金保険法等の一部を改正する法律（平成24年法律第63号）附則第14条第1項の政令で定める年金たる給付の額との合計額をいい、第44条第1項の規定又は他の法令の規定で同項の規定に相当するものとして政令で定めるものに規定する加給年金額及び第44条の3第4項（公的年金制度の健全性及び信頼性の確保のための厚生年金保険法等の一部を改正する法律（平成25年法律第63号）附則第87条の規定により読み替えて適用する場合を含む。以下この項において同じ。）の規定又は他の法令の規定で同項の規定に相当するものとして政令で定めるものに規定する加算額を合算して得た額を除く」と、「控除して得た額」とあるのは「控除して得た額に当該老齢厚生年金の額（第44条第1項に規定する加給年金額及び第44条の3第4項に規定する加算額を除く。以下この項において同じ。）を12で除して得た額を基本月額で除して得た数を乗じて得た額」とするほか、これらの規定の適用に関し必要な読替えその他必要な事項は、政令で定める。

2　前項の場合において、同項の規定により読み替えられた改正後厚生年金保険法第46条第1項の規定による総報酬月額相当額と基本月額との合計額から支給停止調整額を控除して得た額の2分の1に相当する額が、当該合計額から改正後厚生年金保険法第46条第1項の規定の適用があるものとした場合に支給を停止するものとされる部分に相当する額（以下この項において「調整前支給停止額」という。）を控除した額の10分の1に相当する額に調整前支給停止額を合算して得た額（以下この項において「支給停止相当額」という。）を超えるときは、支給停止相当額に12を乗じて得た額に前項の規定により読み替えられた同条第1項の規定による当該老齢厚生年金の額を12で除して得た額を当該基本月額で除して得た数を乗じて得た額に相当する部分の支給を停止する。

3　第1項に規定する受給権者であって、施行日前から引き続き国家公務員共済組合の組合員、地方公務員共済組合の組合員若しくは私立学校教職員共済法の規定による私立学校教職員共済制度の加入者又は国会議員若しくは地方公共団体の議会の議員であるものについて、改正後厚生年金保険法第46条第1項及び平成25年改正法附則第86条第1項の規定によりなおその効力を有するものとされた平成25年改正法第1条の規定による改正前の厚生年金保険法第46条第5項の規定を適用する場合においては、前2項の規定の例による。この場合において、必要な事項は、政令で定める。

📖 **経過措置政令第43条**（平成24年一元化法附則第14条第2項の規定の適用範囲）

平成24年一元化法附則第14条第2項の規定は、同条第1項に規定する受給権者が、厚生年金保険の被保険者（第1号厚生年金被保険者に限る。）であって施行日前から引き続き当該被保険者の資格を有するもの又は70歳以上の使用される者（組合員たる70歳以上の者及び教職員等たる70歳以上の者を除く。）であって施行日前から引き続き同一の厚生年金保険法第6条第1項又は第3項に規定する適用事業所において同法第27条の厚生労働省令で定める要件に該当するもの（第45条第2項及び第47条第2項において「継続第1号厚生年金被保険者等」という。）である場合に適用するものとする。

📖 **経過措置政令第46条**（継続組合員等である施行日以後に支給事由の生じた改正後厚生年金保険法による老齢厚生年金の受給権者であって施行日前において支給事由の生じた改正前厚生年金保険法による老齢厚生年金の受給権者であるものに係る平成24年一元化法附則第14条第2項の規定の準用）

施行日以後に支給事由の生じた改正後厚生年金保険法による老齢厚生年金の受給権者であって、施行日前において支給事由の生じた改正前厚生年金保険法による老齢厚生年金の受給権者（継続組合員等に限る。）であるものについて、改正後厚生年金保険法第78条の29の規定により読み替えられた改正後厚生年金保険法第46条第1項の規定を適用する場合においては、平成24年一元化法附則第14条第2項の規定を準用する。この場合において、同項中「の規定の」とあるのは「及び附則第11条第1項の規定の」と、「前項の規定により読み替えられた同条第1項」とあるのは「改正後厚生年金保険法第78条の29の規定により読み替えられた改正後厚生年金保険法第46条第1項」と、「当該老齢厚生年金」とあるのは「1の期間（改正後厚生年金保険法第78条の22に規定する1の期間をいう。）に係る被保険者期間を計算の基礎とする老齢厚生年金」と読み替えるものとする。

4 特老厚と改正前の特退共の受給権者

改正の要点
昭和25年10月2日から昭和30年10月1日までの間に生まれた者であって一定の要件に該当する者に対する改正後の在職老齢年金規定の適用による急激な年金受給額の減少に配慮し、改正法附則第15条に経過措置が設けられた。

■ 改正法附則第15条による経過措置

特別支給の老齢厚生年金にかかる在職老齢年金による支給停止の基準が下表のとおり一律になることにより、年金受給額が急激に減少する者が存在するため、激変緩和措置を設けることにより支給停止額の大幅な増加を抑えています。

◇改正前と改正後の在職老齢年金・在職退職年金（所得制限）のしくみ

改正前

		加入制度		
		厚生年金 （民間会社員）	国・地共済 （公務員）	私学共済 （私学教職員）
受給中の年金	特別支給の 老齢厚生年金	低在老	停止なし	停止なし
	特別支給の 退職共済年金 （国・地共済）	高在老	低在老	高在老
	特別支給の 退職共済年金 （私学共済）	高在老	高在老	低在老

改正後

加入制度
すべて
低在老

※高在老…65歳以降の在職老齢年金規定の適用
　低在老…65歳前の在職老齢年金規定の適用

■ 改正法附則第15条の対象者・対象月
◇激変緩和措置の対象者

特別支給の老齢厚生年金の受給権者であって、改正前の退職共済年金等の受給権者（昭和25年10月2日から昭和30年10月1日までの間に生まれた者）
　※改正前の退職共済年金等とは、改正前共済各法に規定されている特別支給の退職共済年金および繰上げ支給の退職共済年金、旧各共済組合法による退職年金、減額退職年金または通算退職年金等のことをいいます（経過措置政令第48条）。

◇激変緩和措置の対象月
厚生年金保険の被保険者（第1号厚生年金被保険者に限る。）
・平成27年10月1日前から引き続き被保険者の資格を有するもの（経過措置政令第50条）
※平成27年10月1日前から継続して国家公務員共済組合の組合員、地方公務員共済組合の組合員、私立学校教職員共済の加入者または国会議員、地方公共団体の議会の議員である者について、厚生年金保険法附則第11条の在職老齢年金の規定を適用する場合は、同様の激変緩和措置が適用されます。

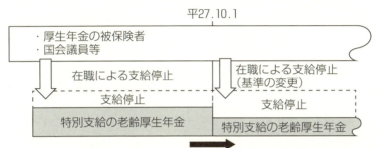

■ 激変緩和措置適用後の在職支給停止額

　本来の在職老齢年金の支給停止額が、激変緩和措置による支給停止額（10%上限、35万円保障）より高い金額となった場合には、より低い金額を上限として支給停止額を決定します。つまり、下記【A】【B】【C】のうち、一番少ない金額が支給停止されます。

【A】改正後の本来の支給停止額

> ア．合算した基本月額が28万円以下、総報酬月額相当額が47万円以下の場合
> 　｛(合算した基本月額＋総報酬月額相当額－28万円)×1/2｝
> 　　　　　　　　　　×（1期間の基本月額／合算した基本月額）
>
> イ．合算した基本月額が28万円以下、総報酬月額相当額が47万円超の場合
> 　｛(47万円＋合算した基本月額－28万円)×1/2＋(総報酬月額相当額－47万円)｝
> 　　　　　　　　　　×（1期間の基本月額／合算した基本月額）
>
> ウ．合算した基本月額が28万円超、総報酬月額相当額が47万円以下の場合
> 　総報酬月額相当額×1/2×（1期間の基本月額／合算した基本月額）
>
> エ．合算した基本月額が28万円超、総報酬月額相当額が47万円超の場合
> 　（47万円×1/2＋総報酬月額相当額－47万円）
> 　　　　　　　　　　×（1期間の基本月額／合算した基本月額）

【B】10％上限による支給停止額 (特例支給停止相当額)
合算した基本月額から改正前の支給停止計算式による停止額を除いた額と、総報酬月額相当額との合計額の10％に相当する額に改正前の停止額を加えた額

$$\{(合算した基本月額＋総報酬月額相当額－調整前特例支給停止額) \times 10\% ＋ 調整前特例支給停止額\} \times (1期間の基本月額／合算した基本月額)$$

【C】35万円保障による支給停止額 (特定支給停止相当額)
合算した基本月額から改正前の支給停止計算式による停止額を除いた額と総報酬月額相当額との合計額から35万円を控除した額と改正前の停止額の合計額

$$\{(合算した基本月額＋総報酬月額相当額－調整前特例支給停止額) － 35万円 ＋ 調整前特例支給停止額\} \times (1期間の基本月額／合算した基本月額)$$

※調整前特例支給停止額：改正前の特別支給の老齢厚生年金の支給停止額＋改正前の特別支給の退職共済年金等の支給停止額
※(合算した基本月額＋総報酬月額相当額－調整前特例支給停止額)－35万円≦0となった場合は0として計算する。

【計算事例 (按分前の支給停止額の計算)】

<u>平成27年10月1日前から引き続き厚生年金 (第1号) に加入</u>
<u>特別支給の退職共済年金　12万円／月 (職域加算除く)</u>
<u>特別支給の老齢厚生年金　2万円／月</u>
<u>標準報酬月額　　　　　　28万円、賞与なし</u>

①基本月額　12万円＋2万円＝14万円
②総報酬月額相当額　標準報酬月額28万円＋標準賞与額0円＝28万円
③改正前の支給停止額
・特別支給の退職共済年金　12万円＋28万円＜47万円　停止なし
・特別支給の老齢厚生年金　(2万円＋28万円－28万円)×1/2＝1万円

A　本来の支給停止額（月額）
　　基本月額が28万円以下、総報酬月額相当額が47万円以下
　　（14万円＋28万円－28万円）×1/2＝停止額7万円

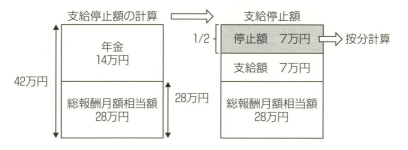

B　10％上限（月額）
　　（42万円－1万円）×10％＋1万円＝停止額5.1万円

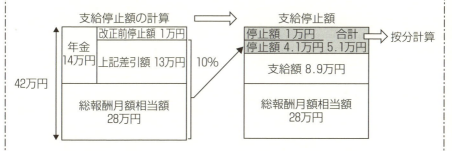

C　35万円保障（月額）
　　（42万円－1万円）－35万円＋1万円＝停止額7万円

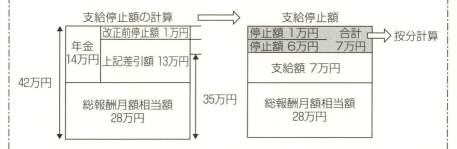

　A、B、Cを比較した結果、Bの10％上限による支給停止額が最も小さいため、支給停止額は特別支給の退職共済年金と特別支給の老齢厚生年金を合わせて月額5.1万円となります。

📖 改正法附則第15条

1　厚生年金保険法附則第8条の規定による老齢厚生年金の受給権者であって、改正前国共済法の規定による退職共済年金その他の退職を支給事由とする年金たる給付であって政令で定めるものの受給権者（昭和25年10月2日から昭和30年10月1日までの間に生まれた者に限る。）であるものについて、改正後厚生年金保険法附則第11条第1項及び第5項の規定を適用する場合においては、同条第1項中「と老齢厚生年金の額」とあるのは「と老齢厚生年金等の額の合計額（附則第8条の規定による老齢厚生年金の額と被用者年金制度の一元化等を図るための厚生年金保険法等の一部を改正する法律（平成24年法律第63号）附則第15条第1項の政令で定める年金たる給付の額との合計額をいう。）」と、「定める額に」とあるのは「定める額に当該老齢厚生年金の額を12で除して得た額を基本月額で除して得た数を乗じて得た額に」とするほか、同条の規定の適用に関し必要な読替えその他必要な事項は、政令で定める。

2　前項の場合において、同項の規定により読み替えられた改正後厚生年金保険法附則第11条第1項各号に定める額が、前項の規定により読み替えられた同条第1項の規定による総報酬月額相当額と基本月額との合計額から改正後厚生年金保険法附則第11条第1項の規定その他の政令で定める規定の適用があるものとした場合に支給を停止するものとされる部分に相当する額（以下この項において「調整前特例支給停止額」という。）を控除した額（以下この項において「調整前老齢厚生年金等合計額」という。）の10分の1に相当する額に調整前特例支給停止額を合算して得た額（以下この項において「特例支給停止相当額」という。）を超えるときは、特例支給停止相当額に12を乗じて得た額に前項の規定により読み替えられた同条第1項の規定による当該老齢厚生年金の額を12で除して得た額を当該基本月額で除して得た数を乗じて得た額に相当する部分の支給を停止する。この場合において、前項の規定により読み替えられた同条第1項各号に定める額が調整前老齢厚生年金等合計額から35万円を控除した額に調整前特例支給停止額を合算して得た額（以下この項において「特定支給停止相当額」という。）を超えるときは、特例支給停止相当額又は特定支給停止相当額のいずれか低い額に12を乗じて得た額に前項の規定により読み替えられた同条第1項の規定による当該老齢厚生年金の額を12で除して得た額を当該基本月額で除して得た数を乗じて得た額に相当する部分の支給を停止する。

3　第1項に規定する受給権者であって、施行日前から引き続き国家公務員共済組合の組合員、地方公務員共済組合の組合員若しくは私立学校教職員共済法の規定による私立学校教職員共済制度の加入者又は国会議員若しくは地方公共団体の議会の議員であるものについて、改正後厚生年金保険法附則第11条第1項及び第5項の規定を適用する場合においては、前2項の規定の例による。この場合において、必要な事項は、政令で定める。

📖 経過措置政令第50条（平成24年一元化法附則第15条第2項の規定の適用範囲）

平成24年一元化法附則第15条第2項の規定は、同条第1項に規定する受給権者が、厚生年金保険の被保険者（第1号厚生年金被保険者に限る。）であって施行日前から引き続き当該被保険者の資格を有するもの（次条第2項、第53条第2項、第55条第2項及び第58条第2項において「継続第1号厚生年金被保険者」という。）である場合に適用するものとする。

5 昭和12年4月1日以前生まれの受給権者

改正の要点
昭和12年4月1日以前生まれの者に対する在職老齢年金の適用による急激な年金受給額の減少に配慮し、改正法附則第16条に経過措置が設けられた。

■ 改正法附則第16条よる経過措置

厚生年金保険の適用事務所に勤務する70歳以上の被用者に対して、在職による支給停止の規定は適用されますが、改正前は昭和12年4月1日以前生まれの者は対象外でした。改正により、生年月日に関係なく在職による支給停止が行われることになりました。

その影響により、年金受給額が急激に減少する者が存在するため、激変緩和措置を設けることにより支給停止額の大幅な増加を抑えています。

■ 改正法附則第13条第1項、第14条の準用

昭和12年4月1日以前生まれであって、厚生年金保険の適用事業所に勤務する70歳以上の被用者に該当する者に対して、改正後の在職老齢年金の支給停止の規定（法第46条）を適用する場合は、改正法附則第13条第1項、第14条の規定が準用されます。改正法附則第13条第1項を準用する場合には「平成27年10月1日前から継続して国家公務員共済組合の組合員、地方公務員共済組合の組合員または私立学校教職員共済の加入者である被保険者に限る」とあるのを「同一の厚生年金保険の適用事業所における70歳以上の被用者に該当するものに限る」と読み替えて適用します（経過措置政令第59条）。

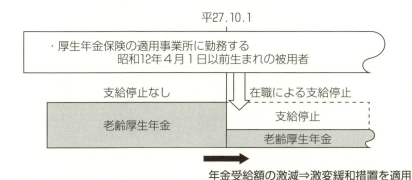

【計算事例】
　平成27年10月1日前から被用者に該当（昭和12年4月1日以前生）
　老齢厚生年金　　　　10万円／月
　標準報酬月額　　　　62万円、賞与なし

①基本月額　10万円
②総報酬月額相当額　標準報酬月額62万円＋標準賞与額0円＝62万円
③改正前の停止額　0円

　A　本来の支給停止額（月額）
　　（10万円＋62万円－47万円）×1/2＝12.5万円
　　12.5万円＞10万円→全額支給停止

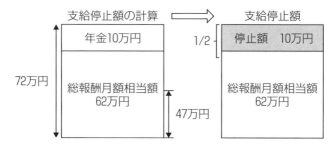

　B　10％上限（月額）
　　（10万円＋62万円）×10％＝停止額7.2万円

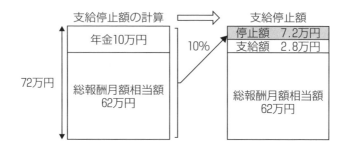

A、Bを比較した結果、Bの10％上限による支給停止額が低いため、支給停止額は月額7.2万円となります。

📖 改正法附則第 16 条

1　附則第 94 条の規定による改正前の国民年金法等の一部を改正する法律（平成 16 年法律第 104 号。次項において「改正前平成 16 年改正法」という。）附則第 43 条第 1 項に規定する老齢厚生年金の受給権者について、改正後厚生年金保険法第 46 条第 1 項及び平成 25 年改正法附則第 86 条第 1 項の規定によりなおその効力を有するものとされた平成 25 年改正法第 1 条の規定による改正前の厚生年金保険法第 46 条第 5 項の規定を適用する場合においては、附則第 13 条第 1 項及び第 14 条の規定を準用する。この場合において、必要な読替えその他必要な事項は、政令で定める。

2　改正前平成 16 年改正法附則第 43 条第 2 項に規定する年金たる保険給付の受給権者について、昭和 60 年国民年金等改正法附則第 78 条第 6 項（昭和 60 年国民年金等改正法附則第 87 条第 7 項において準用する場合を含む。）の規定を適用する場合においては、附則第 13 条第 1 項及び第 14 条の規定を準用する。この場合において、必要な読替えその他必要な事項は、政令で定める。

📖 経過措置政令第 59 条（平成 24 年一元化法附則第 16 条において準用する平成 24 年一元化法附則第 13 条第 1 項の規定の読替え）

平成 24 年一元化法附則第 16 条第 1 項及び第 2 項において平成 24 年一元化法附則第 13 条第 1 項の規定を準用する場合においては、同項中「国家公務員共済組合の組合員、地方公務員共済組合の組合員又は私立学校教職員共済法の規定による私立学校教職員共済制度の加入者である者に限る。）である日が」とあるのは「同一の厚生年金保険法第 6 条第 1 項又は第 3 項に規定する適用事業所において同法第 27 条の厚生労働省令で定める要件に該当するものに限る。）である日が」と、「同項」とあるのは「改正後厚生年金保険法第 46 条第 1 項」と読み替えるものとする。

6 激変緩和措置の準用

改正の要点
急激な年金受給額の減少に対応する激変緩和措置が適用される年金給付が規定された。

■ 改正法附則第13条第1項および改正法附則第14条の準用

改正法附則第13条第1項および改正法附則第14条の規定は、政令で定める年金給付の支給停止に準用されます（改正法附則第17条）。政令で定める年金給付とは次の年金給付をいいます（経過措置政令第40条）。
①改正前国共済年金のうち退職共済年金
②旧国共済法による退職年金、減額退職年金または通算退職年金
③改正前地共済年金のうち退職共済年金
④旧地共済法による退職年金、減額退職年金または通算退職年金
⑤改正前私学共済年金のうち退職共済年金
⑥旧私学共済法による退職年金、減額退職年金または通算退職年金
⑦移行退職共済年金
⑧移行農林年金のうち退職年金、減額退職年金または通算退職年金

■ 改正法附則第13条第2項および改正法附則第15条の規定の準用

改正法附則第13条第2項および改正法附則第15条の規定は、政令で定める年金給付の支給停止に準用されます。政令で定める年金給付とは次の年金給付をいいます（経過措置政令第48条）。
①改正前国共済年金のうち特別支給の退職共済年金および繰上げ支給の退職共済年金
②旧国共済法による退職年金または減額退職年金
③改正前地共済年金のうち特別支給の退職共済年金および繰上げ支給の退職共済年金
④旧地共済法による退職年金または減額退職年金
⑤改正前私学共済年金のうち特別支給の退職共済年金および繰上げ支給の退職共済年金
⑥旧私学共済法による退職年金または減額退職年金
⑦移行退職共済年金
⑧移行農林年金のうち退職年金または減額退職年金

📖 **改正法附則第 17 条（改正前国共済法による退職共済年金等の支給の停止に関する特例）**

1 　改正後厚生年金保険法第 46 条の規定並びに附則第 13 条第 1 項及び第 14 条の規定は、同条第 1 項の政令で定める年金たる給付の支給の停止について準用する。この場合において、必要な読替えその他必要な事項は、政令で定める。
2 　改正後厚生年金保険法附則第 11 条の規定並びに附則第 13 条第 2 項及び第 15 条の規定は、同条第 1 項の政令で定める年金たる給付の支給の停止について準用する。この場合において、必要な読替えその他必要な事項は、政令で定める。

👉 **ワンポイント――激変緩和措置の対象者が退職したとき**
　激変緩和措置の対象になっている者が退職したときは、それ以降は激変緩和の対象になりません。退職した翌日に再度厚生年金に加入する同日得喪の場合についても対象となりません。

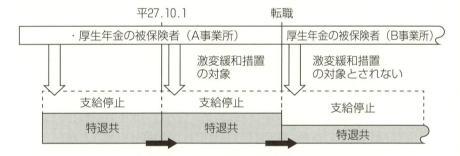

👉 **ワンポイント――激変緩和措置の対象者が 65 歳に到達したとき**
　激変緩和措置の対象になっている特別支給の退職共済年金等の受給者が、65 歳に到達したときは、それ以降は激変緩和の対象になりません。

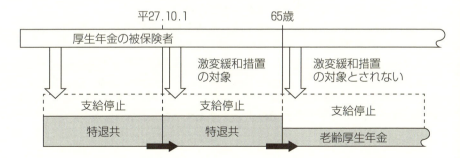

Ⅳ　基本手当等との調整

1　基本手当との調整

改正の要点
2以上の種別の厚生年金被保険者期間を有する者にかかる老齢厚生年金と基本手当の調整について、それぞれの老齢厚生年金ごとに適用することになった。

■ 基本手当との調整のしくみ

特別支給の老齢厚生年金の受給権者が退職し、雇用保険の基本手当を受給する場合は、求職の申込みを行った翌月から基本手当の受給期間が経過するまで、または所定給付日数分の基本手当の支給を受け終わった月まで、老齢厚生年金の支給が停止されます（法附則第11条の5）。このしくみは、65歳以上の老齢厚生年金を繰上げ受給した人が65歳未満で基本手当等を受けるときに老齢厚生年金が支給停止となるしくみと同じであり、その規定が準用されています（法附則第7条の4）。

	5月	6月	7月	8月	9月	10月	11月	12月
基本手当			受給	受給	なし	受給		
年金	支給	支給	停止	停止	支給	停止	支給	支給

▼求職の申込み（7月）　▼所定給付日数受給（10月）

■ 2以上の種別期間を有する者の基本手当との調整

2以上の種別の厚生年金保険の被保険者期間を有する者の特別支給の老齢厚生年金と雇用保険の基本手当との調整は、第1号から第4号までの各号の厚生年金被保険者期間ごとに適用します。例えば、第1号老齢厚生年金と第2号老齢厚生年金を受給中の者が、ハローワークで求職の申込みを行った場合には、その翌月からその基本手当の受給期間が経過するまで、または所定給付日数が満了する月まで、両方の老齢厚生年金が支給停止となります（法附則第19条の準用）。

```
┌─────────────┬─────────────┐ ▼退職
│ 第2号厚年期間 │ 第1号厚年期間 │
│    35年     │     5年     │
└─────────────┴─────────────┘
                      ▼求職の申込み    ▼所定給付日数分受給
                      ┌──────────┐
                      │  基本手当  │
                      └──────────┘
                      └→▼翌月から
                ┌─────────────┬──────────┐
                │  第1号特老厚  │  支給停止  │
                └─────────────┴──────────┘
                ┌─────────────┬──────────┐
                │  第2号特老厚  │  支給停止  │
                └─────────────┴──────────┘
```

📖 法附則第11条の5

附則第7条の4の規定は、附則第8条の規定による老齢厚生年金について準用する。この場合において、附則第7条の4第2項第二号中「第46条第1項及び平成25年改正法附則第86条第1項の規定によりなおその効力を有するものとされた平成25年改正法第1条の規定による改正前の第46条第5項」とあるのは、「附則第11条から第11条の3まで又は第11条の4第2項及び第3項」と読み替えるものとする。

📖 法附則第7条の4（繰上げ支給の老齢厚生年金と基本手当等との調整）

1 前条第3項の規定による老齢厚生年金は、その受給権者（雇用保険法（昭和49年法律第116号）第14条第2項第一号に規定する受給資格を有する者であって65歳未満であるものに限る。）が同法第15条第2項の規定による求職の申込みをしたときは、当該求職の申込みがあった月の翌月から次の各号のいずれかに該当するに至った月までの各月において、その支給を停止する。
 一 当該受給資格に係る雇用保険法第24条第2項に規定する受給期間が経過したとき。
 二 当該受給権者が当該受給資格に係る雇用保険法第22条第1項に規定する所定給付日数に相当する日数分の基本手当（同法の規定による基本手当をいう。以下この条において同じ。）の支給を受け終わったとき（同法第28条第1項に規定する延長給付を受ける者にあっては、当該延長給付が終わったとき。）。

2～5 （略）

📖 法附則第19条（2以上の種別の被保険者であった期間を有する者に係る老齢厚生年金の基本手当等との調整の特例）

前条の規定を適用して支給する附則第7条の3第3項の規定による老齢厚生年金については、各号の厚生年金被保険者期間ごとに附則第7条の4及び第7条の5の規定を適用する。この場合において、附則第7条の4第2項第二号及び第7条の5第1項中「第46条第1項及び平成25年改正法附則第86条第1項の規定によりなおその効力を有するものとされた平成25年改正法第1条の規定による改正前の第46条第5項」とあるのは、「第78条の29の規定により読み替えて適用する第46条第1項」とするほか、これらの規定の適用に関し必要な読替えその他必要な事項は、政令で定める。

2 高年齢雇用継続給付との調整

改正の要点
特別支給の退職共済年金の受給権者が厚生年金保険に加入している場合においても雇用保険の高年齢雇用継続給付と在職老齢年金の調整のしくみが適用されることになった。

■ 改正前の支給停止
特別支給の老齢厚生年金の受給権者であって、厚生年金保険の被保険者である者が、高年齢雇用継続給付（高年齢雇用継続基本給付金・高年齢再就職給付金）を受給した場合には、年金の一定額が支給停止されます。しかし、特別支給の退職共済年金の受給権者であって、厚生年金の被保険者（民間会社員）である者については、平成27年9月30日までは支給停止されていませんでした。例えば、公務員を退職後に民間企業に再就職し、厚生年金保険に加入しながら特別支給の退職共済年金を受給している場合には、高年齢雇用継続給付を受給していても、年金が減額されることはなく、在職老齢年金による支給停止だけが適用されていました。

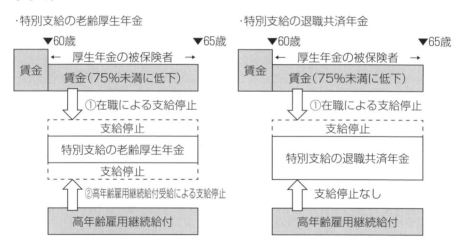

■ 改正後の支給停止
特別支給の退職共済年金の受給権者が厚生年金保険の被保険者である場合においては、高年齢雇用継続給付との調整が行われます。高年齢雇用継続給付を受給した時は、在職老齢年金のしくみによる支給停止に加えて、さらに一定額が支給停止されます。支給停止額は次のとおりです（法附則第11条の6）。

①標準報酬月額が60歳到達時賃金の61％未満のとき→標準報酬月額に100分の6を乗じた額

②標準報酬月額が60歳到達時賃金の61%以上75%未満のとき→標準報酬月額に100分の6を乗じた額から一定の割合で逓減する率を乗じて得た額

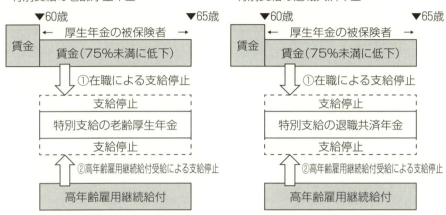

📖 法附則第11条の6

1 附則第8条の規定による老齢厚生年金（第43条第1項、附則第9条の2第1項から第3項まで又は附則第9条の3及び附則第9条の規定によりその額が計算されているものに限る。）の受給権者が被保険者である日が属する月について、その者が高年齢雇用継続基本給付金の支給を受けることができるときは、附則第11条及び第11条の2の規定にかかわらず、その月の分の当該老齢厚生年金について、次の各号に掲げる場合に応じ、それぞれ当該老齢厚生年金につき附則第11条又は第11条の2の規定を適用した場合におけるこれらの規定による支給停止基準額と当該各号に定める額（その額に6分の15を乗じて得た額に当該受給権者に係る標準報酬月額を加えた額が支給限度額を超えるときは、支給限度額から当該標準報酬月額を減じて得た額に15分の6を乗じて得た額）に12を乗じて得た額（第7項において「調整」という。）との合計額（以下この項において「調整後の支給停止基準額」という。）に相当する部分の支給を停止する。ただし、調整後の支給停止基準額が老齢厚生年金の額以上であるときは、老齢厚生年金の全部の支給を停止するものとする。
　一　当該受給権者に係る標準報酬月額が、みなし賃金日額に30を乗じて得た額の100分の61に相当する額未満であるとき。　当該受給権者に係る標準報酬月額に100分の6を乗じて得た額
　二　前号に該当しないとき。　当該受給権者に係る標準報酬月額に、みなし賃金日額に30を乗じて得た額に対する当該受給権者に係る標準報酬月額の割合が逓増する程度に応じ、100分の6から一定の割合で逓減するように厚生労働省令で定める率を乗じて得た額

2～8　（略）

3 2以上の種別の被保険者期間がある者の高年齢雇用継続給付との調整

改正の要点
2以上の種別の厚生年金保険の被保険者期間を有する者の高年齢雇用継続給付と特別支給の老齢厚生年金の調整については、複数の年金の合算額をもとに支給停止額が計算されることになった。

■ 支給停止額の計算方法
2以上の種別の被保険者期間を有する者の雇用保険の高年齢雇用継続給付との調整は、第1号から第4号までの各号の厚生年金被保険者期間ごとに適用します。例えば、第1号特別支給の老齢厚生年金と第2号特別支給の老齢厚生年金を受給中の者が高年齢雇用継続基本給付金を受給した場合、2つの年金の合算額をもとに全体の支給停止総額を算出し、各年金額で按分することにより、各支給停止額を決定します（令第8条の5）。

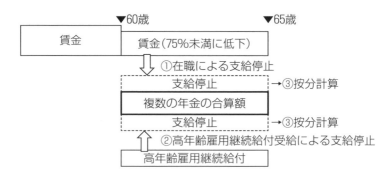

【計算事例】
第1号特別支給の老齢厚生年金額　7万円
第2号特別支給の老齢厚生年金額　1万円
（在職による支給停止なし）
60歳到達賃金月額（標準報酬月額）　41万円
60歳以後賃金月額（標準報酬月額）　20万円
※高年齢雇用継続給付受給の各要件を満たすものとする
①賃金が61％未満となり、高年齢雇用継続給付金を月3万円受給
　200,000円×15％＝30,000円
②在職老齢年金からは、標準報酬月額×6％　が減額
　・在職老齢年金の停止額　200,000円×6％＝12,000円
③支給停止額の按分計算
　・第1号特別支給の老齢厚生年金　12,000円×70,000円／80,000円＝10,500円

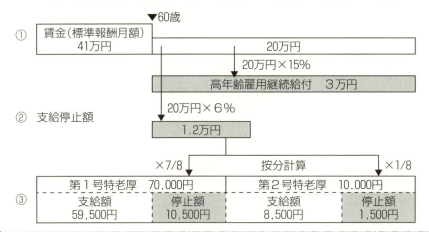

📖 **法附則第11条の6　令第8条の5による読替え（＿＿＿部分）**

1　各号の厚生年金被保険者期間のうち一の期間に基づく附則第8条の規定による老齢厚生年金（第43条第1項、附則第9条の2第1項から第3項まで又は附則第9条の3及び附則第9条の規定によりその額が計算されているものに限る。）の受給権者が被保険者である日が属する月について、その者が高年齢雇用継続基本給付金の支給を受けることができるときは、附則第11条及び第11条の2の規定にかかわらず、その月の分の<u>当該一の期間に基づく老齢厚生年金</u>について、次の各号に掲げる場合に応じ、それぞれ<u>当該一の期間に基づく老齢厚生年金</u>につき附則第11条又は第11条の2の規定を適用した場合におけるこれらの規定による支給停止基準額と当該各号に定める額（その額に6分の15を乗じて得た額に当該受給権者に係る標準報酬月額を加えた額が支給限度額を超えるときは、支給限度額から当該標準報酬月額を減じて得た額に15分の6を乗じて得た額）に<u>当該一の期間に基づく老齢厚生年金につき、附則第11条の規定を適用した場合における当該一の期間に基づく老齢厚生年金の額を12で除して得た額を同条第1項の規定による基本月額で除して得た数又は当該一の期間に基づく老齢厚生年金につき附則第11条の2の規定を適用した場合における同条第1項の規定による当該一の期間に基づく老齢厚生年金に係る報酬比例部分の額を12で除して得た額を同項の規定による基本月額で除して得た数を乗じて得た額に12を乗じて得た額</u>（第7項において「調整額」という。）との合計額（以下この項において「調整後の支給停止基準額」という。）に相当する部分の支給を停止する。ただし、調整後の支給停止基準額が<u>当該一の期間に基づく老齢厚生年金の額</u>以上であるときは、<u>当該一の期間に基づく老齢厚生年金の全部</u>の支給を停止するものとする。

一　当該受給権者に係る標準報酬月額が、みなし賃金日額に30を乗じて得た額の100分の61に相当する額未満であるとき。　当該受給権者に係る標準報酬月額に100分の6を乗じて得た額

二　前号に該当しないとき。　当該受給権者に係る標準報酬月額に、みなし賃金日額に30を乗じて得た額に対する当該受給権者に係る標準報酬月額の割合が逓増する

程度に応じ、100分の6から一定の割合で逓減するように厚生労働省令で定める率を乗じて得た額

2～8　（略）

> **ワンポイント——老齢厚生・退職共済年金受給権者支給停止事由該当届**
> 　従来、特別支給の老齢厚生年金の受給者が雇用保険の給付を受ける場合には、日本年金機構に「老齢厚生・退職共済年金受給権者支給停止事由該当届（様式第583号）」を提出する必要がありました。平成25年10月1日以後に受給権が発生する者であって、日本年金機構に雇用保険被保険者番号を登録している年金受給者については、厚生労働省職業安定局からの情報を利用することで、本人からの届出が省略できることになっています。
> この届出が省略可能なのは日本年金機構で事務手続きを行うものに限られます。共済組合等から支給される年金と雇用保険の基本手当または高年齢雇用継続給付等との調整時には省略することができません。

障害厚生年金

第7章

I 本来請求の障害厚生年金

1 障害厚生年金の概要

■ 障害厚生年金の要件

障害厚生年金は厚生年金保険に加入中の病気やケガにより、障害状態となったときに支給されます。要件は次の3つです（法第47条等）。

1. 初診日における要件

    初診日（初めて医師または歯科医師の診療を受けた日）に厚生年金保険の被保険者であること。

2. 障害認定日における要件

    障害認定日（初診日から起算して1年6月を経過した日、または症状が固定した日）において、障害等級1級～3級に該当する程度の障害状態にあること。

3. 保険料納付要件

    初診日の前日において当該初診日の属する月の前々月までに国民年金の被保険者期間があるものについては、保険料納付済期間と保険料免除期間とを合算した期間が当該被保険者期間の3分の2以上あること。

    または、初診日において65歳未満であり、初診日が平成38年4月1日前にある傷病で障害となった場合は、初診日の前日において初診日の属する月の前々月までの1年間のうちに保険料の滞納期間がないこと。

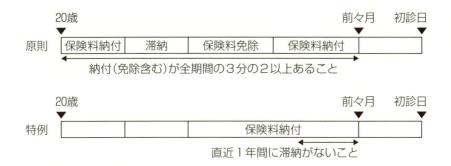

■ 障害等級別の障害厚生年金

厚生年金保険の被保険者は原則として国民年金にも加入しているため、障害等級1級または2級に該当した場合は障害基礎年金と障害厚生年金の両方が受給でき、加給対象者がいれば加給年金額が加算されます。3級は障害厚生年金のみです。

厚生年金	障害厚生年金1級 （配偶者加給）	障害厚生年金2級 （配偶者加給）	障害厚生年金3級
国民年金	障害基礎年金1級 （子の加算）	障害基礎年金2級 （子の加算）	
障害等級	【1級】	【2級】	【3級】

📖 **法第47条（障害厚生年金の受給権者）**

1 　障害厚生年金は、疾病にかかり、又は負傷し、その疾病又は負傷及びこれらに起因する疾病（以下「傷病」という。）につき初めて医師又は歯科医師の診療を受けた日（以下「初診日」という。）において被保険者であった者が、当該初診日から起算して1年6月を経過した日（その期間内にその傷病が治った日（その症状が固定し治療の効果が期待できない状態に至った日を含む。以下同じ。）があるときは、その日とし、以下「障害認定日」という。）において、その傷病により次項に規定する障害等級に該当する程度の障害の状態にある場合に、その障害の程度に応じて、その者に支給する。ただし、当該傷病に係る初診日の前日において、当該初診日の属する月の前々月までに国民年金の被保険者期間があり、かつ、当該被保険者期間に係る保険料納付済期間と保険料免除期間とを合算した期間が当該被保険者期間の3分の2に満たないときは、この限りでない。

2 　障害等級は、障害の程度に応じて重度のものから1級、2級及び3級とし、各級の障害の状態は、政令で定める。

2 旧共済組合員等期間中に初診日がある場合

改正の要点
旧共済組合員等期間中に初診日があり、改正後に障害認定日がある場合については、障害厚生年金の対象とされることになった。

■ 初診日要件
　前述のとおり障害厚生年金を受給するためには、「初診日において厚生年金保険の被保険者であること」が要件ですが、旧共済組合員等期間中は厚生年金保険の被保険者でないため要件を満たしません。そこで、旧共済組合員等期間中に初診日があり、かつ改正後に障害認定日がある場合については、改正後の厚生年金保険法の規定が適用されることとされました。つまり、初診日が旧共済組合員等期間中であっても、障害共済年金ではなく障害厚生年金の対象となります。改正後に障害認定日があることが条件となるため、初診日が平成26年4月1日以後に限られます（経過措置政令第60条）。

●改正後に受給権が発生する場合

障害認定日が平成27年10月1日以後のため障害厚生年金が支給されます。

●改正前に受給権が発生する場合

障害認定日が平成27年10月1日前のため障害共済年金が支給されます。

※請求先はいずれも国家公務員共済組合連合会となります。

■ 障害共済年金の受給権を有していたことがある者

改正前共済各法による障害共済年金または旧共済各法による障害年金の受給権を有していた者が、障害等級に該当する程度の障害状態に該当しなくなったときから起算して3年を経過したため、平成6年11月9日前にその受給権が消滅していた場合について、平成27年10月1日以後65歳に達する日の前日までの間において、障害等級に該当する程度の障害の状態に該当するに至ったときは、その期間内に本来請求の障害厚生年金の支給を請求することができます(改正法附則第18条第2項・230ページ参照)。

経過措置政令第60条(障害厚生年金の支給要件に関する経過措置)

1 旧国家公務員共済被保険者期間中に初診日(改正前国共済法第81条第1項に規定する初診日をいう。次条第1項、第62条第1項、第63条第1項及び第64条第1項第一号において同じ。)がある傷病による障害(当該障害に係る改正前国共済法第81条第1項に規定する障害認定日が、施行日前にある場合を除く。)について、厚生年金保険法第47条第1項の規定を適用する場合においては、同項中「被保険者であった者」とあるのは、「国家公務員共済組合の組合員であった者(他の法令の規定により当該組合員であった者とみなされたものを含むものとし、当該初診日が平成26年4月1日以後にある場合に限る。)」とする。

2 旧地方公務員共済被保険者期間中に初診日(改正前地共済法第84条第1項に規定する初診日をいう。次条第2項、第62条第2項、第63条第2項及び第64条第1項第二号において同じ。)がある傷病による障害(当該障害に係る改正前地共済法第84条第1項に規定する障害認定日が、施行日前にある場合を除く。)について、厚生年金保険法第47条第1項の規定を適用する場合においては、同項中「被保険者であった者」とあるのは、「地方公務員共済組合の組合員であった者(他の法令の規定により当該組合員であった者とみなされたものを含むものとし、当該初診日が平成26年4月1日以後にある場合に限る。)」とする。

3 旧私立学校教職員共済被保険者期間中に初診日(改正前私学共済法第25条において準用する改正前国共済法第81条第1項に規定する初診日をいう。次条第3項、第62条第3項、第63条第3項及び第64条第1項第三号において同じ。)がある傷病による障害(当該障害に係る改正前私学共済法第25条において準用する改正前国共済法第81条第1項に規定する障害認定日が、施行日前にある場合を除く。)について、厚生年金保険法第47条第1項の規定を適用する場合においては、同項中「被保険者であった者」とあるのは、「私立学校教職員共済法の規定による私立学校教職員共済制度の加入者であった者(他の法令の規定により当該加入者であった者とみなされたものを含むものとし、当該初診日が平成26年4月1日以後にある場合に限る。)」とする。

3 保険料納付要件

改正の要点
障害年金を受給する要件のひとつである保険料納付要件について、公務員等にもその要件が課せられることとなった。

■ 改正前の保険料納付要件

障害厚生年金を受給するためには保険料納付要件を満たす必要があります。一方、改正前の国共済法、地共済法、私学共済法により支給される障害共済年金には、厚生年金保険のような保険料納付要件は存在せず、在職要件（初診日に在職中であること）しかありませんでした。

例えば、20歳から10年間の国民年金保険料を納めていない者が、30歳で初めて就職し、その1カ月後に障害状態となった場合、障害厚生年金は保険料納付要件を満たさず支給されませんが、障害共済年金は在職要件を満たすため支給されていました。

初診日に公務員

```
20歳        4/1就職 5/20初診日        平27.10.1
 ▼              ▼                        ▼
┌──────────────┬──────────────┐
│国民年金保険料未納10年│  国家公務員  │
└──────────────┴──────────────┘
                         │        ┌──────────┐
                         │        │ 障害共済年金 │
                    ┌────┴────┐   └──────────┘
                    │在職要件のみ│   障害状態に該当していれば、
                    └─────────┘   障害共済年金は支給されていた
```

初診日に民間会社員

```
20歳        4/1就職 5/20初診日        平27.10.1
 ▼              ▼                        ▼
┌──────────────┬──────────────┐
│国民年金保険料未納10年│  民間会社員  │
└──────────────┴──────────────┘
                         │        ┌──────────┐
                         │        │ 障害❌生年金 │
                    ┌────┴────┐   └──────────┘
                    │保険料納付要件を│ 保険料納付要件を満たさず、
                    │満たす必要あり │ 障害厚生年金は支給されない
                    └─────────┘
```

■ 改正後の保険料納付要件

平成27年10月1日以後に受給権の発生する障害厚生年金は、原則として保険料納付要件を満たす必要があります（法第47条）。改正後の公務員および私学教職員等期間中に初診日がある場合については当然のこと、旧共済組合員等期間中

の初診日であっても障害認定日が平成27年10月1日以後であり、障害厚生年金の対象となる場合においても必要となります（経過措置政令第60条）。

初診日が平成27年10月1日以後

初診日が平成27年10月1日前（旧共済組合員等期間中）

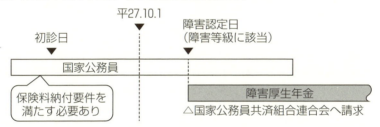

📖 **法第47条（障害厚生年金の受給権者）　経過措置政令第60条（障害厚生年金の支給要件に関する経過措置）による読替え（_____部分）**

1　障害厚生年金は、疾病にかかり、又は負傷し、その疾病又は負傷及びこれらに起因する疾病（以下「傷病」という。）につき初めて医師又は歯科医師の診療を受けた日（以下「初診日」という。）において国家公務員共済組合の組合員であった者（他の法令の規定により当該組合員であった者とみなされたものを含むものとし、当該初診日が平成26年4月1日以後にある場合に限る。）が、当該初診日から起算して1年6月を経過した日（その期間内にその傷病が治った日（その症状が固定し治療の効果が期待できない状態に至った日を含む。以下同じ。）があるときは、その日とし、以下「障害認定日」という。）において、その傷病により次項に規定する障害等級に該当する程度の障害の状態にある場合に、その障害の程度に応じて、その者に支給する。ただし、当該傷病に係る初診日の前日において、当該初診日の属する月の前々月までに国民年金の被保険者期間があり、かつ、当該被保険者期間に係る保険料納付済期間と保険料免除期間とを合算した期間が当該被保険者期間の3分の2に満たないときは、この限りでない。

2　（略）

（地方公務員共済組合の組合員であった者、私立学校教職員共済制度の加入員であった者についても同様の規定あり）

Ⅱ 事後重症の障害厚生年金

1 事後重症の障害厚生年金の概要

■ 事後重症の障害厚生年金の要件

　初診日において厚生年金保険の被保険者であり、障害認定日において障害等級に該当する程度の障害の状態になかった者が、65歳に達する日の前日までの間において障害等級に該当する程度の障害の状態に該当するに至ったときは、その期間内に障害厚生年金の支給を請求することができます。この年金を、「事後重症の障害厚生年金」といいます（法第47条の2）。

　例えば、会社員であった23歳時に目の病気で初めて医師の診療を受診した場合、1年6月後の障害認定日には大きな視力の低下がなく障害等級には該当しなかったものの、徐々に視力が低下し、55歳時に障害等級に該当する状態となったケースでは、55歳時に事後重症の障害厚生年金を請求することができます。

　また、障害認定日時点で医療機関を受診していなかった場合や、当時のカルテが保管されておらず障害認定日時点における診断書が取得できない等の理由により、事後重症の障害厚生年金の対象となる場合もあります。

📖 **法第47条の2**

1　疾病にかかり、又は負傷し、かつ、その傷病に係る初診日において被保険者であった者であって、障害認定日において前条第2項に規定する障害等級（以下単に「障害等級」という。）に該当する程度の障害の状態になかったものが、同日後65歳に達する日の前日までの間において、その傷病により障害等級に該当する程度の障害の状態に該当するに至ったときは、その者は、その期間内に同条第1項の障害厚生年金の支給を請求することができる。
2　前条第1項ただし書の規定は、前項の場合に準用する。
3　第1項の請求があったときは、前条第1項の規定にかかわらず、その請求をした者に同項の障害厚生年金を支給する。

2 旧共済組合員等期間中に初診日がある障害

改正の要点
旧共済組合員等期間中に初診日がある障害についても、事後重症の障害厚生年金の対象となることになった。

■ 初診日要件

旧共済組合員等期間中に初診日がある傷病による障害により、平成27年10月1日以後65歳に達する日の前日までの間において、障害等級に該当する程度の障害状態に至ったときは、法第47条の2の規定に該当するものとして、事後重症の障害厚生年金の支給を請求することができます（経過措置政令第61条）。事後重症の障害厚生年金は、請求することにより受給権が発生するため、遡って受給することはできません。よって、平成27年10月1日以後の請求により受給権が発生するのは、事後重症の障害厚生年金に限られ、事後重症の障害共済年金が発生することはありません。

■ 障害共済年金の受給権を有していたことがある者

事後重症の障害厚生年金を請求することができるのは、同一の傷病による障害について改正前共済各法による障害共済年金または旧共済各法による障害年金の受給権を有していたことがない者に限られます（改正法附則第18条第1項）。

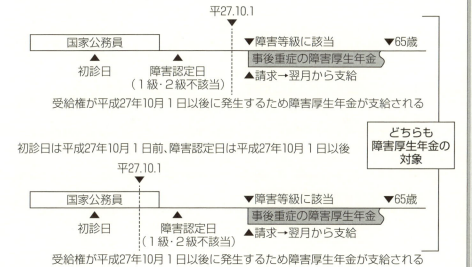

経過措置政令第61条

1 初診日（当該初診日が昭和61年4月1日以後にある場合に限る。）において国家公務員共済組合の組合員であった者（他の法令の規定により当該組合員であった者とみなされたものを含む。）又は同月1日前の旧国家公務員共済被保険者期間中に疾病にかかり、若しくは負傷した者（これらの者のうち同一の傷病による障害について施行日前に改正前国共済法による障害共済年金又は旧国共済法による障害年金の受給権を有していなかったものに限る。）が、施行日以後65歳に達する日の前日までの間において厚生年金保険法第47条第2項に規定する障害等級に該当する程度の障害の状態に至ったときは、同法第47条の2第1項の規定に該当するものとして、同条の規定を適用する。
2～5　（略）

改正法附則第18条（障害厚生年金の支給要件の特例）

1 厚生年金保険法第47条の2第1項の規定による障害厚生年金は、同一の傷病による障害について、改正前国共済法若しくは旧国共済法、改正前地共済法若しくは旧地共済法又は改正前私学共済法若しくは旧私学共済法による年金たる給付（他の法令の規定によりこれらの年金たる給付とみなされたものを含む。）のうち障害を支給事由とするものの受給権を有していたことがある者その他政令で定める者については、同項の規定にかかわらず、支給しない。

2 施行日前に改正前国共済法若しくは旧国共済法、改正前地共済法若しくは旧地共済法又は改正前私学共済法若しくは旧私学共済法による年金たる給付のうち障害を支給事由とするものの受給権を有していたことがある者であって旧国家公務員共済組合員期間、旧地方公務員共済組合員期間又は旧私立学校教職員共済加入者期間を有するもの（施行日において当該給付の受給権を有するもの及び当該給付の支給事由となった傷病について国家公務員等共済組合法等の一部を改正する法律（平成6年法律第98号。以下この項において「平成6年国共済改正法」という。）附則第8条第3項の規定により支給される改正前国共済法による障害共済年金、地方公務員等共済組合法等の一部を改正する法律（平成6年法律第99号）附則第8条第3項の規定により支給される改正前地共済法による障害共済年金又は改正前私学共済法第48条の2の規定によりその例によることとされる平成6年国共済改正法附則第8条第3項の規定により支給される改正前私学共済法による障害共済年金の受給権を有する者を除く。）が、当該給付の支給事由となった傷病により、施行日において厚生年金保険法第47条第2項に規定する障害等級（以下この項において単に「障害等級」という。）に該当する程度の障害の状態にあるとき、又は施行日の翌日から65歳に達する日の前日までの間において、障害等級に該当する程度の障害の状態に至ったときは、その者は、施行日（施行日において障害等級に該当する程度の障害の状態にない者にあっては、障害等級に該当する程度の障害の状態に至ったとき）から65歳に達する日の前日までの間に、同条第1項の障害厚生年金の支給を請求することができる。

3 前項の規定による請求があったときは、厚生年金保険法第47条第1項の規定にかかわらず、その請求をした者に同項の障害厚生年金を支給する。

3 事後重症の障害厚生年金の保険料納付要件

改正の要点
公務員等期間中の初診日であっても、一元化後に請求する事後重症の障害厚生年金を受給するためには保険料納付要件を満たすことが必要となった。

■ 改正前の保険料納付要件
事後重症の障害厚生年金を受給するためには保険料納付要件を満たす必要があります。一方、改正前の国共済法、地共済法、私学共済法により支給される事後重症の障害共済年金には、厚生年金保険のような保険料納付要件は存在せず、在職要件しかありませんでした。

初診日に公務員等

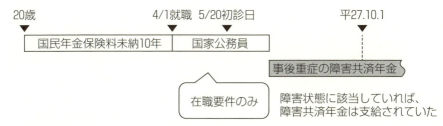

初診日に民間会社員

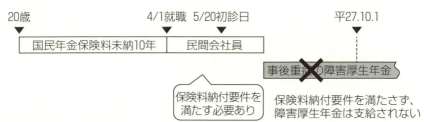

■ 改正後の保険料納付要件
平成27年10月1日以後に請求する事後重症の障害年金は、原則として事後重症の障害厚生年金の対象となることから、保険料納付要件を満たす必要があります。旧共済組合員等期間中の初診日であっても同様です(経過措置政令第61条)。

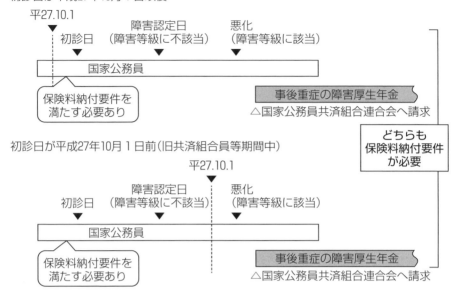

■ 昭和61年4月1日前の改正前共済組合員等期間中の初診日

　昭和61年4月1日前に発した傷病について、厚生年金保険法第47条の2第2項において準用する同法第47条第1項ただし書「ただし、当該傷病にかかる初診日の前日において、当該初診日の属する月の前々月までに国民年金の被保険者期間があり、かつ、当該被保険者期間に係る保険料納付済期間と保険料免除期間とを合算した期間が当該被保険者期間の3分の2に満たないときは、この限りでない」の読替えが経過措置政令第61条第4項に規定されています。

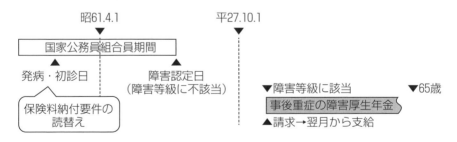

📖 **経過措置政令第61条**
1～3　（略。第1項は230ページに記載）
4　前3項に規定する障害（昭和61年4月1日前に発した傷病によるものに限る。）であって、次の表の上欄（著者注：次表の左欄）に掲げる期間中に発した同表の中欄に

掲げる傷病によるものについて、厚生年金保険法第47条の2第2項において準用する同法第47条第1項ただし書の規定を適用する場合においては、同項ただし書は、それぞれ同表の下欄（著者注：次表の右欄）のように読み替えるものとする。

国家公務員共済組合の組合員であった間	昭和51年9月30日までの間に発した傷病	ただし、国家公務員共済組合の組合員となって1年を経過する前に発した傷病による障害については、この限りでない。
	昭和51年10月1日から昭和61年3月31日までの間に発した傷病	ただし、当該傷病が発する日前に国民年金法等の一部を改正する法律（昭和60年法律第34号）附則第2条第1項の規定による廃止前の通算年金通則法（昭和36年法律第181号）第4条第1項各号に掲げる期間を合算した期間が1年未満であるときは、この限りでない。
地方公務員共済組合の組合員であった間（略記）	昭和51年9月30日までの間に発した傷病	ただし、地方公務員共済組合の組合員（地方公務員等共済組合法（昭和37年法律第152号）附則第4条に規定する旧市町村職員共済組合の組合員及び昭和42年度以後における地方公務員等共済組合法の年金の額の改定等に関する法律等の一部を改正する法律（昭和56年法律第73号）による改正前の地方公務員等共済組合法第174条第1項の規定に基づく地方団体関係団体職員共済組合の組合員を含む。）となって1年を経過する前に発した傷病による障害については、この限りでない。
	昭和51年10月1日から昭和61年3月31日までの間に発した傷病	ただし、当該傷病が発する日前に国民年金法等の一部を改正する法律（昭和60年法律第34号）附則第2条第1項の規定による廃止前の通算年金通則法（昭和36年法律第181号）第4条第1項各号に掲げる期間を合算した期間が1年未満であるときは、この限りでない。
私立学校教職員共済組合の組合員であった間	昭和37年1月1日から昭和51年9月30日までの間に発した傷病	ただし、私立学校教職員共済組合の組合員となって1年を経過する前に発した傷病による障害については、この限りでない。
	昭和51年10月1日から昭和61年3月31日までの間に発した傷病	ただし、当該傷病が発する日前に国民年金法等の一部を改正する法律（昭和60年法律第34号）附則第2条第1項の規定による廃止前の通算年金通則法（昭和36年法律第181号）第4条第1項各号に掲げる期間を合算した期間が1年未満であるときは、この限りでない。
専売共済組合、国鉄共済組合、電信電話公社共済組合の組合員であった間（略記）	昭和51年9月30日までの間に発した傷病	ただし、国家公務員及び公共企業体職員に係る共済組合制度の統合等を図るための国家公務員共済組合法等の一部を改正する法律（昭和58年法律第82号）附則第2条の規定による廃止前の公共企業体職員等共済組合法（昭和31年法律第134号）第3条第1項の規定により設けられた共済組合の組合員となって2年を経過する前に発した傷病による障害については、この限りでない。
	昭和51年10月1日から昭和59年3月31日までの間に発した傷病（同日以前に退職した者に係るものに限る。）	ただし、当該傷病が発する日前に国民年金法等の一部を改正する法律（昭和60年法律第34号）附則第2条第1項の規定による廃止前の通算年金通則法（昭和36年法律第181号）第4条第1項各号に掲げる期間を合算した期間が2年未満であるときは、この限りでない。

5　（略）

■ 前表中の通算年金通則法第4条第1項各号

前表中の国民年金法等の一部を改正する法律（昭和60年法律第34号）附則第2条第1項の規定による廃止前の通算年金通則法（昭和36年法律第181号）第4条第1項各号に掲げる期間を合算した期間とは具体的には次のとおりです。

1. 国民年金の保険料納付済期間または保険料免除期間
2. 厚生年金保険の被保険者期間
3. 船員保険の被保険者であった期間
4. 国家公務員等共済組合の組合員期間
5. 地方公務員共済組合の組合員期間
6. 私立学校教職員共済組合の組合員であった期間
7. 農林漁業団体職員共済組合の組合員または任意継続組合員であった期間

通算年金通則法（昭和60年廃止）第4条（通算対象期間）

1　この法律及び公的年金各法において、「通算対象期間」とは、次の各号に掲げる期間（法令の規定により当該公的年金制度の被保険者又は組合員であった期間とみなされる期間に係るもの及び法令の規定により当該各号に掲げる期間に算入される期間を含む。）で、当該公的年金制度において定める老齢又は退職を支給事由とする給付の支給要件たる期間の計算の基礎となるものをいう。ただし、第四号から第七号までに掲げる期間については、組合員又は農林漁業団体職員共済組合の任意継続組合員が退職し又はその資格を喪失した場合におけるその退職又は資格喪失の日まで引き続く組合員期間又は組合員若しくは農林漁業団体職員共済組合の任意継続組合員であった期間で、1年に達しないものを除く。
一　国民年金の保険料納付済期間又は保険料免除期間
二　厚生年金保険の被保険者期間
三　船員保険の被保険者であった期間
四　国家公務員等共済組合の組合員期間
五　地方公務員共済組合の組合員期間
六　私立学校教職員共済組合の組合員であった期間
七　農林漁業団体職員共済組合の組合員又は任意継続組合員であった期間
2　（略）

Ⅲ 基準障害による障害厚生年金

1 基準障害による障害厚生年金の概要

■ 基準障害による障害厚生年金の要件

　先発の障害のある者が厚生年金保険の被保険者中に初診日のある後発の傷病（以下「基準傷病」といいます。）で障害となり、基準傷病にかかる障害認定日以後 65 歳に達する日の前日までの間において、初めて併合して障害等級 1、2 級に該当する程度の障害の状態に至ったときは、基準障害と他の障害とを併合した障害の程度による障害厚生年金が支給されます。この年金を、「基準障害による障害厚生年金」といいます。受給権は初めて 1、2 級に該当した時点で発生しますが、支給は請求月の翌月からです（法第 47 条の 3）。

●初めて 2 級以上の障害の状態になった場合

```
                厚生年金保険の被保険者
  A病による障害（1、2級不該当）
  ▲初診日
                    B病による障害
              ▲初診日    ▲障害認定日              ▼65歳
                    基準障害による障害厚生年金
                    △A・Bを併せて初めて1、2級に該当
```

📖 **法第 47 条の 3**

1　疾病にかかり、又は負傷し、かつ、その傷病（以下この条において「基準傷病」という。）に係る初診日において被保険者であった者であって、基準傷病以外の傷病により障害の状態にあるものが、基準傷病に係る障害認定日以後 65 歳に達する日の前日までの間において、初めて、基準傷病による障害（以下この条において「基準障害」という。）と他の障害とを併合して障害等級の 1 級又は 2 級に該当する程度の障害の状態に該当するに至ったとき（基準傷病の初診日が、基準傷病以外の傷病（基準傷病以外の傷病が 2 以上ある場合は、基準傷病以外のすべての傷病）に係る初診日以降であるときに限る。）は、その者に基準障害と他の障害とを併合した障害の程度による障害厚生年金を支給する。

2・3　（略）

2 改正前の共済期間中に初診日がある場合

◆ 改正の要点

旧共済組合員等期間中に初診日がある場合においても、基準障害による障害厚生年金の受給権が平成27年10月1日以後に発生する場合には「障害厚生年金」の対象とされることになった。

■ 初診日要件

　旧共済組合員等期間中は厚生年金保険の被保険者ではありませんので、その間に基準傷病にかかる初診日がある場合は、障害厚生年金の要件を満たしません。そこで、改正前共済各法の組合員等であった期間中に、基準傷病にかかる初診日がある傷病による障害について、法第47条の3の規定に該当するものとして基準障害の障害厚生年金の支給を請求することができるものとされました（経過措置政令第62条）。

　受給権は初めて1、2級の支給要件に該当した日に法律上当然に発生するので、それが平成27年10月1日前であれば障害共済年金を、平成27年10月1日以後であれば障害厚生年金を請求することになります。障害厚生年金の対象となる場合は、保険料納付要件が必要です。

平成27年10月1日前に受給権が発生する場合

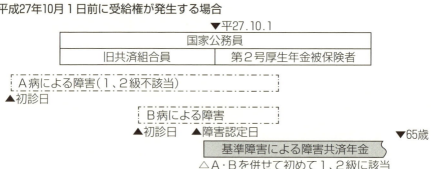

平成27年10月1日以後に受給権が発生する場合

```
                          ▼平27.10.1
              ┌─────────────────────────────┐
              │         国家公務員          │
              │ 旧共済組合員 │ 第2号厚生年金被保険者 │
              └─────────────────────────────┘
  ┌─────────────────────────┐
  │ A病による障害（1、2級不該当） │
  └─────────────────────────┘
  ▲初診日
              ┌─────────────────┐
              │  B病による障害   │
              └─────────────────┘
              ▲初診日   ▲障害認定日                    ▼65歳
                           ┌────────────────────┐
                           │ 基準障害による障害厚生年金 │
                           └────────────────────┘
                           △A・Bを併せて初めて
                              1、2級に該当
```

📖 **経過措置政令第62条**

1 旧国家公務員共済被保険者期間中に初診日がある傷病による障害について、厚生年金保険法第47条の3第1項の規定を適用する場合においては、同項中「被保険者であった者」とあるのは、「国家公務員共済組合の組合員であった者（他の法令の規定により当該組合員であった者とみなされたものを含む。）」とする。
2 旧地方公務員共済被保険者期間中に初診日がある傷病による障害について、厚生年金保険法第47条の3第1項の規定を適用する場合においては、同項中「被保険者であった者」とあるのは、「地方公務員共済組合の組合員であった者（他の法令の規定により当該組合員であった者とみなされたものを含む。）」とする。
3 旧私立学校教職員共済被保険者期間中に初診日がある傷病による障害について、厚生年金保険法第47条の3第1項の規定を適用する場合においては、同項中「被保険者であった者」とあるのは、「私立学校教職員共済法の規定による私立学校教職員共済制度の加入者であった者（他の法令の規定により当該加入者であった者とみなされたものを含む。）」とする。

👉 **ワンポイント——障害共済年金の在職停止制度の廃止**

障害厚生年金には在職による支給停止の規定はありませんが、改正前の障害共済年金は受給権者が組合員等として在職している間は支給が停止されていました。平成27年10月1日以後はその支給停止の規定がなくなりました。新たに障害厚生年金の受給権を取得する場合は当然のこと、改正前に障害共済年金の受給権が発生している場合についても支給停止されることなく受給できます。ただし、組合員等として在職中のときは、職域部分（経過的職域加算）の支給が停止されます。

👉 **ワンポイント——職域加算額**

改正前の障害共済年金には職域加算額が加算されていました。改正後の障害厚生年金には職域加算は加算されません。ただし、初診日が平成27年10月1日前にある傷病により障害の状態となった場合については改正後も加算されます。

Ⅳ　障害手当金

1　障害手当金の支給要件

　改正の要点

旧共済組合員等期間中に初診日がある場合においても、障害手当金が支給されることになった。

■支給要件

障害手当金は、初診日において厚生年金保険の被保険者であった者が、初診日から起算して5年を経過する日までの間の傷病が治った日において、3級より軽い障害の状態にある者に一時金として支給されます（法第55条）。

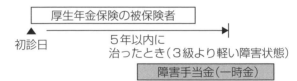

■初診日が旧共済組合員等期間中であった場合

旧共済組合員等期間中に初診日がある傷病による障害について、法第55条第1項における「被保険者であった者」に該当するものとして、障害手当金の支給を請求することができます。ただし、改正前共済各法による障害一時金の受給権を有していなかった者に限られます（経過措置政令第63条）。

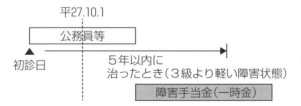

📖 **法第55条（障害手当金の受給権者）**
1　障害手当金は、疾病にかかり、又は負傷し、その傷病に係る初診日において被保険者であった者が、当該初診日から起算して5年を経過する日までの間におけるその傷病の治った日において、その傷病により政令で定める程度の障害の状態にある場合に、その者に支給する。
2　第47条第1項ただし書の規定は、前項の場合に準用する。

📖 **経過措置政令第 63 条（障害手当金の支給要件に関する経過措置）**

1 　旧国家公務員共済被保険者期間中に初診日がある傷病による障害について、厚生年金保険法第 55 条第 1 項の規定を適用する場合においては、同項中「被保険者であった者」とあるのは「国家公務員共済組合の組合員であった者（他の法令の規定により当該組合員であった者とみなされたものを含む。）」と、「支給する」とあるのは「支給する。ただし、当該傷病による障害について被用者年金制度の一元化等を図るための厚生年金保険法等の一部を改正する法律（平成 24 年法律第 63 号）の施行の日前に同法第 2 条の規定による改正前の国家公務員共済組合法（昭和 33 年法律第 128 号）による障害一時金の受給権を有していたことがある者に係る当該傷病による障害については、この限りでない」とする。

2 　旧地方公務員共済被保険者期間中に初診日がある傷病による障害について、厚生年金保険法第 55 条第 1 項の規定を適用する場合においては、同項中「被保険者であった者」とあるのは「地方公務員共済組合の組合員であった者（他の法令の規定により当該組合員であった者とみなされたものを含む。）」と、「支給する」とあるのは「支給する。ただし、当該傷病による障害について被用者年金制度の一元化等を図るための厚生年金保険法等の一部を改正する法律（平成 24 年法律第 63 号）の施行の日前に同法第 3 条の規定による改正前の地方公務員等共済組合法（昭和 37 年法律第 152 号）による障害一時金の受給権を有していたことがある者に係る当該傷病による障害については、この限りでない」とする。

3 　旧私立学校教職員共済被保険者期間中に初診日がある傷病による障害について、厚生年金保険法第 55 条第 1 項の規定を適用する場合においては、同項中「被保険者であった者」とあるのは「私立学校教職員共済法の規定による私立学校教職員共済制度の加入者（他の法令の規定により当該加入者であった者とみなされたものを含む。）」と、「支給する」とあるのは「支給する。ただし、当該傷病による障害について被用者年金制度の一元化等を図るための厚生年金保険法等の一部を改正する法律（平成 24 年法律第 63 号）の施行の日前に同法第 4 条の規定による改正前の私立学校教職員共済法による障害一時金の受給権を有していたことがある者に係る当該傷病による障害については、この限りでない」とする。

👉 **ワンポイント──傷病手当金との調整**

改正前の障害共済年金は受給権者が組合員等として在職している間は支給が停止されていたため、傷病手当金を受給しても支給額を調整するケースはほとんどありませんでした。改正により、障害共済年金の在職支給停止制度がなくなった影響で、傷病手当金と同一の傷病についての障害共済年金を受給することとなった場合には傷病手当金の支給額が調整されます。一元化後に障害厚生年金の受給権が発生した場合についても同様の取扱いとなります。

V 障害厚生年金等の特例

1 障害厚生年金の計算の概要

■ 障害厚生年金の額の概要

障害厚生年金の額は、老齢厚生年金の報酬比例部分相当額（法第43条第1項）を基本としています。障害の程度によって次のようになっています。

障害の程度	計算式
1級障害厚生年金	報酬比例部分相当額×1.25 ＋ 配偶者加給年金
2級障害厚生年金	報酬比例部分相当額 ＋ 配偶者加給年金
3級障害厚生年金	報酬比例部分相当額（最低保障額あり）
障害手当金（一時金）	報酬比例部分相当額×2（最低保障額あり）

■ 報酬比例部分相当額

報酬比例部分相当額の原則的な計算式は次のとおりです。ひとつの種別の厚生年金被保険者期間のみ有する場合は改正前と変わらず次の計算式を用います（法第50条）。

> 平均標準報酬額×5.481／1000×被保険者期間の月数

※被保険者期間の月数には、障害認定日の属する月の翌月以後の被保険者期間は含まない。
※被保険者期間の月数が300月に満たない場合は、300月あるものとして計算。
※平成15年3月までの期間がある場合には、次の算出式。
　（平均標準報酬月額×7.125／1000×平成15年3月までの被保険者期間の月数
　　＋平均標準報酬額×5.481／1000×平成15年4月以降の被保険者期間の月数）
　　　　　　（以下の図では平成15年4月以降の被保険者期間のみとして記載）
※従前額保障の計算式が適用される場合もある。

【計算事例】
厚生年金被保険者期間が300月以上の場合の障害厚生年金額
・厚生年金被保険者期間360月（平均標準報酬額30万円）

▼障害認定日

| 厚生年金加入期間 | 360月 |
| 平均標準報酬額 | 30万円 |

障害厚生年金

300,000円×5.481/1000×360月＝591,948円

厚生年金被保険者期間が300月未満の場合の障害厚生年金額
・厚生年金被保険者期間180月（平均標準報酬額30万円）

▼障害認定日

| 厚生年金加入期間 | 180月 |
| 平均標準報酬額 | 30万円 |

障害厚生年金

300,000円×5.481/1000×180月×300/180＝493,290円

📖 法第50条（障害厚生年金の額）

1 　障害厚生年金の額は、第43条第1項の規定の例により計算した額とする。この場合において、当該障害厚生年金の額の計算の基礎となる被保険者期間の月数が300に満たないときは、これを300とする。
2 　障害の程度が障害等級の1級に該当する者に支給する障害厚生年金の額は、前項の規定にかかわらず、同項に定める額の100分の125に相当する額とする。
3 　障害厚生年金の給付事由となった障害について国民年金法による障害基礎年金を受けることができない場合において、障害厚生年金の額が国民年金法第33条第1項に規定する障害基礎年金の額に4分の3を乗じて得た額（その額に50円未満の端数が生じたときは、これを切り捨て、50円以上100円未満の端数が生じたときは、これを100円に切り上げるものとする。）に満たないときは、前2項の規定にかかわらず、当該額をこれらの項に定める額とする。
4 　第48条第1項の規定による障害厚生年金の額は、その額が同条第2項の規定により消滅した障害厚生年金の額より低額であるときは、第1項及び第2項の規定にかかわらず、従前の障害厚生年金の額に相当する額とする。

2　2以上の種別期間がある者の障害厚生年金等の額

改正の要点

2以上の種別の厚生年金保険の被保険者期間を有する者にかかる障害厚生年金の計算について、その被保険者期間を合算して計算することになった。

■ 2以上の種別の厚生年金保険の被保険者期間を有する者

平成27年10月1日以後に受給権が発生する障害厚生年金の受給権者であって、障害認定日において2以上の種別の厚生年金被保険者期間を有する者にかかる障害厚生年金の額については、その者の2以上の種別の被保険者であった期間を合算し、ひとつの厚生年金被保険者期間のみを有するものとみなして計算します。具体的な障害厚生年金の額の計算方法は、それぞれの被保険者期間ごとに平均標準報酬額を計算し、その額を合算した額を年金額とします。なお、合算した厚生年金被保険者期間の月数が300月に満たない場合は300月あるものとみなした額が障害厚生年金の額となります（法第78条の30、令第3条の13の4）。

改正前は、初診日における制度の平均標準報酬額と加入期間のみで計算を行っていました。

【計算事例】

厚生年金被保険者期間が合わせて300月以上の場合の障害厚生年金額
- 第1号厚生年金被保険者期間360月（平均標準報酬額30万円）
- 第2号厚生年金被保険者期間60月（平均標準報酬額20万円）

	▼初診日	▼認定日
第1号厚生年金期間360月 平均標準報酬額30万円	第2号厚生年金期間60月 平均標準報酬額20万円	

合算して障害厚生年金の額を計算　　　障害厚生年金

（300,000円×5.481/1000×360月）+（200,000円×5.481/1000×60月）=657,720円

厚生年金被保険者期間が合わせて300月未満の場合の障害厚生年金額
- 第1号厚生年金被保険者期間180月（平均標準報酬額30万円）
- 第2号厚生年金被保険者期間60月（平均標準報酬額20万円）

	▼初診日	▼認定日
第1号厚生年金期間180月 平均標準報酬額30万円	第2号厚生年金期間60月 平均標準報酬額20万円	

合算して障害厚生年金の額を計算　　　障害厚生年金

（300,000円×5.481/1000×180月）+（200,000円×5.481/1000×60月）×300/240=452,183円

■ 2以上の種別の厚生年金保険の被保険者期間を有する者の障害手当金の計算

障害手当金の受給権者であって、当該障害にかかる障害認定日において、2以上の種別の厚生年金被保険者期間を有する者に係る障害手当金の額の計算についても、前記の障害厚生年金の額の特例と同様の計算方法で算定されます(法第78条の31)。

📖 法第78条の30(障害厚生年金の額の特例)

障害厚生年金の受給権者であって、当該障害に係る障害認定日において2以上の種別の被保険者であった期間を有する者に係る当該障害厚生年金の額については、その者の2以上の被保険者の種別に係る被保険者であった期間を合算し、1の期間に係る被保険者期間のみを有するものとみなして、障害厚生年金の額の計算及びその支給停止に関する規定その他政令で定める規定を適用する。この場合において、必要な読替えその他必要な事項は、政令で定める。

📖 法第50条(障害厚生年金の額) 令第3条の13の4(2以上の種別の被保険者であった期間を有する者に係る障害厚生年金の額の特例の適用に関する読替え)による読替え(____部分)

1 <u>障害厚生年金の受給権者であって、当該障害に係る障害認定日において第78条の22に規定する2以上の種別の被保険者であった期間を有する者に係る当該障害厚生年金の額は、同条に規定する各号の厚生年金被保険者期間ごとに、第43条第1項の規定の例により計算した額</u>を合算して得た額とする。この場合において、当該障害厚生年金の額の計算の基礎となる被保険者期間の月数<u>(その者の2以上の被保険者の種別に係る被保険者であった期間に係る被保険者期間を合算し、第78条の22に規定する1の期間に係る被保険者期間のみを有するものとみなした場合における当該被保険者期間の月数とする。以下この項において同じ。)</u>が300に満たないときは、<u>当該合算して得た額を当該被保険者期間の月数で除して得た額に</u>300を乗じて得た額とする。

2〜4 (略)

📖 法第78条の31(障害手当金の額の特例)

障害手当金の受給権者であって、当該障害に係る障害認定日において2以上の種別の被保険者であった期間を有する者に係る当該障害手当金の額については、前条の規定を準用する。この場合において、必要な読替えその他必要な事項は、政令で定める。

👉 ワンポイント──障害厚生年金の支給額

それぞれの被保険者期間ごとに計算をし合計した額に、等級による増額分と配偶者加給年金額、障害基礎年金額および子の加算額を加えたものが実際の障害厚生年金の額となります。

3 障害厚生年金に関する事務の特例

改正の要点
2以上の種別の厚生年金保険の被保険者期間を有する者の障害厚生年金および障害手当金の事務のとりまとめをする実施機関が規定された。

■ 2以上の種別の被保険者期間を有する者

2以上の種別の厚生年金保険の被保険者期間を有する者の障害厚生年金および障害手当金の支給に関する事務（診査・支給等）は、政令で定めるところにより、その障害の初診日における被保険者の種別に応じた実施機関が行います（法第78条の33）。

```
| 第2号厚生年金期間 | 第1号厚生年金期間 |
                   ▲       ▲
                  初診日   障害認定日
                         （障害等級に該当）
                              　　障害厚生年金
                          ▲
                         請求
          初診日に第1号厚生年金被保険者であるため、その
          実施機関である日本年金機構が事務を行います。
```

■ 基準障害による障害厚生年金

2以上の種別の厚生年金保険の被保険者期間を有する者の基準障害による障害厚生年金の支給に関する事務（診査・支給等）は、基準傷病に係る初診日における被保険者の種別に応じた実施機関が行います。また、併合認定にかかる障害厚生年金については、いずれか遅い日の障害に係る初診日の被保険者の種別に応じた実施機関となります（令第3条の13の10）。

【基準障害による障害厚生年金】

```
| 第2号厚生年金期間 | 第1号厚生年金期間 |
   ▲     ▲           ▲        ▲
  A病の  A病の障害認定日 B病の    B病の障害認定日
  初診日 （1級・2級不該当）初診日  （1級・2級不該当）
                A・B障害を併せると障害等級1級・2級に該当
                              　　障害厚生年金
                          ▲
                         請求
          B病が基準傷病なので、第1号厚生年金被保険者の
          実施機関である日本年金機構が事務を行います。
```

【併合認定にかかる障害厚生年金】

```
  第2号厚生年金期間      第1号厚生年金期間
  ▲      ▲          ▲      ▲
  A病の   A病の        B病の   B病の
  初診日  障害認定日     初診日  障害認定日
         (2級該当)            (2級該当)

 ┌─────────┐  ┌─────────┐       ┌─────────┐
 │障害厚生年金2級│  │障害厚生年金2級│──────→│障害厚生年金1級│
 └─────────┘  └─────────┘ 併合認定 └─────────┘
```

B病の障害認定日が遅いので、第1号厚生年金被保険者の実施機関である日本年金機構が事務を行います。

📖 **法第78条の33（障害厚生年金等に関する事務の特例）**

1 第78条の30の規定による障害厚生年金及び第78条の31の規定による障害手当金の支給に関する事務は、政令で定めるところにより、当該障害に係る初診日における被保険者の種別に応じて、第2条の5第1項各号に定める者が行う。
2 （略）

📖 **令第3条の13の10（2以上の種別の被保険者であった期間を有する者に係る障害厚生年金等に関する事務の特例の適用に関する読替え等）**

1 法第78条の30の規定による障害厚生年金が次の各号に掲げる障害厚生年金である場合には、法第78条の33第1項に規定する初診日は、当該各号に定める初診日とする。
　一　法第47条の3第1項の規定による障害厚生年金　同項に規定する基準傷病の初診日
　二　法第48条第1項の規定による障害厚生年金　同項の規定により併合されたそれぞれの障害に係る障害認定日（法第47条の3第1項に規定する障害については、同項に規定する基準傷病に係る障害認定日）のうちいずれか遅い日に係るものに係る傷病の初診日
2～4　（略）

👉 **ワンポイント──障害厚生年金の請求**

障害年金の請求についてはワンストップサービスの対象外であることから、事務のとりまとめをする実施機関へ請求することになります。例えば、初診日に公務員・私立学校教職員等（第2号～第4号厚生年金被保険者）である場合は、日本年金機構へ請求することはできません。逆に、初診日に民間会社員（第1号厚生年金被保険者）である場合は、共済組合等に請求できません。

また、請求後に実施機関が違うと判明した場合には、書類がすべて返却され、改めて本来の実施機関に提出することになります。事後重症の障害厚生年金は書類の受付日が受給権発生日となるため、注意が必要です。

4 同月得喪期間内に初診日がある場合

改正の要点
同月得喪期間内に初診日のある障害厚生年金について、事務を行う実施機関が規定された。

▌同月得喪期間内の初診日がある場合

第1章（Ⅱ2・27ページ参照）で説明したとおり、厚生年金保険の資格を同月得喪し、その後国民年金の第1号被保険者または第3号被保険者となった場合、その月は厚生年金保険の被保険者期間1カ月として計算されないこととなりました。一方、資格喪失後に第2号被保険者となった場合等においては、1カ月として計算されます。

例えば、10月2日に資格を取得し同月20日に資格を喪失した場合に、その後の年金加入状況によって、10月は厚生年金保険の被保険者期間となる場合とならない場合があります。この同月得喪期間内に初診日がある場合の事務を行う実施機関について、次のとおり規定されています（令第3条の10の2）。

▌同月得喪期間内に初診日があり、その月が初診日の種別の厚生年金期間となる場合

初診日に加入していた実施機関が事務等を行います。

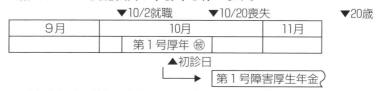

10月は厚生年金保険の被保険者期間となる（20歳前であるため）
　→第1号厚生年金被保険者にかかる実施機関（日本年金機構）が事務等を行う

▌同月得喪期間内に初診日があり、その月が初診日の種別の厚生年金期間とならない場合

① 受給権者が、初診日に加入していた実施機関の厚生年金期間を有しているとき
　初診日に加入していた実施機関が事務等を行います。

10月は厚生年金保険の被保険者期間とならない
　→初診日に加入していた実施機関の期間（第1号）を有するので、
　　第1号厚生年金被保険者にかかる実施機関（日本年金機構）が事務等を行う

② 受給権者が、初診日に加入していた実施機関の厚生年金期間を有していないとき
　A．同月内に種別の変更があった場合
　　　変更後の種別（2回以上変更があった場合は最後の種別）の実施機関が事務等を行います。

	▼10/2就職	▼10/20喪失
9月	10月	11月
国年第1号㊙	第1号厚年㊙	第2号厚年㊙

　　　　　　　　　　　▲初診日
　　　　　　　　　　　　　→第2号障害厚生年金

10月は第1号厚生年金被保険者期間とならないが、
第2号厚生年金被保険者期間となる
　→第2号厚生年金被保険者にかかる実施機関（国家公務員共済組合連合会）
　　が事務等を行う

　B．同月が国民年金（第1号、第3号被保険者）の期間である場合
　　　請求者が有する被保険者期間にかかる種別の実施機関が行います。2以上の種別の厚生年金被保険者期間を有する者については、請求者が有する最も長い加入期間の種別の実施機関が行うこととなります。加入期間が同じの場合には第1号厚生年金被保険者期間、第2号厚生年金被保険者期間、第3号厚生年金被保険者期間、第4号厚生年金被保険者期間の順となります（令第3条の13の11第1項）。

		▼10/2就職	▼10/20喪失	
	9月	10月		11月
第2号厚年㊙期間あり	国年第1号㊙	第1号厚年㊙		国年第1号㊙

　　　　　　　　　　　　　　　▲初診日
　　　　　　　　　　　　　　　　　→第2号障害厚生年金

10月は厚生年金保険の被保険者期間とならない
　→第2号厚生年金被保険者期間を有するので第2号厚生年金被保険者にかかる
　　実施機関（国家公務員共済組合連合会）が事務等を行う

■ **同月得喪期間内に初診日があり、その月が初診日の種別の厚生年金期間とならない場合かつ、他に厚生年金被保険者期間を有しない場合**
　対象月が、厚生年金保険の被保険者期間とならず、他に全く厚生年金保険の被保険者期間を有しない場合については、法第47条に規定する「初診日において被保険者であった者」の要件を満たしますが、被保険者月数が0月のため、平均標準報酬額が算出できず、障害厚生年金の計算の規定（法第50条）が適用できません。このため、障害厚生年金の対象外となります。厚生年金保険の被保険者は原則として国民年金にも加入しているため、障害基礎年金の対象となります。

	9月	10月		11月	
厚年㊝期間なし	国年第1号㊝	第1号厚年㊝	国年第1号㊝	厚年㊝期間なし

▼10/2就職　▼10/20喪失
▲初診日
✗ 障害厚生年金

10月は厚生年金保険の被保険者期間とならない
　→他に厚生年金の被保険者期間がないので、障害厚生年金の対象とならず、障害基礎年金の対象となる。

📖 令第3条の10の2（障害厚生年金等に関する事務の特例）

　障害厚生年金及び障害手当金の受給権者がその障害に係る障害認定日の属する月までに当該障害に係る初診日における被保険者の種別（法第15条に規定する被保険者の種別をいう。以下同じ。）に係る被保険者期間を有しない場合においては、当該障害厚生年金及び障害手当金の支給に関する事務は、次の各号に掲げる場合に応じ、当該各号に定める被保険者の種別に応じて、法第2条の5第1項各号に定める者が行う。
　一　当該障害に係る初診日の属する月において被保険者の種別に変更があった場合（次号に掲げる場合を除く。）　変更後の被保険者の種別（2回以上被保険者の種別に変更があった場合は、最後の被保険者の種別）
　二　当該障害に係る初診日の属する月が国民年金の被保険者期間（国民年金法第7条第1項第二号に規定する第2号被保険者としての国民年金の被保険者期間（第3条の12第二号において「第2号被保険者期間」という。）を除く。）である場合　当該受給権者が有する被保険者期間に係る被保険者の種別

📖 令第3条の13の11

1　第3条の10の2の規定は、法第78条の30の規定による障害厚生年金及び法第78条の31の規定による障害手当金の受給権者が、その障害に係る障害認定日の属する月までに当該障害に係る傷病の初診日における被保険者の種別に係る被保険者期間を有しない場合について準用する。この場合において、第3条の10の2第二号中次の表の上欄（著者注：次表の左欄）に掲げる字句は、それぞれ同表の下欄（著者注：次表の右欄）に掲げる字句に読み替えるものとする。

被保険者期間に	法第78条の22に規定する各号の厚生年金被保険者期間のうち最も長い同条に規定する1の期間（当該1の期間が2以上ある場合は、次に掲げる順序による。）に
種別	種別 イ　法第2条の5第1項第一号に規定する第1号厚生年金被保険者期間 ロ　法第2条の5第1項第二号に規定する第2号厚生年金被保険者期間 ハ　法第2条の5第1項第三号に規定する第3号厚生年金被保険者期間 ニ　法第2条の5第1項第四号に規定する第4号厚生年金被保険者期間

2　（略）

遺族厚生年金

第8章

I 遺族厚生年金の要件

1 遺族厚生年金の概要

■遺族厚生年金の受給要件

遺族厚生年金を受給するためには、死亡した者の要件と遺族の要件の両方を満たす必要があります。法第58条では、死亡した者の要件として、4つの場合が規定されています。このうち下表の①から③までを一般的に「短期要件」、④を「長期要件」といいます。

		要　件
短期要件	①	厚生年金保険の被保険者中の死亡
	②	厚生年金保険の被保険者資格を喪失した後に、被保険者期間中に初診日のある傷病により、初診日から起算して5年以内の死亡
	③	障害等級1級または2級に該当する障害状態にある障害厚生年金受給権者の死亡
長期要件	④	老齢厚生年金の受給権者または受給資格期間を満たした者の死亡

※①②に該当する場合は、保険料納付要件を満たす必要があります。

①厚生年金保険の被保険者中の死亡

②厚生年金保険の被保険者資格を喪失した後に、被保険者期間中に初診日のある傷病により、初診日から起算して5年以内の死亡

③障害等級1級または2級に該当する障害状態にある障害厚生年金受給権者の死亡

```
┌──厚生年金保険の被保険者──┐
             ▲初診日
              ┌──障害厚生年金1、2級──┐
                              ▲死亡
                               ┌─遺族厚生年金─
```

④老齢厚生年金の受給権者または受給資格期間を満たした者の死亡

```
┌──厚生年金保険の被保険者──┐
              ┌──老齢厚生年金──┐
                       ▲死亡
                        ┌─遺族厚生年金─

┌──厚生年金保険の被保険者──┐
           ▲受給資格を満たす  ▲死亡
                         ┌─遺族厚生年金─
```

📖 法第58条（受給権者）

1　遺族厚生年金は、被保険者又は被保険者であった者が次の各号のいずれかに該当する場合に、その者の遺族に支給する。ただし、第一号又は第二号に該当する場合にあっては、死亡した者につき、死亡日の前日において、死亡日の属する月の前々月までに国民年金の被保険者期間があり、かつ、当該被保険者期間に係る保険料納付済期間と保険料免除期間とを合算した期間が当該被保険者期間の3分の2に満たないときは、この限りでない。
　一　被保険者（失踪の宣告を受けた被保険者であった者であって、行方不明となった当時被保険者であったものを含む。）が、死亡したとき。
　二　被保険者であった者が、被保険者の資格を喪失した後に、被保険者であった間に初診日がある傷病により当該初診日から起算して5年を経過する日前に死亡したとき。
　三　障害等級の1級又は2級に該当する障害の状態にある障害厚生年金の受給権者が、死亡したとき。
　四　老齢厚生年金の受給権者又は第42条第二号に該当する者が、死亡したとき。
2　前項の場合において、死亡した被保険者又は被保険者であった者が同項第一号から第三号までのいずれかに該当し、かつ、同項第四号にも該当するときは、その遺族が遺族厚生年金を請求したときに別段の申出をした場合を除き、同項第一号から第三号までのいずれかのみに該当し、同項第四号には該当しないものとみなす。

2 共済組合員等の死亡

改正の要点
退職共済年金等の受給権者が、平成 27 年 10 月 1 日以後に死亡した場合については、原則として遺族厚生年金が支給されることになった。

■ 遺族厚生年金が支給される場合
公務員等の在職中の死亡は短期要件による遺族厚生年金の対象となります。また、改正前の各共済組合法による下記の年金給付（遺族給付を除く）の受給権者等が、平成 27 年 10 月 1 日以後に死亡した場合についても遺族厚生年金の対象となります（改正法附則第 20 条）。
1. 改正前国共済法による年金給付または旧国共済法による年金給付
2. 改正前地共済法による年金給付または旧地共済法による年金給付
3. 改正前私学共済法による年金給付または旧私学共済法による年金給付

具体的には次のとおりです（経過措置政令第 64 条）。

①厚生年金保険の被保険者中の死亡

②旧共済組合員等期間中に初診日がある傷病により、その資格を喪失後にその傷病の初診日から起算して 5 年を経過する日前に死亡した場合

③障害等級の 1 級または 2 級に該当する程度の障害の状態にある障害共済年金および旧法による障害年金の受給権を有する者が死亡した場合

④退職共済年金、旧法による退職年金、減額退職年金および通算退職年金の受給権を有する者が死亡した場合。または、退職共済年金、旧法による退職年金、減額退職年金および通算退職年金を受けるのに必要な期間を満たしていた者が死亡した場合

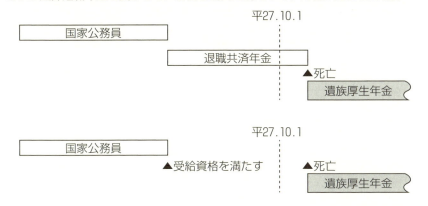

上記②については、厚生年金保険の被保険者であった者が被保険者資格を喪失した後に、被保険者であった間に初診日がある傷病によって、初診日から5年以内に死亡した場合に該当するものとみなされます。

上記③については、1級または2級の障害等級に該当する障害厚生年金の受給権者が死亡した場合に該当するものとみなされます。

上記④については、老齢厚生年金の受給権者または受給資格期間を満たした者が死亡した場合に該当するものとみなされます（経過措置政令第64条）。

📖 改正法附則第20条（遺族厚生年金の支給要件の特例）

次に掲げる年金たる給付（死亡を支給事由とするものを除く。）の受給権者その他の者であって政令で定めるものが、施行日以後に死亡した場合における厚生年金保険法による遺族厚生年金の支給に関し必要な経過措置は、政令で定める。

一　改正前国共済法による年金たる給付（他の法令の規定により当該年金たる給付とみなされたものを含む。）又は旧国共済法による年金たる給付（他の法令の規定により当該年金たる給付とみなされたものを含む。）

二　改正前地共済法による年金たる給付（他の法令の規定により当該年金たる給付とみなされたものを含む。）又は旧地共済法による年金たる給付（他の法令の規定により当該年金たる給付とみなされたものを含む。）

三　改正前私学共済法による年金たる給付又は旧私学共済法による年金たる給付

📖 経過措置政令第64条（遺族厚生年金の支給要件に関する経過措置）

1　平成24年一元化法附則第20条の政令で定める者は、次のとおりとする。

一　国家公務員共済組合の組合員であった者であって、その資格を喪失した後に、旧国家公務員共済被保険者期間中に初診日がある傷病により当該初診日から起算して5年を経過する日前に死亡したもの

二　地方公務員共済組合の組合員であった者であって、その資格を喪失した後に、旧地方公務員共済被保険者期間中に初診日がある傷病により当該初診日から起算して5年を経過する日前に死亡したもの
三　私立学校教職員共済法の規定による私立学校教職員共済制度の加入者であった者であって、その資格を喪失した後に、旧私立学校教職員共済被保険者期間中に初診日がある傷病により当該初診日から起算して5年を経過する日前に死亡したもの
四　旧国家公務員共済組合員期間を有する者であって、次に掲げる年金である給付(平成24年一元化法附則第37条第2項の規定により国家公務員共済組合連合会が支給するものとされたものに限る。)の受給権を有するもの
　　イ　改正前国共済年金のうち障害共済年金（なお効力を有する改正前国共済法第81条第2項に規定する障害等級の1級又は2級に該当する程度の障害の状態にある受給権者に係るものに限る。）
　　ロ　旧国共済法による障害年金（旧国共済法別表第3に定める1級又は2級に該当する程度の障害の状態にある受給権者に係るものに限る。）
　　ハ　改正前国共済年金のうち退職共済年金
　　ニ　旧国共済法による退職年金、減額退職年金及び通算退職年金
五　旧地方公務員共済組合員期間を有する者であって、次に掲げる年金である給付の受給権を有するもの
　　イ　改正前地共済年金のうち障害共済年金（なお効力を有する改正前地共済法第84条第2項に規定する障害等級の1級又は2級に該当する程度の障害の状態にある受給権者に係るものに限る。）
　　ロ　旧地共済法による障害年金（旧地共済法別表第3に定める1級又は2級に該当する程度の障害の状態にある受給権者に係るものに限る。）
　　ハ　改正前地共済年金のうち退職共済年金
　　ニ　旧地共済法による退職年金、減額退職年金及び通算退職年金
六　旧私立学校教職員共済加入者期間を有する者であって、次に掲げる年金である給付の受給権を有するもの
　　イ　改正前私学共済年金のうち障害共済年金（なお効力を有する改正前私学共済法第25条において準用する例による改正前国共済法第81条第2項に規定する障害等級の1級又は2級に該当する程度の障害の状態にある受給権者に係るものに限る。）
　　ロ　旧私学共済法による障害年金（旧私学共済法第25条において準用する旧国共済法別表第3に定める1級又は2級に該当する程度の障害の状態にある受給権者に係るものに限る。）
　　ハ　改正前私学共済年金のうち退職共済年金
　　ニ　旧私学共済法による退職年金、減額退職年金及び通算退職年金
七　旧国家公務員共済組合員期間を有する者であって、施行日の前日において改正前国共済年金のうち退職共済年金又は旧国共済法による退職年金若しくは通算退職年金を受けるのに必要な期間を満たしていたもの（第四号ハ及びニに掲げる年金たる給付の受給権を有する者を除く。）
八　旧地方公務員共済組合員期間を有する者であって、施行日の前日において改正前地共済年金のうち退職共済年金又は旧地共済法による退職年金若しくは通算退職年金を受けるのに必要な期間を満たしていたもの（第五号ハ及びニに掲げる年金たる給付の受給権を有する者を除く。）

九　旧私立学校教職員共済加入者期間を有する者であって、施行日の前日において改正前私学共済年金のうち退職共済年金又は旧私学共済法による退職年金若しくは通算退職年金を受けるのに必要な期間を満たしていたもの（第六号ハ及びニに掲げる年金たる給付の受給権を有する者を除く。）

2　前項各号に掲げる者が施行日以後に死亡したときは、その者は厚生年金保険法第58条第1項本文に規定する被保険者又は被保険者であった者とみなし、前項第一号から第三号までに掲げる者が死亡した場合は同条第1項第二号に該当する場合と、前項第四号から第六号までに掲げる者（当該各号イ又はロに掲げる年金たる給付の受給権を有する者に限る。）が死亡した場合は同条第1項第三号に該当する場合と、前項第四号から第六号までに掲げる者（当該各号ハ又はニに掲げる年金たる給付の受給権を有する者に限る。）又は同項第七号から第九号までに掲げる者が死亡した場合は同条第1項第四号に該当する場合とみなす。

ワンポイント──遺族共済年金の支給

共済加入期間を有する者が平成27年9月30日までに死亡した場合について、各要件を満たす時は、改正前共済各法に基づく遺族共済年金が支給されます。

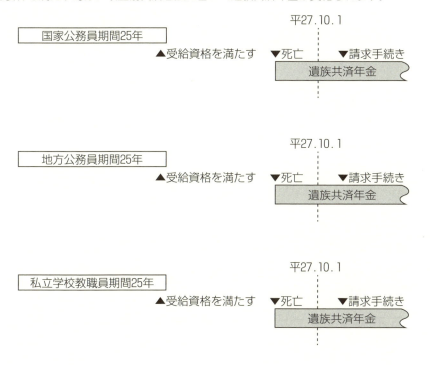

3 旧共済組合等期間のみを有する者の死亡

改正の要点
遺族厚生年金の規定を適用する場合において、「厚生年金保険の被保険者であった者」に第2号、第3号、第4号厚生年金被保険者期間とみなされた期間を有する者を含めることになった。

■ 厚生年金保険の被保険者であった者
遺族厚生年金は「被保険者または被保険者であった者」が死亡し、一定の要件を満たした場合にその遺族に支給されます。しかし、旧国家公務員共済組合員期間、旧地方公務員共済組合員期間または旧私立学校教職員共済加入者期間のみを有する者は厚生年金保険の「被保険者であった者」には該当しません。そこで、遺族厚生年金の規定を適用する場合において、「厚生年金保険の被保険者であった者」には次の者を含めることが規定されました。

- 第2号厚生年金被保険者期間とみなされた期間を有する国家公務員共済組合の組合員であった者
- 第3号厚生年金被保険者期間とみなされた期間を有する地方公務員共済組合の組合員であった者
- 第4号厚生年金被保険者期間とみなされた期間を有する私立学校教職員共済制度の加入員であった者

つまり、旧共済組合員等期間のみを有する者の死亡に対しても遺族厚生年金の規定が適用されます（経過措置政令第65条）。

- 国家公務員共済組合の組合員であった者

平27.10.1

共済組合の組合員であった者
　国家公務員共済組合 組合員期間
　↓みなす（改正法附則第7条）
　第2号厚生年金被保険者期間

⇒ 厚生年金保険の被保険者であった者
　▼死亡
　　遺族厚生年金

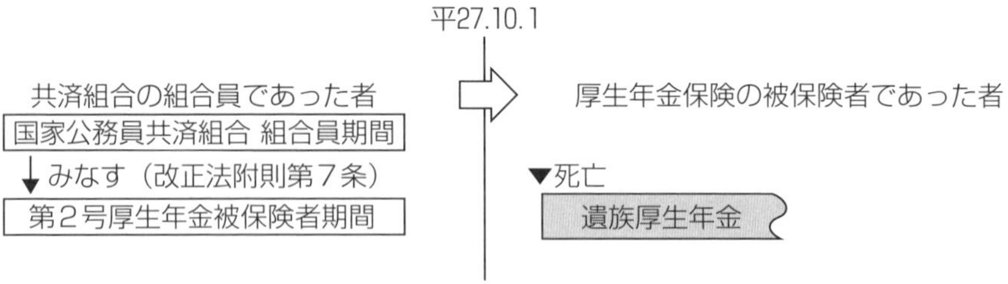

・地方公務員共済組合の組合員であった者

平27.10.1

共済組合の組合員であった者
地方公務員共済組合 組合員期間
↓みなす（改正法附則第7条）
第3号厚生年金被保険者期間

厚生年金保険の被保険者であった者
▼死亡
遺族厚生年金

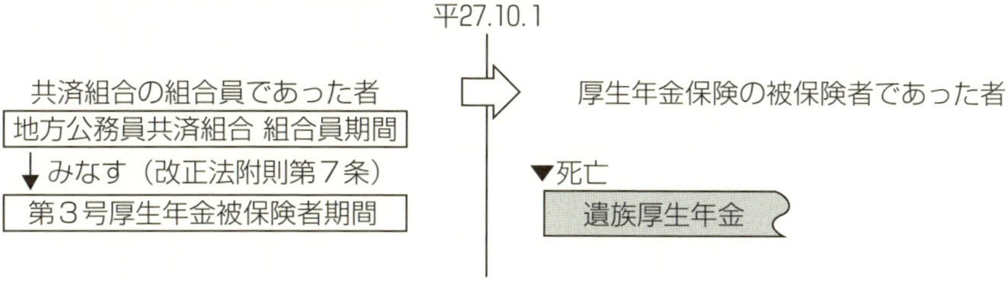

・私立学校教職員共済の加入者であった者

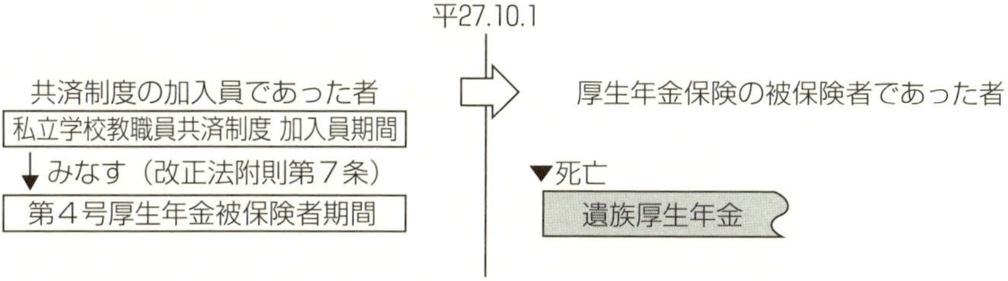

平27.10.1

共済制度の加入員であった者
私立学校教職員共済制度 加入員期間
↓みなす（改正法附則第7条）
第4号厚生年金被保険者期間

厚生年金保険の被保険者であった者
▼死亡
遺族厚生年金

経過措置政令第65条

　旧国家公務員共済組合員期間、旧地方公務員共済組合員期間又は旧私立学校教職員共済加入者期間を有する者の死亡について、厚生年金保険法第3章第4節の規定を適用する場合においては、当分の間、同法第58条第1項中「又は被保険者であった者」とあるのは、「又は被保険者であった者（被用者年金制度の一元化等を図るための厚生年金保険法等の一部を改正する法律（平成24年法律第63号）附則第7条第1項の規定により第2号厚生年金被保険者期間とみなされた期間を有する国家公務員共済組合の組合員であった者、同項の規定により第3号厚生年金被保険者期間とみなされた期間を有する地方公務員共済組合の組合員であった者及び同項の規定により第4号厚生年金被保険者期間とみなされた期間を有する私立学校教職員共済法の規定による私立学校教職員共済制度の加入者であった者を含む。以下この節において同じ。）」とする。

4 追加費用対象期間を有する者の特例

改正の要点
追加費用対象期間を有する者が死亡した場合においては、共済組合員期間を計算の基礎として、遺族共済年金が支給されることになった。

■ 遺族共済年金等が支給される場合

　追加費用対象期間とは、改正前国共済法の規定によって国家公務員共済組合の組合員期間に算入するものとされた昭和34年10月1日前の公務員期間のことをいいます。この期間を有する者について、国家公務員共済組合員期間（第2号厚生年金被保険者期間および追加費用対象期間）を計算の基礎として、退職共済年金、障害共済年金または遺族共済年金が国家公務員共済組合連合会から支給されます。この場合において、老齢厚生年金、障害厚生年金、遺族厚生年金は支給されません（改正法附則第41条）。地方公務員共済組合員期間（第3号厚生年金被保険者期間および追加費用対象期間（昭和37年12月1日前の期間））も同様の扱いです。

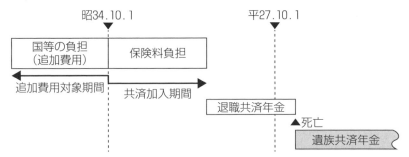

改正法附則第41条（追加費用対象期間を有する者の特例等）

1　改正前国共済施行法その他の政令で定める法令の規定により国家公務員共済組合の組合員期間に算入するものとされた期間（以下この項及び附則第46条から第48条までにおいて「追加費用対象期間」という。）を有する者（改正前国共済法による年金である給付（他の法令の規定により当該年金である給付とみなされたものを含む。）及び旧国共済法による年金である給付（他の法令の規定により当該年金である給付とみなされたものを含む。）の受給権を有する者を除く。）については、国共済組合員等期間（第2号厚生年金被保険者期間及び追加費用対象期間をいい、昭和60年国共済改正法附則第32条第1項又は第2項の規定の適用があった場合にはその適用後の期間とする。以下同じ。）を計算の基礎として、厚生年金保険法の規定を適用するとしたならば同法の規定による老齢厚生年金、障害厚生年金又は遺族厚生年金として算定されることとなる額を、それぞれ退職共済年金、障害共済年金又は遺族共済年金として、国家公務員共済組合連合会が支給する。この場合において、同法の規定による老齢厚生年金、障害厚生年金又は遺族厚生年金は、支給しない。

2　（略）

Ⅱ 短期要件の遺族厚生年金

1 短期要件の遺族厚生年金の計算式

■ 短期要件の遺族厚生年金の計算式

短期要件の遺族厚生年金は、老齢厚生年金の報酬比例部分相当額(法第43条第1項)を基本として計算した額の4分の3に相当する額となります(法第60条)。ひとつの種別の厚生年金被保険者期間のみを有する者の死亡にかかる遺族厚生年金の額の計算は改正前と変わりません。

短期要件の遺族厚生年金の原則的計算式
平均標準報酬額×5.481/1000×被保険者期間の月数×3/4

※被保険者期間の月数が300月に満たない場合は、300月あるものとして計算。
※平成15年3月までの期間がある場合には、次の算出式。
　{(平均標準報酬月額×7.125/1000×平成15年3月までの被保険者期間の月数
　＋平均標準報酬額×5.481/1000×平成15年4月以降の被保険者期間の月数)}×3/4
　　　　　(以下の計算では平成15年4月以降の被保険者期間のみとして記載)
※従前額保障の計算式が適用される場合もある。

【計算事例】
厚生年金被保険者期間が300月以上の者の死亡の場合の遺族厚生年金額
・厚生年金被保険者期間360月(平均標準報酬額30万円)

▼死亡(短期要件)

| 厚生年金加入期間 | 360月 |
| 平均標準報酬額 | 30万円 |

遺族厚生年金

300,000円×5.481/1000×360月×3/4＝443,961円

厚生年金被保険者期間が300月未満の者の死亡の場合の遺族厚生年金額
・厚生年金被保険者期間180月(平均標準報酬額30万円)

▼死亡(短期要件)

| 厚生年金加入期間 | 180月 |
| 平均標準報酬額 | 30万円 |

遺族厚生年金

300,000円×5.481/1000×180月×300/180×3/4＝369,968円

■ 老齢厚生年金の受給権を有する配偶者

老齢厚生年金の受給権を有する配偶者が遺族厚生年金の受給権を取得したときは、次のいずれか多い額が遺族厚生年金の額となります。
①前記により計算した額
②前記により計算した額の3分の2＋自身の老齢厚生年金の2分の1

①
死亡した者の
報酬比例部分相当額
×3/4

②
死亡した者の
報酬比例部分相当額
×3/4×2/3

自身の老齢厚生年金
×1/2

📖 法第60条（年金額）

1　遺族厚生年金の額は、次の各号に掲げる区分に応じ、当該各号に定める額とする。ただし、遺族厚生年金の受給権者が当該遺族厚生年金と同一の支給事由に基づく国民年金法による遺族基礎年金の支給を受けるときは、第一号に定める額とする。
一　第59条第1項に規定する遺族（次号に掲げる遺族を除く。）が遺族厚生年金の受給権を取得したとき　死亡した被保険者又は被保険者であった者の被保険者期間を基礎として第43条第1項の規定の例により計算した額の4分の3に相当する額。ただし、第58条第1項第一号から第三号までのいずれかに該当することにより支給される遺族厚生年金については、その額の計算の基礎となる被保険者期間の月数が300に満たないときは、これを300として計算した額とする。
二　第59条第1項に規定する遺族のうち、老齢厚生年金の受給権を有する配偶者が遺族厚生年金の受給権を取得したとき　前号に定める額又は次のイ及びロに掲げる額を合算した額のうちいずれか多い額
　イ　前号に定める額に3分の2を乗じて得た額
　ロ　当該遺族厚生年金の受給権者の老齢厚生年金の額（第44条第1項の規定により加給年金額が加算された老齢厚生年金にあっては、同項の規定を適用しない額とする。次条第3項及び第64条の2において同じ。）に2分の1を乗じて得た額
2　配偶者以外の者に遺族厚生年金を支給する場合において、受給権者が2人以上であるときは、それぞれの遺族厚生年金の額は、前項第一号の規定にかかわらず、受給権者ごとに同号の規定により算定した額を受給権者の数で除して得た額とする。
3　前2項に定めるもののほか、遺族厚生年金の額の計算について必要な事項は、政令で定める。

2 2以上の種別の被保険者期間がある者の死亡

改正の要点
2以上の種別の厚生年金保険の被保険者期間を有する者の死亡にかかる短期要件の遺族厚生年金の額の計算について、死亡した者が有していた厚生年金被保険者期間を合算して、遺族厚生年金の額を計算することになった。

■ 2以上の種別の厚生年金保険の被保険者期間を有する者の死亡

平成27年10月1日以後に受給権が発生する短期要件の遺族厚生年金において、死亡した者が2以上の種別の期間を有していた場合、その者の2以上の種別の被保険者期間を合算し、ひとつの被保険者期間のみを有するものとみなして年金額を計算します。具体的には、それぞれの被保険者期間ごとに算出した平均標準報酬額の1000分の5.481に相当する額にそれぞれの被保険者期間の月数を乗じて得た額を計算し、合算した額の4分の3を年金額とします（法第78条の32、令第3条の13の6）。改正前は、死亡日に加入していた制度における被保険者期間の平均標準報酬額のみで遺族厚生年金額の計算を行っていました。なお、合算した厚生年金被保険者期間の月数が300に満たない場合は、300月あるものとみなした額を遺族厚生年金の額とします。

【計算事例】

厚生年金被保険者期間が合わせて300月以上の者の死亡による遺族厚生年金額
- 第1号厚生年金被保険者期間360月（平均標準報酬額30万円）
- 第2号厚生年金被保険者期間60月（平均標準報酬額20万円）

▼死亡日（短期要件）

| 第1号厚生年金期間　360月
平均標準報酬額　30万円 | 第2号厚生年金期間　60月
平均標準報酬額　20万円 |

合算して遺族厚生年金の額を計算 → 遺族厚生年金

{(300,000円×5.481/1000×360月)+(200,000円×5.481/1000×60月)}×3/4=493,290円

厚生年金被保険者期間が合わせて300月未満の者の死亡による遺族厚生年金額
- 第1号厚生年金被保険者期間180月（平均標準報酬額30万円）
- 第2号厚生年金被保険者期間60月（平均標準報酬額20万円）

▼死亡日（短期要件）

| 第1号厚生年金期間　180月
平均標準報酬額　30万円 | 第2号厚生年金期間　60月
平均標準報酬額　20万円 |

合算して遺族厚生年金の額を計算 → 遺族厚生年金

{(300,000円×5.481/1000×180月)+(200,000円×5.481/1000×60月)}×3/4×300/240
=339,137円

📖法第78条の32（遺族厚生年金の額の特例）

1 2以上の種別の被保険者であった期間を有する者の遺族に係る遺族厚生年金（第58条第1項第一号から第三号までのいずれかに該当することにより支給されるものに限る。）の額については、死亡した者に係る2以上の被保険者の種別に係る被保険者であった期間を合算し、1の期間に係る被保険者期間のみを有するものとみなして、遺族厚生年金の額の計算及びその支給停止に関する規定その他政令で定める規定を適用する。この場合において、必要な読替えその他必要な事項は、政令で定める。

2～4 （略）

📖法第60条（年金額） 令第3条の13の6第1項（2以上の種別の被保険者であった期間を有する者の遺族に係る遺族厚生年金の額の特例の適用に関する読替え）による読替え（＿＿＿部分）

1 第78条の22に規定する2以上の種別の被保険者であった期間を有する者の遺族に係る遺族厚生年金（第58条第1項第一号から第三号までのいずれかに該当することにより支給されるものに限る。）の額は、次の各号に掲げる区分に応じ、当該各号に定める額とする。ただし、遺族厚生年金の受給権者が当該遺族厚生年金と同一の支給事由に基づく国民年金法による遺族基礎年金の支給を受けるときは、第一号に定める額とする。

一 第59条第1項に規定する遺族（次号に掲げる遺族を除く。）が遺族厚生年金の受給権を取得したとき 死亡した被保険者又は被保険者であった者の被保険者期間を基礎として第78条の22に規定する各号の厚生年金被保険者期間ごとに第43条第1項の規定の例により計算した額を合算して得た額の4分の3に相当する額。ただし、第58条第1項第一号から第三号までのいずれかに該当することにより支給される遺族厚生年金については、その額の計算の基礎となる被保険者期間の月数（その者の2以上の被保険者の種別に係る被保険者であった期間に係る被保険者期間を合算し、法第78条の22に規定する1の期間に係る被保険者期間のみを有するものとみなした場合における当該被保険者期間の月数とする。以下この号において同じ。）が300に満たないときは、当該4分の3に相当する額を当該被保険者期間の月数で除して得た額に300を乗じて得た額とする。

二 第59条第1項に規定する遺族のうち、老齢厚生年金の受給権を有する配偶者が遺族厚生年金の受給権を取得したとき 前号に定める額又は次のイ及びロに掲げる額を合算した額のうちいずれか多い額
　イ 前号に定める額に3分の2を乗じて得た額
　ロ 当該遺族厚生年金の受給権者の老齢厚生年金の額（第44条第1項の規定により加給年金額が加算された老齢厚生年金にあっては、同項の規定を適用しない額とする。次条第3項及び第64条の2において同じ。）に2分の1を乗じて得た額

2・3 （略）

3 事務を行う実施機関

改正の要点
2以上の種別の厚生年金保険の被保険者期間を有する場合の短期要件の遺族厚生年金について、事務を行う実施機関が規定された。

■ 事務を行う実施機関

2以上の種別の厚生年金被保険者期間を有する場合の短期要件の遺族厚生年金については、ひとつの実施機関において、他の実施機関の加入期間分も含めて年金額が算定され、ひとつの実施機関から支給されることになります。事務（年金額の算定・支給等）を行う実施機関は次のとおりです（法第78条の33、令第3条の13の10）。

1. 厚生年金保険の被保険者中に死亡した場合
    → 「死亡日」に加入していた実施機関が行います。

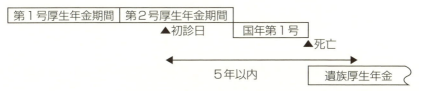

第2号厚生年金被保険者中の死亡のため、遺族厚生年金にかかる事務は国家公務員共済組合連合会が行う

2. 厚生年金保険の被保険者資格を喪失した後に、被保険者期間中に初診日のある傷病により、初診日から起算して5年以内に死亡した場合
    → 「初診日」に加入していた実施機関が行います。

第2号厚生年金被保険者中に初診日があるため、遺族厚生年金にかかる事務は国家公務員共済組合連合会が行う

3. 障害等級1級または2級の障害厚生年金の受給権者が死亡した場合
    → 障害厚生年金の「初診日」に加入していた実施機関が行います。

```
┌─────────────┬─────────────┐
│第1号厚生年金期間│第2号厚生年金期間│
└─────────────┴─────────────┘
                ▲初診日     ┌──────┐
                           │国年第1号│
                           └──────┘
                ┌──────────────┐
                │障害厚生年金1、2級│
                └──────────────┘
                            ▲死亡
                            ┌────────┐
                            │遺族厚生年金│
                            └────────┘
```

第2号厚生年金被保険者中に初診日があるため、遺族厚生年金にかかる事務は国家公務員共済組合連合会が行う

📖 法第78条の33（障害厚生年金等に関する事務の特例）

1　第78条の30の規定による障害厚生年金及び第78条の31の規定による障害手当金の支給に関する事務は、政令で定めるところにより、当該障害に係る初診日における被保険者の種別に応じて、第2条の5第1項各号に定める者が行う。
2　前項の規定は、前条第1項の規定による遺族厚生年金の支給に関する事務について準用する。

📖 令第3条の13の10（2以上の種別の被保険者であった期間を有する者に係る障害厚生年金等に関する事務の特例の適用に関する読替え等）

1　（略）
2　法第78条の32第1項の規定による遺族厚生年金（法第58条第1項第一号に該当することにより支給されるものに限る。）の支給に関する事務について、法第78条の33第2項において同条第1項の規定を準用する場合においては、同項中「当該障害に係る初診日」とあるのは、「死亡日」と読み替えるものとする。
3　法第78条の32第1項の規定による遺族厚生年金（法第58条第1項第二号又は第三号に該当することにより支給されるものに限る。）の支給に関する事務について、法第78条の33第2項において同条第1項の規定を準用する場合においては、同項中「当該」とあるのは、「第58条第1項第二号に規定する初診日又は同項第三号に規定する障害厚生年金の支給事由となった」と読み替えるものとする。
4　法第78条の32第1項の規定による遺族厚生年金について、同項に規定する死亡した者が法第58条第1項第一号から第三号までのうち2以上に該当する場合においては、法第78条の33第2項の規定にかかわらず、当該遺族厚生年金の支給に関する事務は、次の各号に掲げる場合に応じ、当該各号に定める日における被保険者の種別に応じて、法第2条の5第1項各号に定める者が行う。
一　死亡した者が法第58条第1項第一号に該当する場合　死亡日
二　前号に該当する場合以外の場合　法第58条第1項第三号に規定する障害厚生年金の支給事由となった障害に係る傷病の初診日

👆 ワンポイント──遺族厚生年金の請求

　遺族厚生年金の請求は、ワンストップサービスの対象となることから、加入していた実施機関であればどこでも手続きすることができます。

4 同月得喪期間内に初診日がある傷病により死亡

改正の要点
同月得喪期間内に初診日がある傷病によって死亡した場合の遺族厚生年金について、事務を行う実施機関が規定された。

■ 同月得喪期間内に初診日のある傷病による死亡
　第1章（Ⅱ2・27ページ参照）で説明したとおり、厚生年金保険の資格を同月得喪後に国民年金の第1号被保険者または第3号被保険者となった場合、その月は厚生年金保険の被保険者期間となりません。例えば、10月2日に資格を取得し、同月20日に資格を喪失後に国民年金の第1号被保険者となれば、10月は厚生年金保険の被保険者期間となりません。一方、同月得喪後の年金加入状況によっては厚生年金保険の被保険者期間となる場合もあります。
　そこで、同月得喪内に初診日がある傷病により死亡した場合の遺族厚生年金について、事務を行う実施機関が規定されました（令第3条の12）。

■ 事務の取りまとめをする実施機関
　同月得喪のあった月が、厚生年金保険の被保険者期間（初診日の種別の期間）とならない場合については、死亡した者がその種別の被保険者期間を有するか否かによって取扱いが異なります。下記のとおりです。

1. 死亡した者が初診日に加入していた実施機関の厚年期間を有している場合
①厚生年金保険の被保険者資格を喪失した後に、被保険者期間中に初診日のある傷病により、初診日から起算して5年以内の死亡
　初診日に加入していた実施機関が事務等を行います。

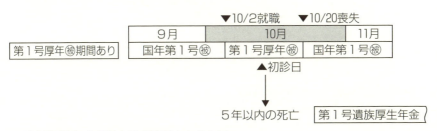

10月は厚生年金保険の被保険者とならない
　→初診日に加入していた実施機関の期間（第1号厚年）を有するので、
　　第1号厚生年金被保険者にかかる実施機関（日本年金機構）が事務等を行う

②障害等級1級または2級に該当する障害状態にある障害厚生年金受給権者の死亡

初診日に加入していた実施機関が事務等を行います。

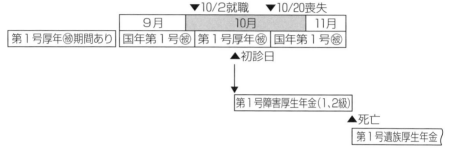

10月は厚生年金保険の被保険者とならない
　→初診日に加入していた実施機関の期間（第1号厚年）を有するので、
　　第1号厚生年金被保険者にかかる実施機関（日本年金機構）が事務等を行う

2．死亡した者が、初診日に加入していた実施機関の厚年期間を有していない場合
①同月内に種別の変更があった場合

　同月内に種別の変更があった場合には、変更後の種別の実施機関が事務等を行います。2回以上変更があった場合は最後の種別の実施機関となります。

A．厚生年金保険の被保険者資格を喪失した後に、被保険者期間中に初診日のある傷病により、初診日から起算して5年以内の死亡

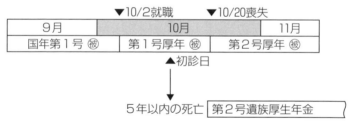

10月は第1号厚生年金被保険者期間とならないが、
第2号厚生年金被保険者期間となる
　→第2号厚生年金被保険者にかかる実施機関（国家公務員共済組合連合会）が事務等を行う

B．障害等級1級または2級に該当する障害状態にある障害厚生年金受給権者の死亡

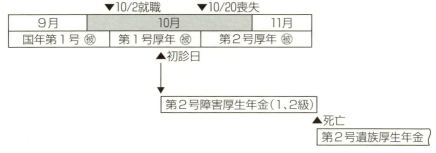

10月は第1号厚生年金被保険者期間とならないが、
第2号厚生年金被保険者期間となる
　　→第2号厚生年金被保険者にかかる実施機関（国家公務員共済組合連合会）が
　　　事務等を行う

②同月が国民年金の期間である場合
　死亡した者が同月得喪後に国民年金の第1号被保険者または第3号被保険者となった場合は、死亡した者が有する被保険者期間にかかる種別の実施機関が行います。2以上の種別の厚生年金被保険者期間を有する者については、死亡した者が有する最も長い被保険者期間の種別の実施機関が行うこととなります。被保険者期間が同じ場合には第1号厚生年金被保険者期間、第2号厚生年金被保険者期間、第3号厚生年金被保険者期間、第4号厚生年金被保険者期間の種別の実施機関の順です（令第3条の13の11第2項）。

A．厚生年金保険の被保険者資格を喪失した後に、被保険者期間中に初診日のある傷病により、初診日から起算して5年以内の死亡

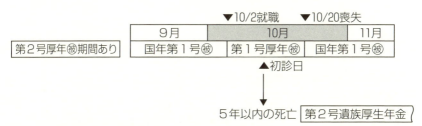

10月は厚生年金保険の被保険者とならない
　　→第2号厚生年金被保険者期間を有するので、
　　　第2号厚生年金被保険者にかかる実施機関（国家公務員共済組合連合会）が
　　　事務等を行う

B．障害等級1級または2級に該当する障害状態にある障害厚生年金受給権者の死亡

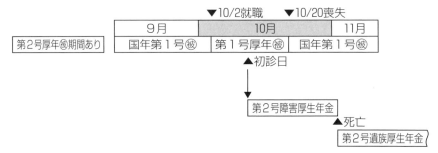

10月は厚生年金保険の被保険者とならない
　→第2号厚生年金被保険者期間を有するので、
　　第2号厚生年金被保険者にかかる実施機関（国家公務員共済組合連合会）が事務等を行う

■ 同月得喪期間内の死亡日
　同月得喪の資格喪失理由が死亡の場合、その月は厚生年金保険の被保険者期間となりますので、死亡時に加入していた種別の実施機関が遺族厚生年金の事務を取り扱います。

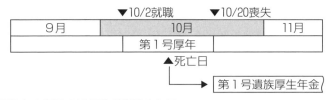

10月は厚生年金保険の被保険者期間となる
　→第1号厚生年金被保険者にかかる実施機関（日本年金機構）が事務等を行う

📖 令第3条の12（遺族厚生年金に関する事務の特例）
　遺族厚生年金（法第58条第1項第二号又は第三号に該当することにより支給されるものに限る。）に係る死亡した被保険者又は被保険者であった者が死亡日の属する月までに同項第二号に規定する初診日又は同項第三号に規定する障害厚生年金の支給事由となった障害に係る傷病の初診日における被保険者の種別に係る被保険者期間を有しない場合においては、当該遺族厚生年金の支給に関する事務は、次の各号に掲げる場合に応じ、当該各号に定める被保険者の種別に応じて、法第2条の5第1項各号に定める者が行う。
　一　法第58条第1項第二号に規定する初診日又は同項第三号に規定する障害厚生年金の支給事由となった障害に係る傷病の初診日の属する月において被保険者の種別に変更があった場合（次号に掲げる場合を除く。）　変更後の被保険者の種別（2回

以上被保険者の種別に変更があった場合は、最後の被保険者の種別）
二　法第58条第1項第二号に規定する初診日又は同項第三号に規定する障害厚生年金の支給事由となった障害に係る傷病の初診日の属する月が国民年金の被保険者期間（第2号被保険者期間を除く。）である場合　当該死亡した被保険者又は被保険者であった者が有する被保険者期間に係る被保険者の種別

📖 令第3条の13の11

1　（略）
2　第3条の12の規定は、法第78条の32第1項の規定による遺族厚生年金（法第58条第1項第二号又は第三号に該当することにより支給されるものに限る。）に係る死亡した被保険者又は被保険者であった者が、死亡日の属する月までに法第58条第1項第二号に規定する初診日又は同項第三号に規定する障害厚生年金の支給事由となった障害に係る傷病の初診日における被保険者の種別に係る被保険者期間を有しない場合について準用する。この場合において、第3条の12第二号中次の表の上欄（著者注：次表の左欄）に掲げる字句は、それぞれ同表の下欄（著者注：次表の右欄）に掲げる字句に読み替えるものとする。

被保険者期間に	法78条の22に規定する各号の厚生年金被保険者期間のうち最も長い同条に規定する1の期間（当該1の期間が2以上ある場合は、次に掲げる順序による。）に
種別	種別 　イ　法第2条の5第1項第一号に規定する第1号厚生年金被保険者期間 　ロ　法第2条の5第1項第二号に規定する第2号厚生年金被保険者期間 　ハ　法第2条の5第1項第三号に規定する第3号厚生年金被保険者期間 　ニ　法第2条の5第1項第四号に規定する第4号厚生年金被保険者期間

👉 ワンポイント──特例遺族年金

第1号厚生年金被保険者期間が1年以上あり老齢基礎年金の受給要件を満たしていない者で、第1号厚生年金被保険者期間と旧共済組合員等期間とを合算した期間が20年以上ある者が死亡した場合には、遺族が遺族厚生年金の受給権を取得していなければ、特例遺族年金が支給されます。特例遺族年金の額は、特別支給の老齢厚生年金の報酬比例部分相当額と定額部分の合計額の2分の1に相当する額です。

Ⅲ　長期要件の遺族厚生年金

1　長期要件の遺族厚生年金の年金額

■ 長期要件の遺族厚生年金の計算式

　長期要件の遺族厚生年金の額は、老齢厚生年金の報酬比例部分相当額（法第43条第1項）を基本として計算した額の4分の3に相当する額となります（法第60条）。当事者がひとつの種別の厚生年金被保険者期間のみを有する場合についての遺族厚生年金の年金額の計算式は改正前と変わりません。

> **長期要件の遺族厚生年金の原則的計算式**
>
> （生年月日に応じて）
> 平均標準報酬額×7.308～5.481/1000×被保険者期間の月数×3/4

※平均標準報酬額に乗じる給付乗率は死亡した者の生年月日に応じて読み替えられる。
※平成15年3月までの期間がある場合には次の算出式。
　｛（平均標準報酬月額×9.500～7.125/1000×平成15年3月までの被保険者期間の月数＋平均標準報酬額×7.308～5.481/1000×平成15年4月以降の被保険者期間の月数）｝×3/4
　　　　　　（以下の計算では平成15年4月以降の被保険者期間のみとして記載）
※短期要件のような300月分のみなし計算はなく実期間で計算。
※従前額保障の計算式が適用される場合もある。

【計算事例】
厚生年金被保険者期間が300月以上の者の死亡による遺族厚生年金額（死亡した者が昭和21年4月2日以降生まれの場合）
・厚生年金被保険者期間360月（平均標準報酬額30万円）

　　　　　　　　　　　　　　　　　　　　　▼死亡（長期要件）

| 厚生年金加入期間　　360月 |
| 平均標準報酬額　　　30万円 |

　　　　　　　　　　　　　　　　　　　　　　遺族厚生年金

　　300,000円×5.481/1000×360月×3/4＝443,961円

厚生年金被保険者期間が300月未満の者の死亡による遺族厚生年金額（死亡した者が昭和21年4月2日以降生まれの場合）
・厚生年金被保険者期間 180月（平均標準報酬額 30万円）

▼死亡（長期要件）

厚生年金加入期間　180月
平均標準報酬額　　30万円

遺族厚生年金

300,000円×5.481/1000×180月×3/4＝221,981円（300月みなし計算なし）

■ 老齢厚生年金の受給権を有する配偶者

老齢厚生年金の受給権を有する配偶者が遺族厚生年金の受給権を取得したときは、次のいずれか多い額が遺族厚生年金の額となります。
①前記により計算した額
②前記により計算した額の3分の2＋自身の老齢厚生年金の2分の1

①
死亡した者の
報酬比例部分相当額
×3/4

②
死亡した者の
報酬比例部分相当額
×3/4×2/3

自身の老齢厚生年金
×1/2

■ 短期要件と長期要件の両方の要件に該当する場合

短期要件（259ページ参照）と長期要件のいずれにも該当する場合の遺族厚生年金額は、原則として短期要件によって計算され、遺族が別段の申出をした場合に限り、長期要件により計算します（法第58条第2項）。

厚生年金期間 30年

▲在職中死亡

遺族厚生年金

短期要件
長期要件　}　いずれにも該当⇒原則短期要件で計算

2 2以上の種別の被保険者期間がある者の死亡

 改正の要点
2以上の種別の厚生年金保険の被保険者期間を有する者の死亡にかかる長期要件の遺族厚生年金の額の計算について新たな算出式が規定された。

2以上の種別の厚生年金被保険者期間を有する者

改正後に受給権が発生する長期要件の遺族厚生年金は、死亡した者が2以上の種別の期間を有していた場合においては、第1号から第4号までの各号の被保険者期間ごとに、各号の実施機関から支給されることとされています。各号の遺族厚生年金の額は、死亡した者が有していた厚生年金被保険者期間ごとに計算した額を合算した額に「合算遺族按分率」を乗じて得た額となります。

「合算遺族按分率」とは、1の期間に基づく報酬比例部分相当額の4分の3に相当する額を、各号の被保険者期間ごとの報酬比例部分相当額の4分の3に相当する額を合算した額で除して得た数です(法第78条の32、令第3条の13の6)。改正前は、死亡した者が有していた厚生年金被保険者期間ごとに遺族厚生年金の額の計算を行っていました。具体的な計算式は次のとおりです。

【計算事例】
2以上の種別の厚生年金被保険者期間を有する者の死亡による遺族厚生年金額
(死亡した者が昭和21年4月2日以降生まれの場合)
・第1号厚生年金被保険者期間 360月(平均標準報酬額 30万円)
・第4号厚生年金被保険者期間 60月(平均標準報酬額 20万円)

▼死亡(長期要件)

第1号厚生年金期間　360月	第4号厚生年金期間　60月
平均標準報酬額　　30万円	平均標準報酬額　20万円

←――― 合算して遺族厚生年金の額を計算 ―――→

第1号遺族厚生年金
第4号遺族厚生年金

合算した遺族厚生年金額
　(300,000円×5.481/1000×360月×3/4)+(200,000円×5.481/1000×60月×3/4)
　=493,290円

第1号遺族厚生年金額
$$493,290円 \times \frac{300,000円 \times 5.481/1000 \times 360月 \times 3/4}{493,290円} = 493,290円 \times \frac{443,961円}{493,290円}$$
　=443,961円

第4号遺族厚生年金額

$$493{,}290円 \times \frac{200{,}000円 \times 5.481/1000 \times 60月 \times 3/4}{493{,}290円} = 493{,}290円 \times \frac{49{,}329円}{493{,}290円}$$

$$= 49{,}329円$$

📖 法第78条の32（遺族厚生年金の額の特例）

1 （略）
2 2以上の種別の被保険者であった期間を有する者の遺族に係る遺族厚生年金（第58条第1項第四号に該当することにより支給されるものに限る。）については、各号の厚生年金被保険者期間に係る被保険者期間ごとに支給するものとし、そのそれぞれの額は、死亡した者に係る2以上の被保険者の種別に係る被保険者であった期間を合算し、1の期間に係る被保険者期間のみを有するものとみなして、遺族厚生年金の額の計算に関する規定により計算した額をそれぞれ1の期間に係る被保険者期間を計算の基礎として第60条第1項第一号の規定の例により計算した額に応じて按分した額とする。この場合において、必要な読替えその他必要な事項は、政令で定める。
3 前項の場合において、第62条第1項の規定による加算額は、政令で定めるところにより、各号の厚生年金被保険者期間のうち1の期間に係る被保険者期間を計算の基礎とする遺族厚生年金の額に加算するものとする。
4 前3項に定めるもののほか、遺族厚生年金の額の計算及びその支給の停止に関し必要な事項は、政令で定める。

📖 法第60条（年金額） 令第3条の13の6第2項（2以上の種別の被保険者であった期間を有する者の遺族に係る遺族厚生年金の額の特例の適用に関する読替え）による読替え（＿＿＿部分）

1 第78条の22に規定する各号の厚生年金被保険者期間（以下この項及び第64条の2において「各号の厚生年金被保険者期間」という。）のうち第78条の22に規定する1の期間（以下この項、第62条第1項及び第64条の2において「1の期間」という。）に基づく遺族厚生年金（第58条第1項第四号に該当することにより支給されるものに限る。）の額は、次の各号に掲げる区分に応じ、当該各号に定める額に当該1の期間に係る被保険者期間を計算の基礎として第43条第1項の規定の例により計算した額の4分の3に相当する額を各号の厚生年金被保険者期間ごとに同項の規定の例により計算した額の4分の3に相当する額を合算して得た額で除して得た数（以下この項及び第64条の2において「合算遺族按分率」という。）を乗じて得た額とする。ただし、遺族厚生年金の受給権者が当該遺族厚生年金と同一の支給事由に基づく国民年金法による遺族基礎年金の支給を受けるときは、第一号に定める額に合算遺族按分率を乗じて得た額とする。
　一 第59条第1項に規定する遺族（次号に掲げる遺族を除く。）が遺族厚生年金の受給権を取得したとき　死亡した被保険者又は被保険者であった者の被保険者期間を基礎として各号の厚生年金被保険者期間ごとに第43条第1項の規定の例により計算した額の4分の3に相当する額を合算して得た額。（以下省略）
　二 （略）
2・3 （略）

3 老齢厚生年金の受給権者

改正の要点

遺族厚生年金の受給権者が老齢厚生年金の受給権者である場合の支給停止の方法について規定された。

■ 併給調整

遺族厚生年金の受給権者が65歳以上であり老齢厚生年金の受給権を有する時は、老齢厚生年金額に相当する分の支給が停止されます（法第64条の2）。

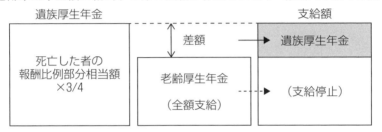

2以上の種別の期間を有する者が死亡した場合の長期要件の遺族厚生年金は、死亡した者が有していた種別の厚生年金被保険者期間ごとに年金額を計算し、合算した額に合算遺族按分率を乗じることにより各実施機関から支給される遺族厚生年金を算出します。その遺族厚生年金の受給権者が老齢厚生年金の受給権を有する場合は、各遺族厚生年金額から老齢厚生年金額に合算遺族按分率を乗じて得た額に相当する部分の支給が停止されます（令第3条の13の6）。

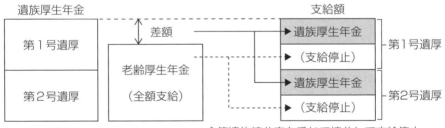

合算遺族按分率を乗じて按分して支給停止

【計算事例】

2以上の種別の厚生年金被保険者期間を有する者の死亡による遺族厚生年金額（死亡した者が昭和21年4月2日以降生まれの場合）

- 第1号厚生年金被保険者期間 360月（平均標準報酬額 30万円）
- 第4号厚生年金被保険者期間 60月（平均標準報酬額 20万円）
- 遺族が受給する老齢厚生年金 10万円

```
                                              ▼死亡（長期要件）
┌─────────────────────────┬────────────────────────┐
│第1号厚生年金期間  360月 │第4号厚生年金期間  60月 │
│平均標準報酬額    30万円 │平均標準報酬額   20万円 │
└─────────────────────────┴────────────────────────┘
         合算して遺族厚生年金の額を計算
```

合算した遺族厚生年金額
 (300,000円×5.481/1000×360月×3/4)＋(200,000円×5.481/1000×60月×3/4)
 ＝493,290円

第1号遺族厚生年金額

$$493,290円 \times \frac{300,000円 \times 5.481/1000 \times 360月 \times 3/4}{493,290円} - 100,000円 \times \frac{443,961円}{493,290円}$$

 ＝443,961円－90,000円＝353,961円

第4号遺族厚生年金額

$$493,290円 \times \frac{200,000円 \times 5.481/1000 \times 60月 \times 3/4}{493,290円} - 100,000円 \times \frac{49,329円}{493,290円}$$

 ＝49,329円－10,000円＝39,329円

```
第1号遺族厚生年金                    第4号遺族厚生年金
 基本年金額     443,961円             基本年金額      49,329円
 支給停止額    （90,000円）            支給停止額    （10,000円）
 支給額        353,961円              支給額         39,329円
```

```
受給できる年金額  ┌第1号遺族厚生年金  353,961 円┐⇒日本年金機構から支給
                 │第4号遺族厚生年金   39,329 円│⇒私立学校共済から支給
                 │遺厚  計          393,290 円│
                 │老齢厚生年金      100,000 円│
                 │合計              493,290 円│
                 └──────────────────────────┘
```

📖 **法第64条の2　令第3条の13の6第2項（2以上の種別の被保険者であった期間を有する者の遺族に係る遺族厚生年金の額の特例の適用に関する読替え）による読替え（＿＿＿部分）**

　各号の厚生年金被保険者期間のうち1の期間に基づく遺族厚生年金（その受給権者が65歳に達しているものに限る。）は、その受給権者が老齢厚生年金の受給権を有するときは、当該老齢厚生年金の額に合算遺族按分率を乗じて得た額に相当する部分の支給を停止する。

👉 **ワンポイント――長期要件の遺族厚生年金**

　複数の種別の厚生年金被保険者期間を有する者の長期要件の遺族厚生年金の請求手続きをいずれかの実施機関で行った場合、年金証書はそれぞれの実施機関から送付されます。

4 2以上の種別の老齢厚生年金の受給権を有する配偶者

改正の要点

遺族厚生年金の受給権者が2以上の種別の厚生年金被保険者期間にかかる老齢厚生年金の受給権者である場合の支給停止の方法について規定された。

■ 併給調整

老齢厚生年金の受給権を有する配偶者が受給する遺族厚生年金の年金額は、死亡した者の老齢厚生年金の規定の例により計算した額の4分の3に相当する額か、その4分の3に相当する額の3分の2と自身の老齢厚生年金の2分の1を合算した額のうち、いずれか多い額が支給されることとなっています(法第60条)。

■「自身の老齢厚生年金の2分の1」の計算

2以上の種別の厚生年金被保険者期間にかかる老齢厚生年金の受給権を有する者の「自身の老齢厚生年金の2分の1」の計算は、第1号から第4号までの各号の厚生年金被保険者期間に基づく老齢厚生年金の額を合算した額に2分の1を乗じて算出します。また、各号の厚生年金被保険者期間のうち1の期間に基づく老齢厚生年金を受給していた遺族が、他の期間に基づく老齢厚生年金の受給権をさらに取得した場合は、その取得した日の属する月の翌月から遺族厚生年金の額が改定されます(令第3条の13の9)。

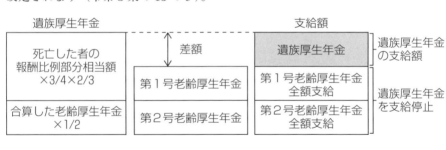

> **令第3条の13の9**(各号の厚生年金被保険者期間のうち1の期間に基づく老齢厚生年金の受給権者が他の1の期間に基づく老齢厚生年金の受給権を更に取得した場合の遺族厚生年金の額の改定の特例)
>
> 1 法第60条第1項第二号(前条の規定により読み替えて適用する場合を含む。)の規定によりその額が計算される遺族厚生年金の受給権者が更に各号の厚生年金被保険者期間のうち1の期間に基づく老齢厚生年金の受給権を取得したときは、当該1の期間に基づく老齢厚生年金の受給権を取得した日の属する月の翌月から当該遺族厚生年金の額を改定する。
>
> 2 (略)

Ⅳ 中高齢寡婦加算

1 中高齢寡婦加算等の概要

■ 中高齢寡婦加算の要件等

中高齢寡婦加算は、一定の要件に該当した場合に遺族厚生年金に加算されます（法第62条）。概要は次のとおりです。

1．死亡した夫の要件
　①短期要件による死亡であること。
　　ア．厚生年金保険の被保険者中の死亡
　　イ．厚生年金保険の被保険者資格を喪失した後に、被保険者期間中に初診日のある傷病により、初診日から起算して5年以内の死亡
　　ウ．障害等級1級または2級に該当する障害状態にある障害厚生年金受給権者の死亡
　②長期要件による死亡の場合は、厚生年金保険の被保険者期間が20年以上（中高齢短縮特例に該当する場合は15～19年以上）であること。

2．受給権者である妻の要件
　①夫の死亡当時40歳（平成19年3月までは35歳）以上65歳未満であること。
　②40歳に達した当時、夫の死亡時から生計同一の18歳に達する日以後の最初の3月31日までの間にある子または20歳未満で障害等級1級・2級の障害の子がいること。

3．加算額
　遺族基礎年金に4分の3を乗じた額。
　　平成28年度額　780,100円×3/4＝585,100円

4．支給停止
　遺族基礎年金を受けられるときは、その間、支給停止されます。

■ 経過的寡婦加算の要件等

中高齢寡婦加算は受給権者が65歳になると加算されなくなります。中高齢寡婦加算が加算された遺族厚生年金の受給権者である妻（昭和31年4月1日以前生まれ）に対しては、65歳に達した時に経過的寡婦加算額が遺族厚生年金に加

算されます。また、65歳以降に遺族厚生年金の受給権を得た昭和31年4月1日以前生まれの妻にも加算されます。この場合についても、死亡した夫が短期要件、または長期要件であって被保険者期間が20年以上あることが要件となります（法附則（60）第73条）。

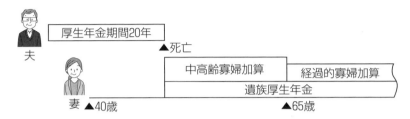

■ 経過的寡婦加算額（平成28年度）

妻の生年月日	妻の生年月日による乗率	経過的寡婦加算額 585,100円－780,100円×左欄の乗率	妻の生年月日	妻の生年月日による乗率	経過的寡婦加算額 585,100円－780,100円×左欄の乗率
昭2.4.1以前生	0	585,100円	昭16.4.2～昭17.4.1	480分の180	292,562円
昭2.4.2～昭3.4.1	312分の12	555,096円	昭17.4.2～昭18.4.1	480分の192	273,060円
昭3.4.2～昭4.4.1	324分の24	527,315円	昭18.4.2～昭19.4.1	480分の204	253,557円
昭4.4.2～昭5.4.1	336分の36	501,518円	昭19.4.2～昭20.4.1	480分の216	234,055円
昭5.4.2～昭6.4.1	348分の48	477,500円	昭20.4.2～昭21.4.1	480分の228	214,552円
昭6.4.2～昭7.4.1	360分の60	455,083円	昭21.4.2～昭22.4.1	480分の240	195,050円
昭7.4.2～昭8.4.1	372分の72	434,113円	昭22.4.2～昭23.4.1	480分の252	175,547円
昭8.4.2～昭9.4.1	384分の84	414,453円	昭23.4.2～昭24.4.1	480分の264	156,045円
昭9.4.2～昭10.4.1	396分の96	395,985円	昭24.4.2～昭25.4.1	480分の276	136,542円
昭10.4.2～昭11.4.1	408分の108	378,603円	昭25.4.2～昭26.4.1	480分の288	117,040円
昭11.4.2～昭12.4.1	420分の120	362,214円	昭26.4.2～昭27.4.1	480分の300	97,537円
昭12.4.2～昭13.4.1	432分の132	346,736円	昭27.4.2～昭28.4.1	480分の312	78,035円
昭13.4.2～昭14.4.1	444分の144	332,095円	昭28.4.2～昭29.4.1	480分の324	58,532円
昭14.4.2～昭15.4.1	456分の156	318,224円	昭29.4.2～昭30.4.1	480分の336	39,030円
昭15.4.2～昭16.4.1	468分の168	305,064円	昭30.4.2～昭31.4.1	480分の348	19,527円

📖 **法第 62 条**

1 遺族厚生年金（第 58 条第 1 項第四号に該当することにより支給されるものであって、その額の計算の基礎となる被保険者期間の月数が 240 未満であるものを除く。）の受給権者である妻であってその権利を取得した当時 40 歳以上 65 歳未満であったもの又は 40 歳に達した当時当該被保険者若しくは被保険者であった者の子で国民年金法第 37 条の 2 第 1 項に規定する要件に該当するもの（当該被保険者又は被保険者であった者の死亡後に同法第 39 条第 3 項第二号から第八号までのいずれかに該当したことがあるものを除く。）と生計を同じくしていたものが 65 歳未満であるときは、第 60 条第 1 項第一号の遺族厚生年金の額に同法第 38 条に規定する遺族基礎年金の額に 4 分の 3 を乗じて得た額（その額に 50 円未満の端数が生じたときは、これを切り捨て、50 円以上 100 円未満の端数が生じたときは、これを 100 円に切り上げるものとする。）を加算する。
2 前項の加算を開始すべき事由又は同項の加算を廃止すべき事由が生じた場合における年金の額の改定は、それぞれ当該事由が生じた月の翌月から行う。

📖 **法附則（60）第 73 条（遺族厚生年金の加算の特例）**

1 厚生年金保険法第 62 条第 1 項に規定する遺族厚生年金の受給権者であって附則別表第 9 の上欄（著者注：上表の左欄）に掲げるもの（死亡した厚生年金保険の被保険者又は被保険者であった者の妻であった者に限る。）がその権利を取得した当時 65 歳以上であったとき、又は同項の規定によりその額が加算された遺族厚生年金の受給権者であって同表の上欄（著者注：上表の左欄）に掲げるものが 65 歳に達したときは、当該遺族厚生年金の額は、厚生年金保険法第 60 条第 1 項の規定にかかわらず、同項第一号に定める額を、当該額に第一号に掲げる額から第二号に掲げる額を控除して得た額を加算した額として同項の規定を適用した額とする。ただし、当該遺族厚生年金の受給権者が、国民年金法による障害基礎年金又は旧国民年金法による障害年金の受給権を有するとき（その支給を停止されているときを除く。）は、その間、当該加算する額に相当する部分の支給を停止する。
一 厚生年金保険法第 62 条第 1 項に規定する加算額
二 国民年金法第 27 条本文に規定する老齢基礎年金の額にそれぞれ附則別表第 9 の下欄（著者注：上表の中欄）に掲げる数を乗じて得た額
2 前項の場合においては、厚生年金保険法第 65 条の規定を準用する。
3 厚生年金保険法第 62 条第 1 項の規定によりその額が加算された遺族厚生年金の受給権者が 65 歳に達した場合における第 1 項の規定による年金の額の改定は、その者が 65 歳に達した日の属する月の翌月から行う。

2　2以上の種別の被保険者期間がある者の死亡

◆ 改正の要点

2以上の種別の厚生年金保険の被保険者期間を有する夫が死亡した場合に加算される中高齢寡婦加算について、死亡した夫の2以上の種別の厚生年金被保険者期間を合算して加算要件の規定を適用することになった。

■ 被保険者期間は合算して適用

2以上の種別の厚生年金保険の被保険者期間を有する夫が死亡した場合に支給される長期要件の遺族厚生年金に加算される中高齢寡婦加算について、死亡した夫の被保険者期間が合算して20年以上あれば、その要件を満たすこととされました（令第3条の13の6）。改正前は、ひとつの被保険者期間だけで20年以上なければ加算されていませんでした。

■ 加算される遺族厚生年金の優先順位

中高齢寡婦加算は、按分されることなくいずれかひとつの遺族厚生年金に加算されることとなります。その優先順位は次のとおりです（令第3条の13の7）。

1．被保険者期間が最も長い1の期間に基づく遺族厚生年金
2．被保険者期間が同じ場合は次の期間に基づく遺族厚生年金の順
　①第1号厚生年金被保険者期間
　②第2号厚生年金被保険者期間
　③第3号厚生年金被保険者期間
　④第4号厚生年金被保険者期間

改正前

改正後

夫　第1号厚生年金期間 10年 ｜ 第2号厚生年金期間 15年　　▼死亡

妻 ▲40歳　　第1号 遺族厚生年金 10年分／中高齢寡婦加算／第2号 遺族厚生年金 15年分　　▲65歳

📖 **法第62条　令第3条の13の6第2項（2以上の種別の被保険者であった期間を有する者の遺族に係る遺族厚生年金の額の特例の適用に関する読替え）による読替え（＿＿部分）**

1　遺族厚生年金（第58条第1項第四号に該当することにより支給されるものであって、その額の計算の基礎となる被保険者期間の<u>月数（その者の2以上の被保険者の種別に係る被保険者であった期間に係る被保険者期間を合算し、1の期間に係る被保険者期間のみを有するものとみなした場合における当該被保険者期間の月数とする。）</u>が240未満であるものを除く。）の受給権者である妻であってその権利を取得した当時40歳以上65歳未満であったもの又は40歳に達した当時当該被保険者若しくは被保険者であった者の子で国民年金法第37条の2第1項に規定する要件に該当するもの（当該被保険者又は被保険者であった者の死亡後に同法第39条第3項第二号から第八号までのいずれかに該当したことがあるものを除く。）と生計を同じくしていたものが65歳未満であるときは、第60条第1項第一号の遺族厚生年金の額に同法第38条に規定する遺族基礎年金の額に4分の3を乗じて得た額（その額に50円未満の端数が生じたときは、これを切り捨て、50円以上100円未満の端数が生じたときは、これを100円に切り上げるものとする。）を加算する。

2　（略）

📖 **令第3条の13の7（2以上の種別の被保険者であった期間を有する者に係る遺族厚生年金の額の特例の適用に関する加算の特例）**

前条第2項に規定する場合において、同項の規定により読み替えられた法第62条第1項の規定により遺族厚生年金に同項の規定による加算額が加算されるときは、各号の厚生年金被保険者期間のうち最も長い1の期間（当該1の期間が2以上ある場合は、次に掲げる順序による。）に基づく遺族厚生年金について当該加算額を加算するものとする。

一　第1号厚生年金被保険者期間
二　第2号厚生年金被保険者期間
三　第3号厚生年金被保険者期間
四　第4号厚生年金被保険者期間

V 遺族

1 遺族の要件

改正の要点
遺族厚生年金を受給できる遺族の規定（法第59条）についての改正はないが、遺族共済年金の遺族については、厚生年金保険に揃える形での改正が行われた。

▌遺族の順位

遺族厚生年金を受給できるのは、厚生年金保険の被保険者または被保険者であった者が死亡した当時、その者と生計を共にし、かつ恒常的な年収が850万円未満（または所得額が655万5千円未満）であった一定の遺族です。その遺族は、第1順位が配偶者および子、第2順位が父母、第3順位が孫、第4順位が祖父母であり、妻以外は年齢要件があります。

▌遺族共済年金の遺族の順位

旧共済各法における遺族共済年金は、遺族の優先順位については上記規定と同じでしたが、年齢要件が厚生年金保険法とは異なっており、夫と父母、祖父母、障害のある子には年齢制限がありませんでした。平成27年10月1日より厚生年金保険法に揃える形で次のとおりに統一されました。

順位	遺族	改正前（遺族共済年金）	改正後（遺族厚生年金）
1	配偶者	年齢要件なし（夫は60歳まで支給停止）	夫は55歳以上（60歳まで支給停止）
1	子	18歳到達年度末までにある子で現に婚姻していない	18歳到達年度末までにある子で現に婚姻していない
1	子	受給権発生時から引き続き障害等級1、2級に該当（年齢要件なし）	受給権発生時から引き続き障害等級1、2級に該当し、20歳未満で現に婚姻していない
2	父母	年齢要件なし（60歳まで支給停止）	55歳以上（60歳まで支給停止）
3	孫	第1順位の子と同じ	第1順位の子と同じ
4	祖父母	第2順位の父母と同じ	第2順位の父母と同じ

既に遺族共済年金を受給している20歳以上の障害等級1、2級の障害状態にある子および孫は、改正後も引き続き遺族共済年金を受給できます。平成27年

10月1日以後に受給権が発生する遺族厚生年金については、20歳以上の障害状態にある子および孫はその受給権者となりません。

📖 法第59条（遺族）

1　遺族厚生年金を受けることができる遺族は、被保険者又は被保険者であった者の配偶者、子、父母、孫又は祖父母（以下単に「配偶者」、「子」、「父母」、「孫」又は「祖父母」という。）であって、被保険者又は被保険者であった者の死亡の当時（失踪の宣告を受けた被保険者であった者にあっては、行方不明となった当時。以下この条において同じ。）その者によって生計を維持したものとする。ただし、妻以外の者にあっては、次に掲げる要件に該当した場合に限るものとする。
　一　夫、父母又は祖父母については、55歳以上であること。
　二　子又は孫については、18歳に達する日以後の最初の3月31日までの間にあるか、又は20歳未満で障害等級の1級若しくは2級に該当する障害の状態にあり、かつ、現に婚姻をしていないこと。
2　前項の規定にかかわらず、父母は、配偶者又は子が、孫は、配偶者、子又は父母が、祖父母は、配偶者、子、父母又は孫が遺族厚生年金の受給権を取得したときは、それぞれ遺族厚生年金を受けることができる遺族としない。
3　被保険者又は被保険者であった者の死亡の当時胎児であった子が出生したときは、第1項の規定の適用については、将来に向って、その子は、被保険者又は被保険者であった者の死亡の当時その者によって生計を維持していた子とみなす。
4　第1項の規定の適用上、被保険者又は被保険者であった者によって生計を維持していたことの認定に関し必要な事項は、政令で定める。

👉 ワンポイント──未支給年金の請求

改正前の共済年金制度では共済年金給付の未支給年金を受けることができるのは、遺族（死亡者によって生計を維持されていた配偶者・子・父母・孫・祖父母）または遺族がいないときは相続人となっていました。改正に伴い、厚生年金保険に合わせて、年金受給者が死亡当時に生計を同じくしていた配偶者と子、父母、孫、祖父母、兄弟姉妹、それ以外の三親等内の親族となりました。優先順位もこのとおりです。

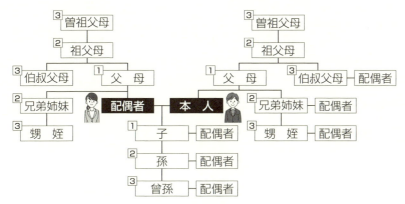

2 遺族共済年金の転給の廃止

改正の要点
遺族共済年金で適用されていた転給制度が廃止となった。

転給制度とは
　遺族厚生年金の受給権者となるのは、遺族のうち、最優先順位者に限られますが、改正前の共済年金制度では、第2順位以下の遺族に遺族共済年金の受給権が受け継がれていました。

　例えば、公務員である夫の死亡時に要件を満たす妻と母がいた場合、妻に遺族共済年金が支給され、その後妻が再婚等により失権となった場合には、第2順位の母に受給権が受け継がれていました。このように先順位者から次順位者に遺族共済年金の受給権が受け継がれる制度を「転給制度」といいます。転給制度は厚生年金保険には設けられておらず共済年金制度特有のものでしたが、改正により廃止されました。

※旧制度では転給が認められていたが、改正により廃止された。

遺族から第2順位以下が除外
　転給制度の廃止に伴い、平成27年9月30日時点で第2順位以下であった遺族は、平成27年10月1日に遺族共済年金の支給を受けることができる遺族ではなくなりました（改正法附則第31条）。具体的には、次のとおりです。

平27.9.30現在 遺族共済年金を受給している者		平27.10.1に 遺族共済年金の遺族でなくなった者
配偶者または子	→	父母、孫および祖父母
父母	→	孫および祖父母
孫	→	祖父母

配偶者と子は同順位のため、受給権の失権はありません。

●平成27年10月1日前発生の遺族共済年金の受給権者が妻と母の場合

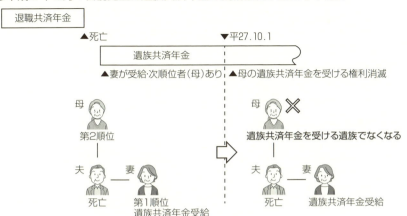

●平成27年10月1日前発生の遺族共済年金の受給権者が妻と子の場合

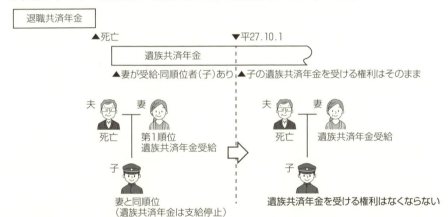

■ 平成27年10月1日以後死亡の場合の遺族

　遺族厚生年金の受給権者は最優先順位の遺族のみであることから、平成27年9月30日に改正前国共済施行法の退職共済年金または障害共済年金等を受けている者が、平成27年10月1日以後に死亡した場合について、第2順位以下の遺族が将来的に遺族厚生年金を受給することができなくなりました。地方公務員共済、私立学校教職員共済についても同様です。

●遺族厚生年金の要件を満たす遺族が妻と母の場合

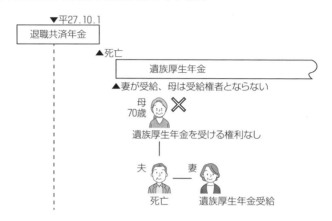

📖 **改正法附則第31条（遺族の範囲の特例）**

1　施行日の前日において遺族（改正前国共済法第2条第1項第三号に規定する遺族をいう。以下この項及び次項において同じ。）である配偶者、子、父母又は孫が改正前国共済法の遺族共済年金（他の法令の規定により当該遺族共済年金とみなされたものを含む。）の支給を受けている場合において、その者が配偶者又は子であるときは父母、孫及び祖父母、その者が父母であるときは孫及び祖父母、その者が孫であるときは祖父母は、施行日においてそれぞれ当該遺族共済年金の支給を受けることができる遺族でなくなるものとする。

2　施行日の前日において遺族である配偶者、子、父母又は孫が旧国共済法による遺族年金（他の法令の規定により当該遺族年金とみなされたものを含む。）又は改正前国共済施行法第3条に規定する給付のうち死亡を給付事由とする年金である給付の支給を受けている場合において、その者が配偶者又は子であるときは父母、孫及び祖父母、その者が父母であるときは孫及び祖父母、その者が孫であるときは祖父母は、施行日においてそれぞれ当該遺族年金又は当該死亡を給付事由とする年金である給付の支給を受けることができる遺族でなくなるものとする。

3　施行日の前日において改正前国共済施行法第3条に規定する給付のうち退職又は障害を給付事由とする年金である給付の支給を受けている者が施行日以後に死亡した場合において、その者の父母は、当該者の配偶者又は子、その者の孫は、当該者の配偶者、子又は父母、その者の祖父母は、当該者の配偶者、子、父母又は孫が、当該死亡を給付事由とする年金である給付を受けることとなったときは、それぞれ当該死亡を給付事由とする年金である給付を受けることができる者としないものとする。

（地方公務員共済については改正法附則55条）

3　所在不明による遺族厚生年金の支給停止

改正の要点
所在不明による遺族厚生年金の支給停止の申請を行う場合に、2以上の種別の遺族厚生年金を受けることができる者については、同時の申請が必要となった。

▌所在不明による支給停止の申請

配偶者または子に対する遺族厚生年金は、その配偶者または子の所在が1年以上明らかでないときは、遺族厚生年金の受給権を有する子または配偶者の申請によって、その所在が明らかでなくなった時にさかのぼって支給が停止されます（法第67条）。

また、配偶者以外の者に対する遺族厚生年金についても、受給権者のうち1人以上の者の所在が1年以上明らかでないときは、他の受給権者の申請によって、その所在が明らかでなくなった時にさかのぼって支給が停止されます（法第68条）。

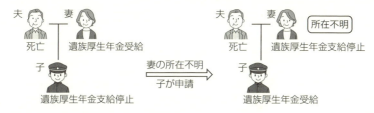

▌2以上の種別の受給権を有する場合

遺族が2以上の種別の遺族厚生年金を受けることができる場合（死亡した者が2以上の種別の被保険者であった期間を有する者であった場合）には、所在不明による支給停止の申請は同時に行う必要があります。例えば、第1号厚生年金被保険者期間にかかる遺族厚生年金と、第2号厚生年金被保険者期間にかかる遺族厚生年金を受給していた場合の所在不明による支給停止の申請は、どちらか一方だけを行うことはできず、双方ともに必要となります。すなわち、第1号厚生年金の実施機関である厚生労働省（日本年金機構）と第2号厚生年金の実施機関である国家公務員共済組合連合会に申請をすることになります（法第78条の34）。

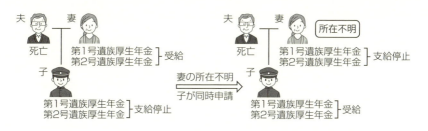

📖 **法第 67 条**
1　配偶者又は子に対する遺族厚生年金は、その配偶者又は子の所在が1年以上明らかでないときは、遺族厚生年金の受給権を有する子又は配偶者の申請によって、その所在が明らかでなくなった時にさかのぼって、その支給を停止する。
2　配偶者又は子は、いつでも、前項の規定による支給の停止の解除を申請することができる。

📖 **法第 68 条**
1　配偶者以外の者に対する遺族厚生年金の受給権者が2人以上である場合において、受給権者のうち1人以上の者の所在が1年以上明らかでないときは、その者に対する遺族厚生年金は、他の受給権者の申請によって、その所在が明らかでなくなった時にさかのぼって、その支給を停止する。
2　前項の規定によって遺族厚生年金の支給を停止された者は、いつでも、その支給の停止の解除を申請することができる。
3　第61条第1項の規定は、第1項の規定により遺族厚生年金の支給が停止され、又は前項の規定によりその停止が解除された場合に準用する。この場合において、同条第1項中「増減を生じた月」とあるのは、「支給が停止され、又はその停止が解除された月」と読み替えるものとする。

📖 **法第 78 条の 34（遺族厚生年金の支給停止に係る申請の特例）**
　2以上の種別の被保険者であった期間を有する者の遺族について、2以上の被保険者の種別に係る被保険者であった期間に基づく遺族厚生年金を受けることができる場合には、1の期間に基づく遺族厚生年金についての第67条又は第68条第1項若しくは第2項の規定による申請は、当該1の期間に基づく遺族厚生年金と同一の支給事由に基づく他の期間に基づく遺族厚生年金についての当該申請と同時に行わなければならない。

👆 **ワンポイント——申請方法**
　所在不明時には、「所在不明による支給停止申請書」を提出します。これは、ワンストップサービスの対象となりますので、2以上の種別の遺族厚生年金を受給している場合は、いずれかの実施機関に提出すれば申請手続きが完了します。

脱退一時金

第9章

1 脱退一時金の概要

脱退一時金の支給要件

脱退一時金制度は日本に短期滞在する外国人に対して保険料の掛け捨て防止策として、一時金を支給する制度です（法附則第29条）。概要は次のとおりです。

1．脱退一時金は次の要件を満たす者が請求できる。
　①厚生年金保険の被保険者期間が6カ月以上あること
　②請求時に日本国籍を有していないこと
　③老齢厚生年金等の受給資格期間を満たしていないこと
2．次の場合は請求できない。
　①日本国内に住所を有するとき
　②障害厚生年金等の受給権を有したことがあるとき
　③最後に国民年金の被保険者資格を喪失した日から2年を経過しているとき

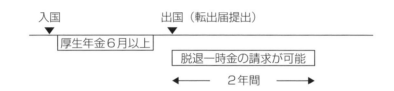

2②の「障害厚生年金等」には、改正前共済各法における障害共済年金および障害手当金、旧共済各法における障害年金および障害手当金も含まれます（経過措置政令第109条）。

脱退一時金の額

脱退一時金の額は請求の前月までの厚生年金保険の被保険者期間に応じています。具体的には、平均標準報酬額（再評価なし）に支給率を乗じた額となります。

$$脱退一時金の額＝平均標準報酬額（再評価なし）×支給率$$

支給率は最終月（最後に被保険者の資格を喪失した日の属する月の前月）の属する年の前年の10月（最終月が1月から8月の場合は前々年の10月）の厚生年金保険料率に2分の1を乗じて得た率に、次の表の被保険者期間の区分に応じて定められた数（6～36）を乗じて得た率です。

被保険者期間	定数
6月以上12月未満	6
12月以上18月未満	12
18月以上24月未満	18
24月以上30月未満	24
30月以上36月未満	30
36月以上	36

被保険者期間が6月以上12月未満の場合の支給率

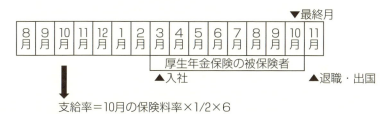

支給率＝10月の保険料率×1/2×6

```
【事 例】厚生年金被保険者期間8月
                   ▼出国
        厚生年金期間　8月
        6月以上12月未満であるため、定数は「6」
        脱退一時金の額＝平均標準報酬額×保険料率×1/2×6
```

📖 法附則第29条（日本国籍を有しない者に対する脱退一時金の支給）

1　当分の間、被保険者期間が6月以上である日本国籍を有しない者（国民年金の被保険者でないものに限る。）であって、第42条第二号に該当しないものその他これに準ずるものとして政令で定めるものは、脱退一時金の支給を請求することができる。ただし、その者が次の各号のいずれかに該当するときは、この限りでない。
　一　日本国内に住所を有するとき。
　二　障害厚生年金その他政令で定める保険給付の受給権を有したことがあるとき。
　三　最後に国民年金の被保険者の資格を喪失した日（同日において日本国内に住所を有していた者にあっては、同日後初めて、日本国内に住所を有しなくなった日）から起算して2年を経過しているとき。
2　前項の請求があったときは、その請求をした者に脱退一時金を支給する。
3　脱退一時金の額は、被保険者であった期間に応じて、その期間の平均標準報酬額（被保険者期間の計算の基礎となる各月の標準報酬月額と標準賞与額の総額を、当該被保険者期間の月数で除して得た額をいう。）に支給率を乗じて得た額とする。
4　前項の支給率は、最終月（最後に被保険者の資格を喪失した日の属する月の前月を

いう。以下この項において同じ。）の属する年の前年10月の保険料率（最終月が1月から8月までの場合にあっては、前々年10月の保険料率）に2分の1を乗じて得た率に、次の表の上欄（著者注：次表の左欄）に掲げる被保険者期間の区分に応じて、それぞれ同表の下欄（著者注：次表の右欄）に定める数を乗じて得た率とし、その率に少数点以下1位未満の端数があるときは、これを四捨五入する。

6月以上12月未満	6
12月以上18月未満	12
18月以上24月未満	18
24月以上30月未満	24
30月以上36月未満	30
36月以上	36

5～9　（略）

法附則第30条（2以上の種別の被保険者であった期間を有する者に係る脱退一時金の支給要件等）

2以上の種別の被保険者であった期間を有する者に係る脱退一時金については、その者の2以上の被保険者の種別に係る被保険者であった期間に係る被保険者期間を合算し、1の期間に係る被保険者期間のみを有する者に係るものとみなして前条第1項の規定を適用する。ただし、当該脱退一時金の額は、各号の厚生年金被保険者期間に係る被保険者期間ごとに、同条第3項及び第4項の規定の例により計算した額とする。この場合において、同条の規定の適用に関し必要な読替えその他必要な事項は、政令で定める。

ワンポイント――平成15年4月1日前の期間がある場合

厚生年金保険の被保険者であった期間の全部または一部が平成15年4月1日前である者に支給する脱退一時金の額は次のとおりです。

$$脱退一時金 = \frac{\left(\begin{array}{c}\text{平成15年4月1日前の}\\\text{各月の標準報酬月額}\\\times 1.3\text{の合計}\end{array}\right) + \left(\begin{array}{c}\text{平成15年4月1日以後の}\\\text{各月の標準報酬月額と}\\\text{標準賞与額の合計}\end{array}\right)}{\text{被保険者期間の月数}} \times 支給率$$

2　2以上の種別の被保険者期間がある者

 改正の要点
2以上の種別の厚生年金保険の被保険者期間を有する者にかかる脱退一時金の支給要件について、その厚生年金被保険者期間を合算し、ひとつの期間を有する者とみなした上で判断することになった。

▌2以上の種別の厚生年金保険の被保険者期間を有する者にかかる脱退一時金

平成27年10月1日以後の脱退一時金の支給要件について、2以上の種別の厚生年金被保険者期間を有する者については、その者の2以上の種別の厚生年金被保険者期間を合算し、ひとつの期間を有する者とみなした上で適用します。また、脱退一時金の額の計算は、第1号から第4号の厚生年金被保険者期間ごとに行われます（令第16条）。具体的には次のとおりです。

【脱退一時金の額の計算】
① 2以上の種別の厚生年金被保険者期間を合算した月数に基づき、定数（6～36）を決定する。
② 厚生年金保険の号別に平均標準報酬額に支給率（保険料率の2分の1の乗率に、定数を乗じて得た率）を乗じた額を、それぞれの被保険者期間に応じて按分する。号別の計算には同一の支給率を用いる。
③ 厚生年金保険の号別に計算した額の合算額を脱退一時金の額として支給する。

改正前はそれぞれの制度ごとに事務手続き等を行っていました。

【事　例】第1号厚生年金被保険者期間 20月
　　　　　第2号厚生年金被保険者期間 60月

　　　　　　　　　　　　　　　　　　　　　　　　▼出国

第1号厚生年金期間 20月	第2号厚生年金期間 60月

合算して80月→　36月以上であるため、定数は「36」
①第1号厚生年金被保険者期間の平均標準報酬額×保険料率×1/2×36×20/80
②第2号厚生年金被保険者期間の平均標準報酬額×保険料率×1/2×36×60/80
　　　　　脱退一時金の額＝①＋②

▌改正前の法律が適用される場合

資格喪失日または日本国内に住所を有しなくなった日のうち、いずれか遅い方の日付が平成27年10月1日前である場合においては、改正前の法律が適用され、それぞれの被保険者期間ごとに事務手続きが行われます。

📖 **法附則第 29 条（日本国籍を有しない者に対する脱退一時金の支給） 令第 16 条（2以上の種別の被保険者であった期間を有する者に係る脱退一時金の支給要件等に関する読替え等）による読替え（＿＿部分）**

1・2　（略）
3　脱退一時金の額は、2以上の種別の被保険者であった期間を有する者に係る2以上の被保険者の種別に係る被保険者であった期間に係る被保険者期間を合算し、1の期間に係る被保険者期間のみを有するものとみなした場合における当該被保険者期間（以下この項及び次項において「合算被保険者期間」という。）に応じて、その期間の平均標準報酬額（1の期間に係る被保険者期間の計算の基礎となる各月の標準報酬月額と標準賞与額の総額を、当該1の期間に係る被保険者期間の月数で除して得た額をいう。）に支給率を乗じて得た額に当該1の期間に係る被保険者期間の月数を合算被保険者期間の月数で除して得た数を乗じて得た額を合算して得た額とする。
4　前項の支給率は、最終月（最後に被保険者の資格を喪失した日（各号の厚生年金被保険者期間に係る被保険者の種別ごとの、最後に当該被保険者の種別に係る被保険者の資格を喪失した日のうち最も遅い日をいう。）の属する月の前月をいう。以下この項において同じ。）の属する年の前年10月の保険料率（最終月が1月から8月までの場合にあっては、前々年10月の保険料率）に2分の1を乗じて得た率に、次の表の上欄（著者注：次表の左欄）に掲げる合算被保険者期間の区分に応じて、それぞれ同表の下欄（著者注：次表の右欄）に定める数を乗じて得た率とし、その率に少数点以下1位未満の端数があるときは、これを四捨五入する。

合算被保険者期間	定数
6 月以上 12 月未満	6
12 月以上 18 月未満	12
18 月以上 24 月未満	18
24 月以上 30 月未満	24
30 月以上 36 月未満	30
36 月以上	36

5〜9　（略）

☝ **ワンポイント——脱退一時金の事務**

　脱退一時金請求書はワンストップサービスの対象外ですが、2以上の種別の厚生年金期間を有する外国人の脱退一時金については、ひとつの実施機関が取りまとめて決定および支給を行います。取りまとめ実施機関は国民年金の加入期間が6月以上の場合は日本年金機構、6月未満の場合は最終加入期間がある実施機関となります。

3 脱退一時金にかかる経過措置

改正の要点
第2号、第3号、第4号厚生年金被保険者期間を有する場合の脱退一時金の計算に用いる率が規定された。

■ 第2号厚生年金被保険者期間

　第2号厚生年金被保険者期間を有する者の脱退一時金の額を計算する場合において、最終月の属する月の前年10月（最終月が1月から8月までの場合には前々年の10月）が、平成25年から平成29年までの間に該当するときの脱退一時金の計算の基礎となる保険料率は、法第81条第4項に定める厚生年金保険料率にかかわらず、次表のとおりです（改正法附則第23条第1項）。

基準となる年月	保険料率
平成25年10月	1000分の165.70
平成26年10月	1000分の169.24
平成27年10月	1000分の172.78
平成28年10月	1000分の176.32
平成29年10月	1000分の179.86

■ 第3号厚生年金被保険者期間

　第3号厚生年金被保険者期間を有する者の脱退一時金の額を計算する場合において、最終月の属する月の前年10月（最終月が1月から8月までの場合には前々年の10月）が、平成25年から平成29年までの間に該当するときの脱退一時金の計算の基礎となる保険料率は、法第81条第4項に定める厚生年金保険料率にかかわらず、次表のとおりです（改正法附則第23条第2項）。

基準となる年月	保険料率
平成25年10月	同月分の地共済の掛金率を基礎に政令で定めるところによって計算した割合に2を乗じて得た率
平成26年10月	同月分の地共済の掛金率を基礎に政令で定めるところによって計算した割合に2を乗じて得た率
平成27年10月	1000分の172.78
平成28年10月	1000分の176.32
平成29年10月	1000分の179.86

■第4号厚生年金被保険者期間

第4号厚生年金被保険者期間を有する者の脱退一時金の額を計算する場合において、最終月の属する月の前年10月（最終月が1月から8月までの場合には前々年の10月）が、平成25年から平成38年までの間に該当するときの脱退一時金の計算の基礎となる保険料率は、法第81条第4項に定める厚生年金保険料率にかかわらず、次表のとおりです（改正法附則第23条第3項）。

基準となる年月	保険料率
平成25年10月	1000分の138.26
平成26年10月	1000分の141.80
平成27年10月	1000分の143.54
平成28年10月	1000分の147.08
平成29年10月	1000分の150.62
平成30年10月	1000分の154.16
平成31年10月	1000分の157.70
平成32年10月	1000分の161.24
平成33年10月	1000分の164.78
平成34年10月	1000分の168.32
平成35年10月	1000分の171.86
平成36年10月	1000分の175.40
平成37年10月	1000分の178.94
平成38年10月	1000分の182.48

📖 **改正法附則第23条（脱退一時金の額の計算に係る経過措置）**

1　第2号厚生年金被保険者期間を有する者について、厚生年金保険法の規定による脱退一時金の額を計算する場合においては、同法附則第29条第4項に規定する最終月の属する年の前年10月（当該最終月が1月から8月までの場合にあっては、前々年10月）が平成25年から平成29年までの間に該当するときは、当該脱退一時金の計算の基礎となる保険料率については、同法第81条第4項の規定にかかわらず、平成25年10月分にあっては同月分の国共済の掛金率（改正前国共済法第100条第3項の規定により国家公務員共済組合連合会の定款で定める同項に規定する割合をいう。以下この項において同じ。）に2を乗じて得た率と、平成26年10月分にあっては同月分の国共済の掛金率に2を乗じて得た率と、平成27年10月から平成29年10月までの月分にあっては附則第83条の表の上欄に掲げる月分の区分に応じて、それぞれ同表の下欄に定める率とする。

2　第3号厚生年金被保険者期間を有する者について、厚生年金保険法の規定による脱退一時金の額を計算する場合においては、同法附則第29条第4項に規定する最終月の属する年の前年10月（当該最終月が1月から8月までの場合にあっては、前々年10月）が平成25年から平成29年までの間に該当するときは、当該脱退一時金の計算の基礎となる保険料率については、同法第81条第4項の規定にかかわらず、平成

25 年 10 月分にあっては同月分の地共済の掛金率（改正前地共済法第 114 条第 3 項の規定により地方公務員共済組合連合会の定款で定める同項に規定する長期給付に係る組合員の給料と掛金との割合及び期末手当等と掛金との割合に基づき政令で定めるところにより計算した割合をいう。以下この項において同じ。）に 2 を乗じて得た率と、平成 26 年 10 月分にあっては同月分の地共済の掛金率に 2 を乗じて得た率と、平成 27 年 10 月から平成 29 年 10 月までの月分にあっては附則第 84 条の表の上欄に掲げる月分の区分に応じて、それぞれ同表の下欄に定める率とする。

3 　第 4 号厚生年金被保険者期間を有する者について、厚生年金保険法の規定による脱退一時金の額を計算する場合においては、同法附則第 29 条第 4 項に規定する最終月の属する年の前年 10 月（当該最終月が 1 月から 8 月までの場合にあっては、前々年 10 月）が平成 25 年から平成 40 年までの間に該当するときは、当該脱退一時金の計算の基礎となる保険料率については、同法第 81 条第 4 項の規定にかかわらず、平成 25 年 10 月分にあっては同月分の私学共済の掛金率（改正前私学共済法第 27 条第 3 項の規定により共済規程（私立学校教職員共済法第 4 条第 1 項に規定する共済規程をいう。以下この項及び附則第 85 条第 2 項において同じ。）で定める改正前私学共済法第 27 条第 3 項に規定する割合をいう。以下この項において同じ。）と、平成 26 年 10 月分にあっては同月分の私学共済の掛金率と、平成 27 年 10 月から平成 38 年 10 月までの月分にあっては附則第 85 条第 1 項の表の上欄に掲げる月分の区分に応じて、それぞれ同表の下欄に定める率（同条第 2 項の規定が適用される場合には、同項の規定により共済規程で定める率）と、平成 39 年 10 月分及び平成 40 年 10 月分にあってはそれぞれ厚生年金保険法第 81 条第 4 項に規定する率（附則第 85 条第 2 項の規定が適用される場合には、同項の規定により共済規程で定める率）とする。

離婚分割

第10章

Ⅰ　離婚等をした場合の特例

1　離婚による年金分割の概要

■合意分割と3号分割

　離婚による年金分割には、「離婚時の厚生年金の分割」と「離婚時の第3号被保険者の厚生年金の分割」があり、一般的に前者を「合意分割」、後者を「3号分割」といいます。

　「合意分割」は平成19年4月1日以後に成立した離婚等を対象として、離婚等をした当事者間の合意または裁判手続により按分割合を定めた場合に、当事者の二人またはその一人からの請求によって婚姻期間中の標準報酬等を当事者間で分割することができる制度です。

　「3号分割」は、平成20年5月1日以後※に成立した離婚等を対象として、被扶養配偶者（平成20年4月以後において国民年金第3号被保険者であった者に限る）からの請求によって、平成20年4月以後の特定期間（被扶養配偶者が国民年金の第3号被保険者であった期間）中の標準報酬等のそれぞれ2分の1ずつを当事者間で分割することができる制度です。

※「3号分割」は、離婚した月の前月までが分割の対象となるため、平成20年4月1日以後ではなく平成20年5月1日以後に成立した離婚が対象です。

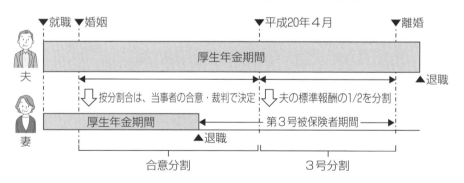

■按分割合

　按分割合とは、婚姻期間中の夫婦の標準報酬総額の合計額に対する、分割を受ける側（主に妻）の離婚分割後の標準報酬総額の割合です。年金分割の按分割合の上限は50％とし、下限は分割を受ける側の分割前の標準報酬の持ち分にあたる割合となります。たとえ当事間での合意があった場合でも、分割を受ける側の持ち分が50％を超えるような分割はできません。また、分割を受ける側の持ち分を分割前より少なくすることもできません。

按分割合の範囲の計算方法

$$50\% \geqq 按分割合 > \frac{分割を受ける側の標準報酬総額}{夫婦合計の標準報酬総額}$$
（上限）　　　　　　　　　　　　　（下限）

　例えば、夫婦の標準報酬総額が8,000万円の場合、按分割合を50％と定めた時には、分割後の夫の標準報酬総額は4,000万円となり、分割後の妻の標準報酬総額も4,000万円となります。

【計算事例】

妻に標準報酬がない場合

　　夫の再評価後の標準報酬総額　　8,000万円
　　妻の再評価後の標準報酬総額　　　　0万円

　夫婦合計の標準報酬総額　8,000万円＋0万円＝8,000万円

（下限）　0万円÷8,000万円＝0
（上限）　0.5
按分割合の範囲　　0～0.5

双方に標準報酬がある場合

　　夫の再評価後の標準報酬総額　　8,000万円
　　妻の再評価後の標準報酬総額　　2,000万円

　夫婦合計の標準報酬総額　8,000万円＋2,000万円＝10,000万円

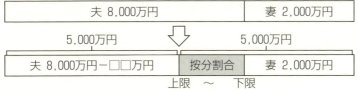

（下限）　2,000万円÷10,000万円＝0.2
（上限）　0.5
按分割合の範囲　　0.2～0.5

Ⅱ　離婚時の厚生年金の分割（合意分割）

1　合意分割の概要

■合意分割の要件

合意分割の要件については法第78条の2に規定されており、当事者がひとつの種別の厚生年金被保険者期間のみを有する場合については、改正前と変わりません。概要は次のとおりです。

> 第1号改定者または第2号改定者は、離婚等をした場合で次のいずれかに該当する時は、離婚後2年以内であれば、婚姻から離婚までの対象期間（以下「対象期間」という）の当事者の標準報酬の改定または決定の請求をすることができる。
> ① 当事者が標準報酬改定請求および按分割合について合意しているとき
> ② 家庭裁判所が按分割合について定めたとき

合意分割では、離婚当事者の対象期間中の対象期間標準報酬総額（対象期間における各月の標準報酬月額と標準賞与額の総額）の多い者が少ない者に対して標準報酬の分割を行うことになります。対象期間標準報酬総額の多い者（分割される側）を「第1号改定者」といい、対象期間標準報酬総額の少ない者（分割を受ける側）を「第2号改定者」といいます。

■改定割合

標準報酬改定請求があったときは、第1号改定者が標準報酬月額または標準賞与額を有する各月ごとに標準報酬の改定または決定が行われます。具体的には、按分割合により改定割合を算出し、これをもとに当事者双方の標準報酬が改定されます。

【計算事例】
　第1号改定者の対象期間標準報酬総額　8,000万円
　第2号改定者の対象期間標準報酬総額　4,000万円
　按分割合 50%

改定割合＝按分割合－（第2号改定者の報酬総額／第1号改定者の報酬総額）
　　　　　×（1－按分割合）

改定割合＝0.5－（4,000万円／8,000万円）×（1－0.5）
　　　　＝0.5－0.25＝0.25

- 第 1 号改定者の分割後の標準報酬総額
    改定前の標準報酬総額×(1－改定割合)
    8,000万円×(1－0.25)＝6,000万円
- 第 2 号改定者の分割後の標準報酬総額
    改定前の標準報酬総額＋第 1 号改定者の改定前の標準報酬総額×改定割合
    4,000万円＋8,000万円×0.25＝6,000万円

📖 法第78条の 2（離婚等をした場合における標準報酬の改定の特例）

1　第 1 号改定者（被保険者又は被保険者であった者であって、第78条の 6 第 1 項第一号及び第 2 項第一号の規定により標準報酬が改定されるものをいう。以下同じ。）又は第 2 号改定者（第 1 号改定者の配偶者であった者であって、同条第 1 項第二号及び第 2 項第二号の規定により標準報酬が改定され、又は決定されるものをいう。以下同じ。）は、離婚等（離婚（婚姻の届出をしていないが事実上婚姻関係と同様の事情にあった者について、当該事情が解消した場合を除く。）、婚姻の取消しその他厚生労働省令で定める事由をいう。以下この章において同じ。）をした場合であって、次の各号のいずれかに該当するときは、実施機関に対し、当該離婚等について対象期間（婚姻期間その他の厚生労働省令で定める期間をいう。以下同じ。）に係る被保険者期間の標準報酬（第 1 号改定者及び第 2 号改定者（以下これらの者を「当事者」という。）の標準報酬をいう。以下この章において同じ。）の改定又は決定を請求することができる。ただし、当該離婚等をしたときから 2 年を経過したときその他の厚生労働省令で定める場合に該当するときは、この限りでない。
　一　当事者が標準報酬の改定又は決定の請求をすること及び請求すべき按分割合（当該改定又は決定後の当事者の次条第 1 項に規定する対象期間標準報酬総額の合計額に対する第 2 号改定者の対象期間標準報酬総額の割合をいう。以下同じ。）について合意しているとき。
　二　次項の規定により家庭裁判所が請求すべき按分割合を定めたとき。
2　前項の規定による標準報酬の改定又は決定の請求（以下「標準報酬改定請求」という。）について、同項第一号の当事者の合意のための協議が調わないとき、又は協議をすることができないときは、当事者の一方の申立てにより、家庭裁判所は、当該対象期間における保険料納付に対する当事者の寄与の程度その他一切の事情を考慮して、請求すべき按分割合を定めることができる。
3　標準報酬改定請求は、当事者が標準報酬の改定又は決定の請求をすること及び請求すべき按分割合について合意している旨が記載された公正証書の添付その他の厚生労働省令で定める方法によりしなければならない。

2　2以上の種別の被保険者期間がある者の年金分割

改正の要点
2以上の種別の厚生年金保険の被保険者期間を有する者の合意分割請求は、同時に行うことが必要となった。

■ 改正前の合意分割
2以上の年金制度の加入期間を有する者の改正前の合意分割は、当事者が対象期間に加入した年金制度（国民年金を除く）について、それぞれの対象期間ごとに、標準報酬の改定の請求、対象期間標準報酬総額および按分割合の範囲の計算等の改定処理を行っていました。これにより、当事者が対象期間に加入した年金制度のうち、一部の年金制度についてのみの標準報酬等の改定請求を行うことが可能でした。

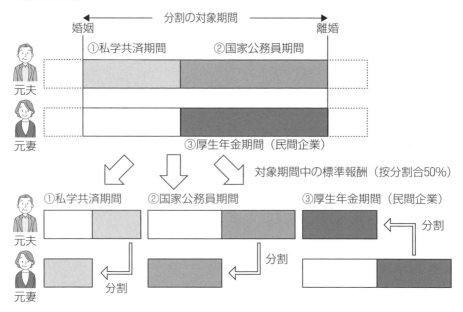

■ 改正後の合意分割
2以上の種別の厚生年金保険の被保険者であった期間を有する者の改正後の合意分割は、当事者が対象期間に加入したすべての厚生年金被保険者期間にかかる標準報酬総額に基づいて改定処理が行われます。これにより、一部の年金制度のみの改定請求を行うことはできなくなりました。ひとつの実施機関に改定請求を行うと、対象期間に加入したすべての実施機関に改定請求したものとされます（法第78条の35）。

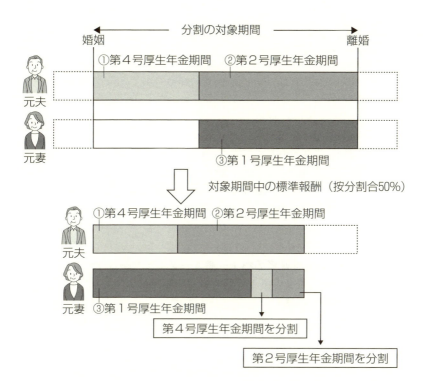

ワンポイント──請求先

2以上の種別の厚生年金保険期間を有する者の標準報酬の改定の実務はそれぞれの実施機関で行われますが、標準報酬改定請求書はワンストップサービスの対象となっているため、請求はいずれの実施機関でも可能です。

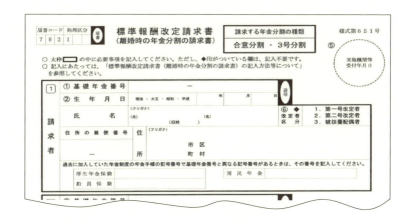

第10章 離婚分割

3 標準報酬改定の計算

改正の要点

2以上の種別の厚生年金保険の被保険者期間を有する者の標準報酬改定の計算方法が規定された。

■ 改正後の計算方法

2以上の種別の厚生年金保険の被保険者期間を有する者の標準報酬の改定については、それぞれの期間ごとに標準報酬総額を計算して合算した額により算出した改定割合によって、各実施機関が標準報酬の改定・年金額の改定を行います。

改正後の改定割合の計算は次のとおりです。

改定割合＝
按分割合－（第2号改定者の第1〜第4号厚生年金被保険者期間の標準報酬総額÷第1号改定者の第1〜第4号厚生年金被保険者期間の標準報酬総額）×（1－按分割合）

【計算事例】

婚姻期間内の標準報酬総額が下記の場合（按分割合50％）

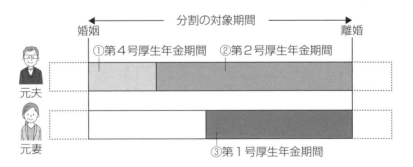

		元夫	元妻	合計
標準報酬総額	①第4号厚生年金	7,000万円	0	7,000万円
	②第2号厚生年金	20,000万円	0	20,000万円
	③第1号厚生年金	0	15,000万円	15,000万円
合　　計		27,000万円	15,000万円	42,000万円

●分割後の標準報酬
（婚姻期間中の全期間の報酬総額の合計を比較→元夫が第1号改定者）
・改定割合（合算した標準報酬総額で計算）
　0.5−（15,000万円／27,000万円）×（1−0.5）＝0.222222222

・元夫（第1号改定者）の分割後の標準報酬総額
　改定前の標準報酬総額×（1−改定割合）
　　27,000万円×（1−0.22222……）≒21,000万円
・元妻（第2号改定者）の分割後の標準報酬総額
　改定前の標準報酬総額＋第1号改定者の改定前の標準報酬総額×改定割合
　　15,000万円＋27,000万円×0.22222……≒21,000万円

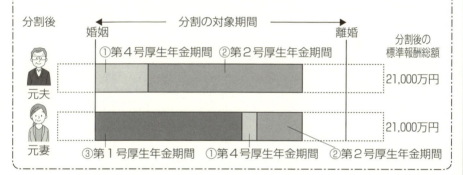

　当事者それぞれが対象期間に加入したすべての厚生年金被保険者期間にかかる標準報酬総額を比較し、多い方が第1号改定者となります。事例の場合は第1号改定者が加入していた第2号厚生年金被保険者期間および第4号厚生年金被保険者期間の実施機関が改定手続きを行います。妻は、第2号厚生年金および第4号厚生年金の標準報酬の分割を受けることになり、自分の第1号厚生年金と合わせて持ち分が50％となります。

4 年金分割のための情報通知書

改正の要点
2以上の種別の厚生年金の被保険者期間を有する者の「年金分割のための情報通知書」の発行方法が変更された。

2以上の種別の厚生年金保険の被保険者期間を有する者にかかる平成 27 年 10 月 1 日以後の情報提供

2以上の種別の厚生年金保険の被保険者期間を有する者にかかる平成 27 年 10 月 1 日以後の情報提供は、「年金分割のための情報通知書」を、その請求を受けた実施機関が発行します。その中には、当事者双方が対象期間に加入したすべての厚生年金被保険者期間にかかる標準報酬総額に基づき算定した按分割合の範囲が記載されています。改正前は、それぞれの年金制度加入期間ごとに発行されていました。

このため、改正前に発行された「年金分割のための情報通知書」の有効期間は平成 27 年 9 月 30 日までとなりました。平成 27 年 10 月 1 日以後に離婚分割請求手続きをする際は、再度新しい情報通知書の発行を受ける必要があります。

法第 78 条の 35（離婚等をした場合の特例）
1 　2以上の種別の被保険者であった期間を有する者について、第 78 条の 2 第 1 項の規定を適用する場合においては、各号の厚生年金被保険者期間のうち 1 の期間に係る標準報酬についての同項の規定による請求は、他の期間に係る標準報酬についての当該請求と同時に行わなければならない。
2 　前項の場合においては、その者の 2 以上の被保険者の種別に係る被保険者であった期間を合算し、1 の期間に係る被保険者期間のみを有する者とみなして第 78 条の 2 及び第 78 条の 3 の規定を適用し、各号の厚生年金被保険者期間に係る被保険者期間ごとに第 78 条の 6 及び附則第 17 条の 10 の規定を適用する。この場合において、必要な読替えその他必要な事項は、政令で定める。

ワンポイント――「年金分割のための情報通知書」の発行
複数の種別の厚生年金保険期間を有する者にかかる情報通知書は、発行依頼の受付を行った実施機関から送付されます。ただし、按分割合を指定した見込額の試算を希望するときは、それぞれの実施機関ごとに、「年金分割を行った場合の年金見込額のお知らせ」が送付されます。見込額の試算は、50 歳以上であれば依頼できます。

5 対象期間標準報酬総額に乗じる再評価率

 改正の要点
対象期間標準報酬総額を計算する場合に、昭和60年9月以前の旧共済組合員等期間に乗じる再評価率が規定された。

◼ 対象期間標準報酬総額とは

「対象期間標準報酬総額」とは、対象期間に係る被保険者期間の各月の標準報酬月額と標準賞与額の総額のことをいい、それぞれの当事者を受給権者とみなして再評価率(対象期間の末日において適用される再評価率)を乗じています。

◼ 再評価率の規定

対象期間標準報酬総額を計算する際の昭和60年9月以前の旧国家公務員共済組合員期間、旧地方公務員共済組合員期間および旧私立学校教職員共済加入者期間に乗じる再評価率が規定されました(法附則第17条の9)。

昭和60年9月以前の旧国家公務員共済組合員期間、旧地方公務員共済組合員期間および旧私立学校教職員共済加入者期間の平均標準報酬月額の計算の基礎となる標準報酬月額については、それぞれの期間の各月の標準報酬月額に、生年月日に応じた下表の率を乗じた額とします。ただし、昭和61年4月前の旧船員組合員期間の月数に3分の4を乗じた期間の各月の標準報酬月額は除きます。

生年月日	再評価率
昭和5年4月1日以前	1.222
昭和5年4月2日から昭和6年4月1日	1.233
昭和6年4月2日から昭和7年4月1日	1.260
昭和7年4月2日から昭和10年4月1日	1.266
昭和10年4月2日から昭和11年4月1日	1.271
昭和11年4月2日から昭和12年4月1日	1.281
昭和12年4月2日以後	1.291

◼ 2以上の種別の厚生年金被保険者期間を有する者

2以上の種別の被保険者であった期間を有する者にかかる離婚分割について、対象期間標準報酬総額を算出する場合には第1号から第4号の各号の厚生年金の被保険者期間の種別ごとに再評価率を乗じます(法第78条の3)。

法附則第17条の9 （対象期間標準報酬総額の計算の特例）

1～3　（略）

4　対象期間標準報酬総額を計算する場合において、昭和60年9月以前の期間に属する旧国家公務員共済組合員期間については、第78条の3第1項の規定にかかわらず、当該旧国家公務員共済組合員期間の各月の標準報酬月額に、附則別表第2（著者注：別表は省略）の上欄に掲げる当事者の区分に応じてそれぞれ同表の下欄に定める率を乗じて計算する。ただし、国家公務員等共済組合法等の一部を改正する法律附則第32条第1項の規定により当該旧国家公務員共済組合員期間に合算された期間に属する各月の標準報酬月額については、この限りでない。

5　対象期間標準報酬総額を計算する場合において、昭和60年9月以前の期間に属する旧地方公務員共済組合員期間については、第78条の3第1項の規定にかかわらず、当該旧地方公務員共済組合員期間の各月の標準報酬月額に、附則別表第2の上欄に掲げる当事者の区分に応じてそれぞれ同表の下欄に定める率を乗じて計算する。ただし、地方公務員等共済組合法等の一部を改正する法律附則第35条第1項の規定により当該旧地方公務員共済組合員期間に合算された期間に属する各月の標準報酬月額については、この限りでない。

6　対象期間標準報酬総額を計算する場合において、昭和60年9月以前の期間に属する旧私立学校教職員共済加入者期間については、第78条の3第1項の規定にかかわらず、当該旧私立学校教職員共済加入者期間の各月の標準報酬月額に、附則別表第2の上欄に掲げる当事者の区分に応じてそれぞれ同表の下欄に定める率を乗じて計算する。

法第78条の3 （請求すべき按分割合）　令第3条の13の12（2以上の種別の被保険者であった期間を有する者に係る離婚等をした場合の特例の適用に関する読替え等）による読替え（＿＿＿部分）

1　請求すべき按分割合は、当事者それぞれの対象期間標準報酬総額（対象期間に係る被保険者期間の各月の標準報酬月額（第26条第1項の規定により同項に規定する従前標準報酬月額が当該月の標準報酬月額とみなされた月にあっては、従前標準報酬月額）と標準賞与額に当事者を受給権者とみなして対象期間の末日において適用される<u>第78条の22に規定する各号の厚生年金被保険者期間（第78条の6第3項において「各号の厚生年金被保険者期間」という。）</u>に応じた再評価率を乗じて得た額の総額をいう。以下同じ。）の合計額に対する第2号改定者の対象期間標準報酬総額の割合を超え2分の1以下の範囲（以下「按分割合の範囲」という。）内で定められなければならない。

2　（略）

6 離婚時みなし被保険者期間

改正の要点
第2号改定者の離婚時みなし被保険者期間にかかる種別は、第1号改定者の被保険者期間の種別となることが規定された。

■ 離婚時みなし被保険者期間の種別

離婚による年金の分割により第1号改定者から第2号改定者に標準報酬が分割されますが、対象期間のうち第1号改定者の被保険者期間であって第2号改定者の被保険者でなかった期間については、第2号改定者についても被保険者であったものとみなされます。これを「離婚時みなし被保険者期間」といいます（法第78条の6）。

標準報酬の分割を受ける側の離婚時みなし被保険者期間にかかる種別は、標準報酬が分割される側である第1号改定者の被保険者期間の種別となります。

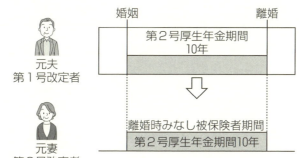

第1号改定者が2以上の種別の被保険者であった期間を有する場合においても、第1号改定者の被保険者期間であって第2号改定者の被保険者期間でない期間については、第2号改定者のひとつの被保険者期間であったものとみなされ、その種別は第1号改定者の被保険者期間の種別となります（令第3条の13の12）。

■ 改正前における離婚時みなし被保険者期間の受給権の取得

法附則第8条は特別支給の老齢厚生年金の受給要件を規定しており、同条第二号ではその要件として「1年以上の被保険者期間を有すること」とあります。この規定が附則第17条の10により「1年以上の被保険者期間（離婚時みなし被保険者期間を除く。）を有すること」と読み替えられています。つまり、離婚時みなし被保険者期間は、特別支給の老齢厚生年金の支給要件をみる場合の被保険者

期間には算入されません。

　例えば、配偶者から分割を受けた共済年金の離婚時みなし組合員期間にかかる特別支給の退職共済年金は、第2号改定者にその共済の加入期間がなければ、平成27年10月1日前は受給することができませんでした。

【事　例】国家公務員共済組合の組合員期間（10年）にかかる標準報酬を分割
　　　　　第2号改定者に国家公務員共済組合の組合員期間なし

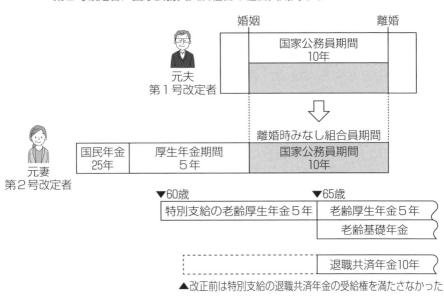

■ 改正後における離婚時みなし被保険者期間の受給権の取得

　特別支給の老齢厚生年金の受給要件が「1年以上の被保険者期間（離婚時みなし被保険者期間を除く。）を有すること」である点についての改正はありません。しかし、2以上の種別の厚生年金被保険者期間を有する場合には、「1年以上の厚生年金被保険者期間を有すること」の要件は、複数の厚生年金被保険者期間を合算して判断することとなりました（93ページ参照）。

　この改正によって、第2号改定者に厚生年金の被保険者期間が1年以上あれば、配偶者から分割を受けた共済年金の離婚時みなし組合員期間（離婚時みなし被保険者期間）にかかる特別支給の老齢厚生年金が受給できるようになります。既に特別支給の老齢厚生年金の支給開始年齢に到達している場合は、平成27年10月1日に特別支給の老齢厚生年金の受給権が発生しています。

【事　例】昭和31年４月２日生まれの女性の場合
　　　　　第２号厚生年金被保険者期間（10年）にかかる標準報酬を分割
　　　　　自身の第１号厚生年金被保険者期間（５年）あり

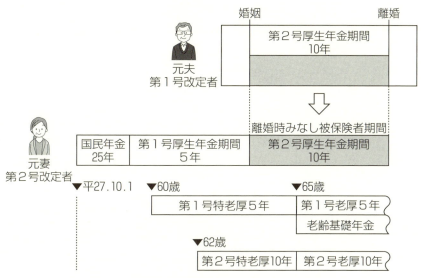

自身の厚生年金被保険者期間を１年以上有するため、
第２号特別支給の老齢厚生年金が支給される。

【事　例】昭和27年４月２日生まれの女性
　　　　　国家公務員共済組合の組合員期間（10年）にかかる標準報酬を分割
　　　　　自身の第１号厚生年金被保険者期間（５年）あり

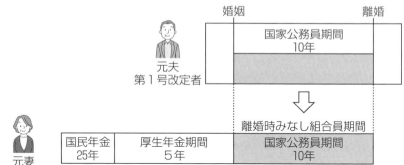

自身の厚生年金被保険者期間を１年以上有するため、改正後は第２号特別支給の老齢厚生年金が支給される。
支給開始年齢を過ぎていることから平成27年10月１日に受給権が発生する。

📖**法第78条の６（標準報酬の改定又は決定）　令第３条の13の12（２以上の種別の被保険者であった期間を有する者に係る離婚等をした場合の特例の適用に関する読替え等）による読替え（＿＿＿部分）**

1・2　（略）
3　前２項の場合において、対象期間のうち、第１号改定者の各号の厚生年金被保険者期間のうち第78条の22に規定する１の期間(以下この項において「１の期間」という。)に係る被保険者期間であって第２号改定者の当該１の期間に係る被保険者期間でない期間については、第２号改定者の当該１の期間に係る被保険者期間であったものとみなす。
4　（略）

7 分割された旧共済組合員等期間

改正の要点
改正前共済各法により離婚時の年金分割が行われた旧共済組合員等期間については、厚生年金保険法による離婚時みなし被保険者期間または被扶養配偶者みなし被保険者期間とみなすことになった。

▌離婚時みなし被保険者期間とみなす期間

改正法附則第7条第1項の規定により、旧国家公務員共済組合員期間、旧地方公務員共済組合員期間または旧私立学校教職員共済加入者期間は、厚生年金保険の被保険者期間とみなされます。その期間中に、改正前共済各法の規定により離婚時の年金分割が行われていた旧共済組合員等期間がある場合について、「離婚時みなし組合員期間」とみなされた期間は厚生年金保険法による「離婚時みなし被保険者期間」とみなされたものとされました。後述する「被扶養配偶者みなし被保険者期間」についても同様です（経過措置政令第4条）。

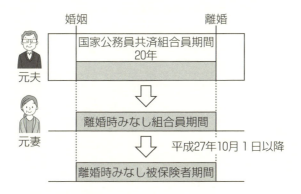

▌離婚時みなし被保険者期間の効力

離婚時みなし被保険者期間は、第2号改定者が実際には厚生年金保険に加入していなかった期間を厚生年金保険の被保険者期間とみなして年金額等に反映させる扱いであるため、一定の範囲内でその効力が生じます。

離婚時みなし被保険者期間の効力の有無

	効力の有無
受給資格期間	・離婚時みなし被保険者期間は受給資格期間に算入されない
加給年金額	・加給年金額の要件である「被保険者期間の240月以上」をみる場合の被保険者期間に算入されない
特別支給の老齢厚生年金	・特別支給の老齢厚生年金の支給要件である「被保険者期間1年以上」をみる場合の被保険者期間に算入されない ・特別支給の老齢厚生年金の定額部分の計算基礎とならない ・長期加入者の特例の要件である「被保険者期間44年以上」をみる場合の被保険者期間に算入されない
障害厚生年金	・離婚時みなし被保険者期間中に初診日がある傷病によって障害状態になっても障害厚生年金の対象とならない ・障害厚生年金の額を300月とみなして計算する場合には、離婚時みなし被保険者期間はその計算基礎とされない
遺族厚生年金	・長期要件による遺族厚生年金にかかる中高齢の寡婦加算の要件「被保険者期間が原則240月以上」をみる場合の被保険者期間には算入されない
脱退一時金	・支給要件「被保険者期間が6月以上」をみる場合の被保険者期間には算入されない
振替加算	・離婚時みなし被保険者期間を含めて240月以上となった場合には、振替加算は行われない（既に加算されている場合は失権）

受給資格期間の事例

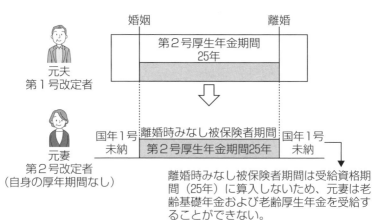

📖 経過措置政令第4条（厚生年金保険の被保険者期間に関する経過措置）

1 平成24年一元化法附則第7条第1項の規定により第2号厚生年金被保険者期間、第3号厚生年金被保険者期間又は第4号厚生年金被保険者期間とみなされた次に掲げる期間については、改正後厚生年金保険法第78条の7に規定する離婚時みなし被保険者期間とみなされたものとする。
　一　改正前国共済法第93条の5第1項の規定による請求があった場合において、改正前国共済法第93条の9第3項の規定により旧国家公務員共済組合員期間であったものとみなされた期間
　二　昭和61年国共済経過措置政令第66条の4第1項の規定による請求があった場合において、昭和61年国共済経過措置政令第66条の5第2項の規定により旧国家公務員共済組合員期間であったものとみなされた期間
　三　改正前地共済法第105条第1項の規定による請求があった場合において、改正前地共済法第107条の3第3項の規定により旧地方公務員共済組合員期間であったものとみなされた期間
　四　昭和61年地共済経過措置政令第78条の5第1項の規定による請求があった場合において、昭和61年地共済経過措置政令第78条の6第2項の規定により旧地方公務員共済組合員期間であったものとみなされた期間
　五　改正前私学共済法第25条において準用する改正前国共済法第93条の5第1項の規定による請求があった場合において、改正前私学共済法第25条において準用する改正前国共済法第93条の9第3項の規定により旧私立学校教職員共済加入者期間であったものとみなされた期間
　六　私立学校教職員共済法第48条の2の規定によりその例によることとされる昭和61年国共済経過措置政令第66条の4第1項の規定による請求があった場合において、同法第48条の2の規定によりその例によることとされる昭和61年国共済経過措置政令第66条の5第2項の規定により旧私立学校教職員共済加入者期間であったものとみなされた期間
2 平成24年一元化法附則第7条第1項の規定により第2号厚生年金被保険者期間、第3号厚生年金被保険者期間又は第4号厚生年金被保険者期間とみなされた次に掲げる期間については、改正後厚生年金保険法第78条の15に規定する被扶養配偶者みなし被保険者期間とみなされたものとする。
　一　改正前国共済法第93条の13第1項の規定による請求があった場合において、同条第4項の規定により旧国家公務員共済組合員期間であったものとみなされた期間
　二　改正前地共済法第107条の7第1項の規定による請求があった場合において、同条第4項の規定により旧地方公務員共済組合員期間であったものとみなされた期間
　三　改正前私学共済法第25条において準用する改正前国共済法第93条の13第1項の規定による請求があった場合において、同条第4項の規定により旧私立学校教職員共済加入者期間であったものとみなされた期間

8 改正前の規定が適用される離婚分割

改正の要点
2以上の種別の厚生年金保険の被保険者期間を有する者の離婚時の標準報酬の改定請求について、改正前の法律が適用される場合が規定された。

■ 改正前の規定が適用される場合

2以上の種別の被保険者であった期間を有する者にかかる離婚時の標準報酬の改定請求について、改正後の法第78条の35を適用せず、改正前の規定によりそれぞれの種別の対象期間ごとに、それぞれの標準報酬総額に基づいて改定処理が行われる場合があります（経過措置政令第15条）。次のとおりです。

【改正前の規定を適用する場合】

1. 2以上の種別の被保険者であった期間を有する当事者が、平成27年10月1日前に、改正前厚生年金保険法、改正前国共済法、改正前地共済法、改正前私学共済法に規定する按分割合等について合意していた場合

2. 2以上の種別の被保険者であった期間を有する当事者の一方により、平成27年10月1日前の家庭裁判所に対する申立ておよび平成27年10月1日前に受けた情報の提供に基づき、家庭裁判所が、平成27年10月1日前において、改正前厚生年金保険法、改正前国共済法、改正前地共済法、改正前私学共済法に規定する按分割合等について定めた場合

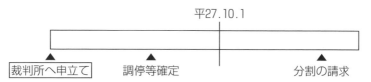

3. 2以上の種別の被保険者であった期間を有する当事者の一方により平成27年10月1日前の家庭裁判所に対する申立ておよび平成27年10月1日前に受けた情報の提供に基づき、家庭裁判所が、平成27年10月1日以後に、改正後厚生年金保険法第78条の2第1項第一号に規定する請求すべき按分割合を定めた場合

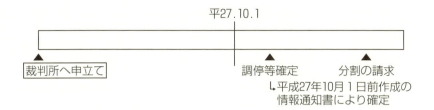

【改正後の規定を適用する場合】

1. 2以上の種別の被保険者であった期間を有する当事者が、按分割合等について合意したのが平成27年10月1日以後であった場合

2. 2以上の種別の被保険者であった期間を有する当事者の一方により、家庭裁判所に対する申立ては平成27年10月1日前に行われたが、情報通知書の作成日が平成27年10月1日以後であった場合

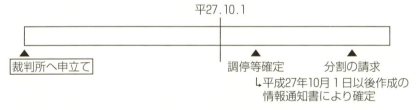

3. 2以上の種別の被保険者であった期間を有する当事者の一方により、家庭裁判所に対する申立てが平成27年10月1日以後に行われた場合

📖 経過措置政令第15条

1　次の各号のいずれかに該当する場合における2以上の種別の被保険者であった期間を有する当事者（2以上の種別の被保険者であった期間を有する者又は改正後厚年令第3条の13の13の規定により改正後厚生年金保険法第78条の35の規定の適用につ

いて2以上の種別の被保険者であった期間を有する者とみなされた者である第1号改定者（改正後厚生年金保険法第78条の2第1項に規定する第1号改定者をいう。）及び第2号改定者（同項に規定する第2号改定者をいう。）をいう。以下この条及び次条において同じ。）の同項の規定による請求については、改正後厚生年金保険法第78条の35の規定は、適用しない。
一 2以上の種別の被保険者であった期間を有する当事者が、施行日前に、次のイからニまでのいずれかについて合意していたとき。
　イ 改正前厚生年金保険法第78条の2第1項の規定により標準報酬（改正後厚生年金保険法第28条に規定する標準報酬をいう。以下同じ。）の改定又は決定の請求をすること及び同項第一号に規定する請求すべき按分割合
　ロ 改正前国共済法第93条の5第1項の規定により標準報酬の月額及び標準期末手当等の額の改定又は決定の請求をすること及び同項第一号に規定する請求すべき按分割合
　ハ 改正前地共済法第105条第1項の規定による離婚特例の適用の請求をすること及び同項第一号に規定する請求すべき按分割合
　ニ 改正前私学共済法第25条において準用する改正前国共済法第93条の5第1項の規定により標準給与の月額及び標準賞与の額の改定又は決定の請求をすること及び同項第一号に規定する請求すべき按分割合
二 2以上の種別の被保険者であった期間を有する当事者の一方により施行日前に行われた次のイからニまでに掲げる家庭裁判所に対する申立て及び施行日前に受けた当該イからニまでに掲げる情報の提供に基づき、家庭裁判所が、施行日前に、それぞれイからニまでに定める規定に規定する請求すべき按分割合を定めたとき。
　イ 改正前厚生年金保険法第78条の2第2項の規定により行われた家庭裁判所に対する申立て及び改正前厚生年金保険法第78条の4第1項の規定により受けた情報の提供（改正前厚生年金保険法第78条の5の規定により裁判所又は受命裁判官若しくは受託裁判官が受けた資料の提供を含む。）　改正前厚生年金保険法第78条の2第1項第一号
　ロ 改正前国共済法第93条の5第2項（昭和61年国共済経過措置政令第66条の4第3項において準用する場合を含む。）の規定により行われた家庭裁判所に対する申立て及び改正前国共済法第93条の7第1項（昭和61年国共済経過措置政令第66条の4第3項において準用する場合を含む。）の規定により受けた情報の提供（改正前国共済法第93条の8（昭和61年国共済経過措置政令第66条の4第3項において準用する場合を含む。）の規定により裁判所又は受命裁判官若しくは受託裁判官が受けた資料の提供を含む。）　改正前国共済法第93条の5第1項第一号
　ハ 改正前地共済法第105条第2項（昭和61年地共済経過措置政令第78条の5第3項において準用する場合を含む。）の規定により行われた家庭裁判所に対する申立て及び改正前地共済法第107条第1項（昭和61年地共済経過措置政令第78条の5第3項において準用する場合を含む。）の規定により受けた情報の提供（改正前地共済法第107条の2（昭和61年地共済経過措置政令第78条の5第3項において準用する場合を含む。）の規定により裁判所又は受命裁判官若しくは受託裁判官が受けた資料の提供を含む。）　改正前地共済法第105条第1項第一号
　ニ 改正前私学共済法第25条において準用する改正前国共済法第93条の5第2項（私立学校教職員共済法第48条の2の規定によりその例によることとされる昭和

61年国共済経過措置政令第66条の4第3項において準用する場合を含む。）の規定により行われた家庭裁判所に対する申立て及び改正前私学共済法第25条において準用する改正前国共済法第93条の7第1項（私立学校教職員共済法第48条の2の規定によりその例によることとされる昭和61年国共済経過措置政令第66条の4第3項において準用する場合を含む。）の規定により受けた情報の提供（改正前私学共済法第25条において準用する改正前国共済法第93条の8（私立学校教職員共済法第48条の2の規定によりその例によることとされる昭和61年国共済経過措置政令第66条の4第3項において準用する場合を含む。）の規定により裁判所又は受命裁判官若しくは受託裁判官が受けた資料の提供を含む。） 改正前私学共済法第25条において準用する改正前国共済法第93条の5第1項第一号

三 2以上の種別の被保険者であった期間を有する当事者の一方により施行日前に行われた前号イからニまでに掲げる家庭裁判所に対する申立て及び施行日前に受けた当該イからニまでに掲げる情報の提供に基づき、家庭裁判所が、施行日以後に、改正後厚生年金保険法第78条の2第1項第一号に規定する請求すべき按分割合を定めたとき。

2 前項各号のいずれかに該当する場合において、2以上の種別の被保険者であった期間を有する当事者又はその一方が施行日以後に受給権を取得した改正後厚生年金保険法による障害厚生年金の額の計算の基礎となる厚生年金保険の被保険者期間に係る標準報酬が改正後厚生年金保険法第78条の6第1項及び第2項の規定により改定され、又は決定されたときは、当該2以上の種別の被保険者であった期間を有する当事者又はその一方の2以上の被保険者の種別（改正後厚生年金保険法第15条に規定する被保険者の種別をいう。以下同じ。）に係る被保険者であった期間を合算し、改正後厚生年金保険法第78条の22に規定する1の期間（以下「1の期間」という。）に係る被保険者期間のみを有するものとみなして、厚生年金保険法第78条の10第2項の規定を適用する。

ワンポイント──標準報酬改定請求の期限

当事者の合意や裁判手続きにより按分割合が決定されたとしても、実施機関において標準報酬改定請求を行わなければ、年金の分割は行われません。改定請求の期限は、原則として、離婚等をした日の翌日から起算して2年以内です。ただし、次の場合は、該当日の翌日から起算して1カ月を経過するまでに限り改定請求が可能です。

1．離婚から2年経過するまでに審判申立てを行って按分割合が確定したとき。
　（確定日が、請求期限（2年）経過後、または請求期限経過日前1カ月以内のとき）
2．離婚から2年経過するまでに調停申立てを行って按分割合が確定したとき。
　（確定日が、請求期限（2年）経過後、または請求期限経過日前1カ月以内のとき）
3．按分割合に関する附帯処分を求める申立てを行って按分割合を定めた判決が確定したとき。
　（確定日が、請求期限（2年）経過後、または請求期限経過日前1カ月以内のとき）
4．按分割合に関する附帯処分を求める申立てを行い、按分割合を定めた和解が成立したとき。
　（成立日が、請求期限（2年）経過後、または請求期限経過日前1カ月以内のとき）
5．按分割合を決定した後、改定請求手続き前に当事者の一方が亡くなった場合については、死亡日から1カ月以内に限り、改定請求が認められる。

9 改正前に一部の改定処理が行われている場合

改正の要点
改正前共済各法により離婚分割による改定が行われた期間については、改正後の離婚分割の対象から除くことが規定された。

■ 離婚分割された改正前共済組合員等期間

平成 27 年 10 月 1 日前に改正前共済各法による離婚分割が行われた旧共済組合員等期間等については、改正後の厚生年金保険法による離婚分割の対象から除かれます（経過措置政令第 16 条）。

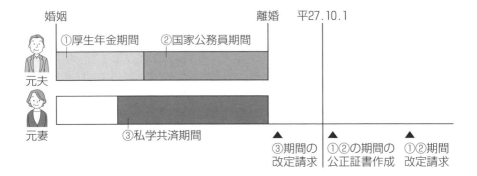

経過措置政令第 16 条

2 以上の種別の被保険者であった期間を有する当事者であって、施行日前に第一号から第三号まで、第六号若しくは第七号に掲げる改定若しくは決定が行われたもの若しくは第四号若しくは第五号に掲げる特例の適用を受けたもの又は施行日以後に第八号に掲げる改定若しくは決定（前条第 1 項各号のいずれかに該当する場合に限る。）が行われたものについて、改正後厚生年金保険法第 78 条の 2、第 78 条の 4 及び第 78 条の 6 並びに厚生年金保険法第 78 条の 3 の規定を適用する場合においては、改正後厚生年金保険法第 78 条の 2 第 1 項中「被保険者期間」とあるのは「被保険者期間（既に被用者年金制度の一元化等を図るための厚生年金保険法等の一部を改正する法律の施行に伴う厚生年金保険の保険給付等に関する経過措置に関する政令（平成 27 年政令第 343 号）第 16 条第一号から第三号まで若しくは第六号から第八号までに掲げる改定若しくは決定が行われた被保険者期間又は同条第四号若しくは第五号に掲げる特例の適用が行われた被保険者期間を除く。次条第 1 項及び第 78 条の 6 において同じ。）」と、改正後厚生年金保険法第 78 条の 4 第 1 項ただし書中「当該請求が」とあるのは「当該請求が当事者の有する全ての被保険者の種別に係る被保険者期間の」とする。
　一　改正前厚生年金保険法第 78 条の 6 第 1 項及び第 2 項の規定による標準報酬の改定又は決定
　二～八（略）

10　2以上の種別の被保険者であった期間を有する者

改正の要点
「2以上の種別の被保険者であった期間を有する者」とは、当事者双方を合わせて2以上の種別の厚生年金被保険者期間がある場合を含むことが規定された。

■「2以上の種別の被保険者であった期間を有する者」の定義
　法第78条の35（離婚等をした場合の特例）の適用を受ける者は、「2以上の種別の被保険者であった期間を有する者」と規定されています（304ページ参照）。これは本来、夫婦のどちらかが2以上の種別の厚生年金被保険者期間を有するという意味ですが、政令により双方を合わせて2以上の種別の被保険者であった期間を有していれば、2以上の種別の被保険者であった期間を有する者とみなして、法第78条の35の規定を適用することとされています。

１．2以上の種別の被保険者であった期間を有する者
　例えば、夫が第1号厚生年金被保険者期間と第3号厚生年金被保険者期間、妻が第1号厚生年金被保険者期間を有する場合、夫は「2以上の種別の被保険者であった期間を有する者」であるため、当然に法第78条の35の適用を受けます。

→　元夫は「2以上の種別の被保険者であった期間を有する者」となるため、元夫婦が婚姻期間中に加入したすべての厚生年金被保険者期間にかかる標準報酬総額に基づいて改定処理を行う。

２．「2以上の種別の被保険者であった期間を有する者」とみなす場合
　例えば、夫が第3号厚生年金被保険者期間のみ、妻が第1号厚生年金被保険者期間のみを有する場合は、夫婦それぞれで考えれば「2以上の種別の被保険者であった期間を有する者」とはなりません。双方を合わせて、2以上の種別の被保険者であった期間を有していれば「2以上の種別の被保険者であった期間を有する者」とみなして、法第78条の35が適用され、すべての厚生年金被保険者期間を合算した上での年金の分割が行われることになりました。後述する3号分割について規定する法第78条の36についても同様です（令第3条の13の13）。

→ 元夫も元妻も「2以上の種別の被保険者であった期間を有する者」には該当しないが、「2以上の種別の被保険者であった期間を有する者」とみなす。そのため、元夫婦が婚姻期間中に加入したすべての厚生年金被保険者期間にかかる標準報酬額に基づいて改定処理を行う。

📖 **令第3条の13の13（第1号改定者又は第2号改定者が2以上の被保険者の種別に係る被保険者であった期間を有しない者である場合の特例）**

　第78条の2第1項に規定する第1号改定者（以下この条において「第1号改定者」という。）及び同項に規定する第2号改定者（以下この条において「第2号改定者」という。）が異なる被保険者の種別に係る1の期間を有する者である場合であって、第1号改定者又は第2号改定者が各号の厚生年金被保険者期間のうち2以上の被保険者の種別に係る被保険者であった期間を有しない者であるときは、当該2以上の被保険者の種別に係る被保険者であった期間を有しない者である第1号改定者又は第2号改定者を2以上の種別の被保険者であった期間を有する者とみなして、法第78条の35の規定を適用する。

 ワンポイント──離婚等をしたとき
　離婚分割の対象になる「離婚等をしたとき」とは次のように規定されています。
1．離婚したとき
2．婚姻が取り消されたとき
3．事実婚にある人で、その一方が被扶養配偶者として国民年金の第3号被保険者の資格を喪失し、事実婚関係が解消したと認められたとき

Ⅲ 被扶養配偶者期間の特例（3号分割）

1 3号分割の要件等

▌3号分割の要件

　3号分割の要件については法第78条の14に規定されており、当事者がひとつの種別の厚生年金被保険者期間のみを有する場合については改正前と変わりません。概要は次のとおりです。

> 特定被保険者が被保険者であった期間中に被扶養配偶者を有する場合、その被扶養配偶者はその特定被保険者と離婚等をしたときは、特定期間の被保険者期間の報酬報酬の改定または決定の請求をすることができる。

　3号分割は、離婚当事者が厚生年金保険の被保険者または被保険者であった者と、その配偶者として国民年金法による第3号被保険者であった者の組み合わせの場合に適用されます。厚生年金保険の被保険者等であった者を「特定被保険者」、第3号被保険者に該当していた者を「被扶養配偶者」といいます。また、「特定期間」とは、特定被保険者が被保険者であった期間であり、かつ被扶養配偶者がその特定被保険者の配偶者として国民年金の第3号被保険者であった期間をいい、平成20年4月以後の期間に限られます。

▌分割の割合

　当事者双方の合意や裁判所の決定がなくても、離婚をした被扶養配偶者からの請求により、特定期間に係る特定被保険者の標準報酬の2分の1の分割を受けることができます。

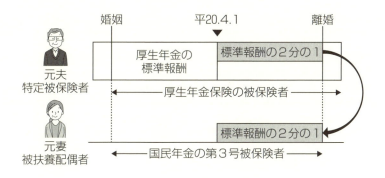

■ 被保険者であった期間
「被保険者であった者」の中には改正法附則第7条第1項の規定により第2号厚生年金被保険者期間、第3号厚生年金被保険者期間または第4号厚生年金被保険者期間とみなされた期間を有する者も含みます（経過措置政令第17条）。

法第78条の14（特定被保険者及び被扶養配偶者についての標準報酬の特例）

1 　被保険者（被保険者であった者を含む。以下「特定被保険者」という。）が被保険者であった期間中に被扶養配偶者（当該特定被保険者の配偶者として国民年金法第7条第1項第三号に該当していたものをいう。以下同じ。）を有する場合において、当該特定被保険者の被扶養配偶者は、当該特定被保険者と離婚又は婚姻の取消しをしたときその他これに準ずるものとして厚生労働省令で定めるときは、実施機関に対し、特定期間（当該特定被保険者が被保険者であった期間であり、かつ、その被扶養配偶者が当該特定被保険者の配偶者として同号に規定する第3号被保険者であった期間をいう。以下同じ。）に係る被保険者期間（次項及び第3項の規定により既に標準報酬が改定され、及び決定された被保険者期間を除く。以下この条において同じ。）の標準報酬（特定被保険者及び被扶養配偶者の標準報酬をいう。以下この章において同じ。）の改定及び決定を請求することができる。ただし、当該請求をした日において当該特定被保険者が障害厚生年金（当該特定期間の全部又は一部をその額の計算の基礎とするものに限る。第78条の20において同じ。）の受給権者であるときその他の厚生労働省令で定めるときは、この限りでない。
2 　実施機関は、前項の請求があった場合において、特定期間に係る被保険者期間の各月ごとに、当該特定被保険者及び被扶養配偶者の標準報酬月額を当該特定被保険者の標準報酬月額（第26条第1項の規定により同項に規定する従前標準報酬月額が当該月の標準報酬月額とみなされた月にあっては、従前標準報酬月額）に2分の1を乗じて得た額にそれぞれ改定し、及び決定することができる。
3 　実施機関は、第1項の請求があった場合において、当該特定被保険者が標準賞与額を有する特定期間に係る被保険者期間の各月ごとに、当該特定被保険者及び被扶養配偶者の標準賞与額を当該特定被保険者の標準賞与額に2分の1を乗じて得た額にそれぞれ改定し、及び決定することができる。
4 　前2項の場合において、特定期間に係る被保険者期間については、被扶養配偶者の被保険者期間であったものとみなす。
5 　第2項及び第3項の規定により改定され、及び決定された標準報酬は、第1項の請求のあった日から将来に向かってのみその効力を有する。

経過措置政令第17条（特定被保険者に関する経過措置）

改正後厚生年金保険法第78条の14第1項の規定の適用については、当分の間、同項中「被保険者であった者」とあるのは、「被保険者であった者及び被用者年金制度の一元化等を図るための厚生年金保険法等の一部を改正する法律（平成24年法律第63号）附則第7条第1項の規定により第2号厚生年金被保険者期間、第3号厚生年金被保険者期間又は第4号厚生年金被保険者期間とみなされた期間を有する者」とする。

2　2以上の種別期間がある者の分割

改正の要点
2以上の種別の厚生年金被保険者期間を有する者の3号分割は、同時に行うことが必要となった。

■ 改正後の3号分割
　2以上の種別の厚生年金被保険者期間を有する者について、3号分割の規定を適用する場合には、第1号から第4号までの各号の厚生年金の被保険者期間のうちひとつの種別の厚生年金被保険者期間に係る標準報酬についての3号分割の請求は、他の種別の厚生年金被保険者期間に係る標準報酬についての3号分割の請求と同時に行わなければなりません。

　この場合、2以上の種別の厚生年金被保険者期間を合算してひとつの厚生年金被保険者期間のみを有するものとみなして、3号分割の請求および標準報酬の改定請求の特例が適用されます（法第78条の36）。

　合意分割と3号分割が両方含まれる場合には、合意分割と同時に3号分割の請求があったとみなされます。まず3号分割が適用され、その後計算される按分割合の範囲内で合意分割が行われます。

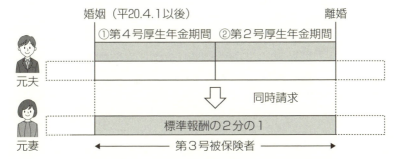

📖 法第78条の36（被扶養配偶者である期間についての特例）
1　2以上の種別の被保険者であった期間を有する者について、第78条の14第1項の規定を適用する場合においては、各号の厚生年金被保険者期間のうち1の期間に係る標準報酬についての同項の規定による請求は、他の期間に係る標準報酬についての当該請求と同時に行わなければならない。
2　前項の場合においては、その者の2以上の被保険者の種別に係る被保険者であった期間を合算し、1の期間又は当該1の期間に係る被保険者期間のみを有する者とみなして第78条の14第1項及び第78条の20第1項の規定を適用し、各号の厚生年金被保険者期間に係る被保険者期間ごとに第78条の14第2項及び第3項、第78条の20第2項及び第5項並びに附則第17条の11から第17条の13までの規定を適用する。この場合において、必要な読替えその他必要な事項は、政令で定める。

3 被扶養配偶者みなし被保険者期間

改正の要点

被扶養配偶者みなし被保険者期間にかかる種別は、特定被保険者の被保険者期間の種別となることになった。

■被扶養配偶者みなし被保険者期間の種別

3号分割により分割された特定期間にかかる被保険者期間については、被扶養配偶者の被保険者期間であったものとみなされます。これを「被扶養配偶者みなし被保険者期間」といいます。

標準報酬の分割を受ける側の被扶養配偶者みなし被保険者期間にかかる種別は、標準報酬が分割される側である特定被保険者の被保険者期間の種別となります。被扶養配偶者みなし被保険者期間については、離婚時みなし被保険者期間と同様の扱いです（経過措置政令第4条）。

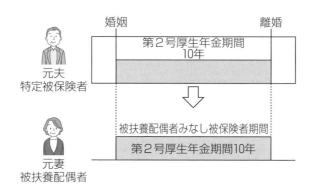

経過措置政令第4条（厚生年金保険の被保険者期間に関する経過措置）
1　（略）
2　平成24年一元化法附則第7条第1項の規定により第2号厚生年金被保険者期間、第3号厚生年金被保険者期間又は第4号厚生年金被保険者期間とみなされた次に掲げる期間については、改正後厚生年金保険法第78条の15に規定する被扶養配偶者みなし被保険者期間とみなされたものとする。
　一　改正前国共済法第93条の13第1項の規定による請求があった場合において、同条第4項の規定により旧国家公務員共済組合員期間であったものとみなされた期間
　二　改正前地共済法第107条の7第1項の規定による請求があった場合において、同条第4項の規定により旧地方公務員共済組合員期間であったものとみなされた期間
　三　改正前私学共済法第25条において準用する改正前国共済法第93条の13第1項の規定による請求があった場合において、同条第4項の規定により旧私立学校教職員共済加入者期間であったものとみなされた期間

併給の調整・その他

第11章

I 併給調整

1 併給調整の概要

改正の要点
被用者年金各法による年金給付が一元化されたことにより、条文上「他の被用者年金各法による年金たる給付」とされていたものが削除され、被用者年金制度から支給されるものは厚生年金のみとなった。

■ 改正後の年金の調整

従来の併給調整は、厚生年金保険法による他の年金給付、国民年金法による年金給付、他の被用者年金各法による年金たる給付について規定されていました。被用者年金制度の一元化に伴い、被用者年金制度から支給されるものは厚生年金のみとなり、併給調整の対象となる給付は、原則として老齢厚生年金、障害厚生年金、または遺族厚生年金の3つの給付間での調整と国民年金法による年金給付との調整となります（法第38条）。

■ 受給権者が65歳未満

受給権者が65歳未満である場合に併給できるのは、同一支給事由による年金のみです。例えば、特別支給の老齢厚生年金と遺族厚生年金は同時に受給することはできませんが、遺族基礎年金と遺族厚生年金は同時に受給することができます。

老齢厚生年金	障害厚生年金	遺族厚生年金
	障害基礎年金	遺族基礎年金

■ 受給権者が65歳以上

受給権者が65歳以上である場合は、同一支給事由による年金受給を原則としつつも、他の支給事由による年金を同時に受給できる場合もあります（法附則第17条）。

老齢厚生年金	障害厚生年金	遺族厚生年金	遺族厚生年金	老齢厚生年金	遺族厚生年金
老齢基礎年金	障害基礎年金	遺族基礎年金	老齢基礎年金	障害基礎年金	障害基礎年金

同一の支給事由に基づく給付の併給	遺族・障害者の特例による併給

📖**法第 38 条（併給の調整）**
1　障害厚生年金は、その受給権者が他の年金たる保険給付又は国民年金法による年金たる給付（当該障害厚生年金と同一の支給事由に基づいて支給される障害基礎年金を除く。）を受けることができるときは、その間、その支給を停止する。老齢厚生年金の受給権者が他の年金たる保険給付（遺族厚生年金を除く。）又は同法による年金たる給付（老齢基礎年金及び付加年金並びに障害基礎年金を除く。）を受けることができる場合における当該老齢厚生年金及び遺族厚生年金の受給権者が他の年金たる保険給付（老齢厚生年金を除く。）又は同法による年金たる給付（老齢基礎年金及び付加年金、障害基礎年金並びに当該遺族厚生年金と同一の支給事由に基づいて支給される遺族基礎年金を除く。）を受けることができる場合における当該遺族厚生年金についても、同様とする。
2　前項の規定によりその支給を停止するものとされた年金たる保険給付の受給権者は、同項の規定にかかわらず、その支給の停止の解除を申請することができる。ただし、その者に係る同項に規定する他の年金たる保険給付又は国民年金法による年金たる給付について、この項の本文若しくは次項又は他の法令の規定でこれらに相当するものとして政令で定めるものによりその支給の停止が解除されているときは、この限りでない。
3・4　（略）

📖**法附則第 17 条（併給の調整の特例）**
　第 38 条第 1 項（第 78 条の 22 の規定により読み替えて適用する場合を含む。）の規定の適用については、当分の間、同項中「遺族厚生年金を」とあるのは「遺族厚生年金（その受給権者が 65 歳に達しているものに限る。）を」と、「並びに障害基礎年金」とあるのは「並びに障害基礎年金（その受給権者が 65 歳に達しているものに限る。）」と、「老齢厚生年金を」とあるのは「老齢厚生年金（その受給権者が 65 歳に達しているものに限る。）を」と、「老齢基礎年金及び付加年金、障害基礎年金」とあるのは「老齢基礎年金及び付加年金（その受給権者が 65 歳に達しているものに限る。）、障害基礎年金（その受給権者が 65 歳に達しているものに限る。）」とする。

👉**ワンポイント――受給する年金の選択**
　併給調整が行われる給付の受給権を 2 以上取得した場合には、本人の選択によりいずれがひとつの年金を受け取ることになります。この場合には「年金受給選択申出書」の提出が必要です。また、新たな年金を受けられるようになった場合で、本人が選択届による申出を行わない場合には、従来から支給されていた年金がそのまま支給されます。受給する年金は将来に向かっていつでも選択替えが可能です。

2　2以上の種別期間がある者の併給調整

改正の要点
2以上の種別の厚生年金被保険者期間にかかる年金給付の受給権者について、年金の調整に関する規定に特例が設けられることになった。

■2以上の種別の被保険者であった期間を有する者
　第1号から第4号までの各号の厚生年金被保険者期間のうち2以上の種別の被保険者期間を有する者は、2以上の種別の年金給付を受給することになります。その場合の併給調整は次のとおりです（法第78条の22）。

1．老齢厚生年金の併給調整の特例
　老齢厚生年金は、その受給権者が他の年金給付を受けることができるときは、併給調整が行われ選択受給となります。ただし、その老齢厚生年金と同一の支給事由に基づいて支給される老齢厚生年金および遺族厚生年金、国民年金法による老齢基礎年金、付加年金、障害基礎年金は併給されます。

第2号老齢厚生年金	第2号老齢厚生年金	遺族厚生年金
第1号老齢厚生年金	第1号老齢厚生年金	第2号老齢厚生年金
		第1号老齢厚生年金
老齢基礎年金	障害基礎年金	老齢基礎年金
併給される	併給される	併給される

2．障害厚生年金の併給調整の特例
　①障害厚生年金と他の年金給付の併給調整
　障害厚生年金は、その受給権者が他の年金給付を受けることができるときは、併給調整が行われ選択受給となります。ただし、その障害厚生年金と同一の支給事由に基づいて支給される障害基礎年金は併給されます。

障害厚生年金	障害厚生年金	障害厚生年金
障害基礎年金	老齢基礎年金	遺族基礎年金
併給される	併給不可	併給不可

　②2以上の種別の障害厚生年金の受給権を取得した場合
　1の種別の厚生年金被保険者期間にかかる障害等級2級以上の障害厚生年金の受給権を有する者に、更に別の種別の厚生年金被保険者期間にかかる障害厚生年金を支給すべき事由が生じ、その障害のみで2級以上に該当している場合については、前後の障害を併合した障害の程度に応じて、障害厚生年金の額が改定されます（法第48条）。

2以上の障害厚生年金の受給権を有する場合
　①第1号厚生年金被保険者であった間に初診日がある障害厚生年金
　②第2号厚生年金被保険者であった間に初診日がある障害厚生年金

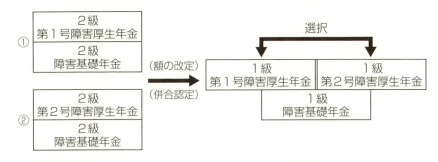

障害基礎年金について併合認定が行われ、その併合された障害の程度に応じて①と②の障害厚生年金の額が改定されるとともに、いずれか一方の障害厚生年金が支給停止されます。

3．遺族厚生年金の併給調整の特例

遺族厚生年金は、その受給権者が他の年金給付を受けることができるときは、併給調整が行われ選択受給となります。ただし、老齢厚生年金およびその遺族厚生年金と同一の支給事由に基づいて支給される遺族厚生年金、国民年金法による老齢基礎年金、付加年金、障害基礎年金およびその遺族厚生年金と同一の支給事由に基づいて支給される遺族基礎年金は併給されます。

第2号遺族厚生年金	第2号遺族厚生年金	第2号遺族厚生年金	老齢厚生年金
第1号遺族厚生年金	第1号遺族厚生年金	第1号遺族厚生年金	第2号遺族厚生年金
			第1号遺族厚生年金
遺族基礎年金	老齢基礎年金	障害基礎年金	老齢基礎年金
併給される	併給される	併給される	併給される

📖 法第78条の22（年金たる保険給付の併給の調整の特例）

第1号厚生年金被保険者期間、第2号厚生年金被保険者期間、第3号厚生年金被保険者期間又は第4号厚生年金被保険者期間（以下「各号の厚生年金被保険者期間」という。）のうち2以上の被保険者の種別に係る被保険者であった期間を有する者（以下「2以上の種別の被保険者であった期間を有する者」という。）であって、1の被保険者の種別に係る被保険者であった期間（以下「1の期間」という。）に基づく年金たる保険給付と同一の支給事由に基づく当該1の被保険者の種別と異なる他の被保険者の種別に係る被保険者であった期間（以下「他の期間」という。）に基づく年金たる保険給付を受けることができるものについて、第38条の規定を適用する場合においては、同条第1項中「遺族厚生年金を除く」とあるのは「当該老齢厚生年金と同一の支給事由に基づいて

支給される老齢厚生年金及び遺族厚生年金を除く」と、「老齢厚生年金を除く」とあるのは「老齢厚生年金及び当該遺族厚生年金と同一の支給事由に基づいて支給される遺族厚生年金を除く」とする。

📖 法第38条（併給の調整） 法第78条の22による読替え（_____部分）

1　障害厚生年金は、その受給権者が他の年金たる保険給付又は国民年金法による年金たる給付（当該障害厚生年金と同一の支給事由に基づいて支給される障害基礎年金を除く。）を受けることができるときは、その間、その支給を停止する。老齢厚生年金の受給権者が他の年金たる保険給付<u>（当該老齢厚生年金と同一の支給事由に基づいて支給される老齢厚生年金及び遺族厚生年金を除く。）</u>又は同法による年金たる給付（老齢基礎年金及び付加年金並びに障害基礎年金を除く。）を受けることができる場合における当該老齢厚生年金及び遺族厚生年金の受給権者が他の年金たる保険給付<u>（老齢厚生年金及び当該遺族厚生年金と同一の支給事由に基づいて支給される遺族厚生年金を除く。）</u>又は同法による年金たる給付（老齢基礎年金及び付加年金、障害基礎年金並びに当該遺族厚生年金と同一の支給事由に基づいて支給される遺族基礎年金を除く。）を受けることができる場合における当該遺族厚生年金についても、同様とする。
2　前項の規定によりその支給を停止するものとされた年金たる保険給付の受給権者は、同項の規定にかかわらず、その支給の停止の解除を申請することができる。ただし、その者に係る同項に規定する他の年金たる保険給付又は国民年金法による年金たる給付について、この項の本文若しくは次項又は他の法令の規定でこれらに相当するものとして政令で定めるものによりその支給の停止が解除されているときは、この限りでない。
3・4　（略）

3　申出による遺族厚生年金の支給停止

> **改正の要点**
> 配偶者自身の申出により遺族厚生年金が支給停止される場合について、子に対する遺族厚生年金の支給停止は解除されないことになった。

■ 子の遺族厚生年金の支給停止

子に対する遺族厚生年金は、配偶者が受給権を有する間は支給停止となります。例えば、厚生年金保険に加入中の夫が死亡時に生計維持関係にあり要件を満たす妻と子がいた場合、両者ともに遺族厚生年金の受給権者となりますが、妻と子の双方に遺族厚生年金が支給されるのではなく、妻に遺族厚生年金が支給され、子の遺族厚生年金は支給停止となります。

ただし、配偶者に対する遺族厚生年金が所在不明申請等の理由で支給停止となっている場合については、子に遺族厚生年金が支給されることになります。

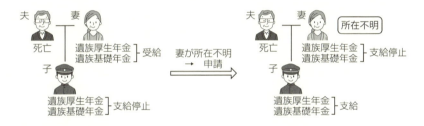

■ 申出による支給停止

受給権者が申出をした場合は年金の支給を停止することができ、いつでも当該支給停止の解除を申し出ることができます（法第38条の2）。例えば、妻に支給されている遺族厚生年金を妻自身の申出により支給停止することができます。この場合に妻の遺族厚生年金が支給停止となることを理由に、子の遺族厚生年金が支給されることはありません（法第66条）。改正前は、妻から支給停止の申出がされた場合には、子に対する遺族厚生年金の支給停止が解除されていました。

なお、遺族基礎年金の申出による支給停止について規定している国民年金法第41条に改正はなく、配偶者が支給停止の申出を行った場合には、従来どおり子に対する遺族基礎年金の支給停止の解除が行われます。

●改正前

●改正後

📖 **法第66条**

1 　子に対する遺族厚生年金は、配偶者が遺族厚生年金の受給権を有する期間、その支給を停止する。ただし、配偶者に対する遺族厚生年金が前条本文、次項本文又は次条の規定によりその支給を停止されている間は、この限りでない。

2 　配偶者に対する遺族厚生年金は、当該被保険者又は被保険者であった者の死亡について、配偶者が国民年金法による遺族基礎年金の受給権を有しない場合であって子が当該遺族基礎年金の受給権を有するときは、その間、その支給を停止する。ただし、子に対する遺族厚生年金が次条の規定によりその支給を停止されている間は、この限りでない。

Ⅱ 損害賠償請求権の特例

1 保険給付が第三者行為災害の場合

改正の要点
被用者年金各法による年金給付が一元化されたことにより、損害賠償請求権に関する規定に特例が設けられることになった。

■ 年金と損害賠償額との調整

事故が第三者の行為によって生じた場合に保険給付が行われたときは、受給権者が第三者に対して有する損害賠償の請求権を、給付の価額の限度で、政府および実施機関が取得します（法第40条）。

受給権者が第三者から同一の事由について損害賠償を受けたときは、政府および実施機関はその価額の限度で保険給付をしないことができます。この場合、2以上の種別の厚生年金被保険者期間を有する者の保険給付については、損害賠償の価額をそれぞれの厚生年金被保険者期間に基づく保険給付の価額に応じて按分した価額の限度で、保険給付をしないことができるものとされています（法第78条の25）。

```
┌─────────────┐
│第2号老齢厚生年金│  この年金受給者が
├─────────────┤  第三者行為により死亡
│第1号老齢厚生年金│
├─────────────┤          ┌─────────┐
│ 老齢基礎年金  │          │ 損害賠償 │
└─────────────┘          └─────────┘
                              ↕
                         ┌─────────┐
                         │第2号遺族厚生年金│ 按分した価額の限度で
                         ├─────────┤   保険給付をしないこと
                         │第1号遺族厚生年金│ ができる
                         └─────────┘
```

📖 法第40条（損害賠償請求権）　法78条の25（損害賠償請求権の特例）による読替え（＿＿＿部分）

1 政府等は、事故が第三者の行為によって生じた場合において、保険給付をしたときは、その給付の価額の限度で、受給権者が第三者に対して有する損害賠償の請求権を取得する。
2 前項の場合において、受給権者が、当該第三者から同一の事由について損害賠償を受けたときは、政府等は、その価額をそれぞれの保険給付の価額に応じて按分した価額の限度で、保険給付をしないことができる。

2 受給権者の申出による支給停止

改正の要点

2以上の種別の厚生年金被保険者期間を有する場合の同一支給事由に基づく年金の支給停止の申出および撤回は、同時の申出が必要となった。

■ 同一支給事由に基づく年金

　法第38条の2は、受給権者が申出をした場合に年金の支給を停止することができ、いつでも当該支給停止の解除の申出ができることを規定しています。改正により、受給権者が2以上の種別の被保険者であった期間を有する場合について、同一支給事由に基づく年金の支給停止の申出および撤回は同時に行うこととされました（法第78条の23）。例えば、第1号厚生年金被保険者期間と第2号厚生年金被保険者期間にかかる老齢厚生年金を受給中の者について、第1号老齢厚生年金の支給停止の申出を行う場合は、第2号老齢厚生年金にかかる支給停止の申出も同時に行わなければなりません。

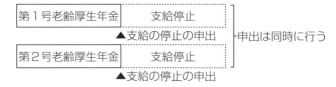

■ 他の支給事由に基づく年金

　老齢基礎年金と老齢厚生年金は別に取り扱うことになるため、第1号老齢厚生年金と第2号老齢厚生年金の支給停止の申出を行っても、老齢基礎年金については申出を行わないことも可能です。

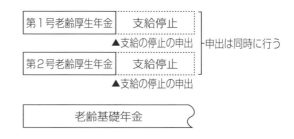

■ 支給を停止されていないものとみなす

受給権者の申出により支給を停止されている年金給付は、政令で定める法令の規定の適用については、その支給を停止されていないものとみなされます。政令で定める法令の規定には、老齢厚生年金の配偶者にかかる加給年金額の支給停止や、老齢基礎年金の振替加算額の失権等があります。例えば、老齢厚生年金の配偶者を対象とした加給年金額について、加算対象配偶者である妻が被保険者期間20年以上の特別支給の老齢厚生年金を受給できるときは、夫の老齢厚生年金に加算されている配偶者加給年金額が支給停止されます。この場合、妻が特別支給の老齢厚生年金の支給停止を申し出て、その支給が停止された場合であっても、「支給を停止されていないもの」とみなされ、配偶者加給年金額の支給停止は解除されません。

📖 法第38条の2（受給権者の申出による支給停止）
1 年金たる保険給付（この法律の他の規定又は他の法令の規定によりその全額につき支給を停止されている年金たる保険給付を除く。）は、その受給権者の申出により、その全額の支給を停止する。ただし、この法律の他の規定又は他の法令の規定によりその額の一部につき支給を停止されているときは、停止されていない部分の額の支給を停止する。
2 前項ただし書のその額の一部につき支給を停止されている年金たる保険給付について、この法律の他の規定又は他の法令の規定による支給停止が解除されたときは、前項本文の年金たる保険給付の全額の支給を停止する。
3 第1項の申出は、いつでも、将来に向かって撤回することができる。
4 第1項又は第2項の規定により支給を停止されている年金給付は、政令で定める法令の規定の適用については、その支給を停止されていないものとみなす。
5 第1項の規定による支給停止の方法その他前各項の規定の適用に関し必要な事項は、政令で定める。

📖 法第78条の23（年金たる保険給付の申出による支給停止の特例）
2以上の種別の被保険者であった期間を有する者に係る年金たる保険給付の受給権者について、1の期間に基づく第38条の2第1項に規定する年金たる保険給付についての同項の規定による申出又は同条第3項の規定による撤回は、当該1の期間に基づく年金たる保険給付と同一の支給事由に基づく他の期間に基づく年金たる保険給付についての当該申出又は当該撤回と同時に行わなければならない。

👉 ワンポイント──申出方法
自ら支給停止を申出する場合には、「老齢・障害・遺族給付支給停止申出書」を提出します。これは、ワンストップサービスの対象となりますので、2以上の種別の被保険者期間を有する場合の同一支給事由に基づく年金の支給停止については、いずれかの実施機関に提出すれば手続きが完了します。

3 保険料の徴収の特例

改正の要点
被用者年金各法による年金給付が一元化されたことにより、保険料の徴収に関する規定に特例が設けられることになった。

■ 育児休業等期間中の保険料の徴収の特例

育児休業等をしている被保険者が使用される事業所の事業主が、実施機関に申出をしたときは、育児休業等を開始した日の属する月からその育児休業等が終了する日の翌日が属する月の前月までの期間にかかる保険料（本人負担分および事業主負担分）の徴収は行われません。第2号厚生年金被保険者または第3号厚生年金被保険者がこの申出を行う時は、被保険者本人が行うこととされています（法第81条の2）。

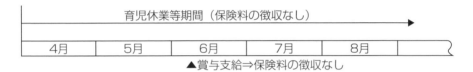

■ 産前産後休業期間中の保険料の徴収の特例

産前産後休業をしている被保険者が使用される事業所の事業主が、実施機関に申出をしたときは、産前産後休業を開始した日の属する月からその産前産後休業が終了する日の翌日が属する月の前月までの期間にかかる保険料（本人負担分および事業主負担分）の徴収は行われません。第2号厚生年金被保険者または第3号厚生年金被保険者がこの申出を行う時は、被保険者本人が行うこととされています（法第81条の2の2）。

■ 保険料の徴収等に関する法律

第2号厚生年金被保険者、第3号厚生年金被保険者、第4号厚生年金被保険者の保険料の徴収、納付および源泉控除に関する規定、保険料の滞納処分等に関する規定は下表の法律の定めるところによります（法第84条の2）。

被保険者	法律
第2号厚生年金被保険者	改正後国共済法
第3号厚生年金被保険者	改正後地共済法
第4号厚生年金被保険者	改正後私学共済法

📖 法第81条の2 (育児休業期間中の保険料の徴収の特例)

1 　育児休業等をしている被保険者 (次条の規定の適用を受けている被保険者を除く。) が使用される事業所の事業主が、主務省令で定めるところにより実施機関に申出をしたときは、前条第2項の規定にかかわらず、当該被保険者に係る保険料であってその育児休業等を開始した日の属する月からその育児休業等が終了する日の翌日が属する月の前月までの期間に係るものの徴収は行わない。

2 　第2号厚生年金被保険者又は第3号厚生年金被保険者に係る保険料について、前項の規定を適用する場合においては、同項中「除く。) が使用される事業所の事業主」とあるのは、「除く。)」とする。

📖 法第81条の2の2 (産前産後休業期間中の保険料の徴収の特例)

1 　産前産後休業をしている被保険者が使用される事業所の事業主が、主務省令で定めるところにより実施機関に申出をしたときは、第81条第2項の規定にかかわらず、当該被保険者に係る保険料であってその産前産後休業を開始した日の属する月からその産前産後休業が終了する日の翌日が属する月の前月までの期間に係るものの徴収は行わない。

2 　第2号厚生年金被保険者又は第3号厚生年金被保険者に係る保険料について、前項の規定を適用する場合においては、同項中「被保険者が使用される事業所の事業主」とあるのは、「被保険者」とする。

📖 法第84条の2 (保険料の徴収等の特例)

　第2号厚生年金被保険者、第3号厚生年金被保険者又は第4号厚生年金被保険者に係る保険料の徴収、納付及び源泉控除については、第81条の2第1項、第81条の2の2第1項、第82条第2項及び第3項並びに前3条の規定にかかわらず、共済各法の定めるところによる。

ワンポイント──事業主の賞与支払届

　保険料の徴収の特例適用により保険料の徴収が行われなくても、事業主からの賞与支払届の提出が必要です。これは、標準賞与額を含めて平均標準報酬額を計算するためであり、年金額に反映されることになります。

4 審査請求および再審査請求

改正の要点

被用者年金各法による年金給付が一元化されたことにより、厚生年金保険法に審査請求、再審査請求先が規定された。

■ 資格、標準報酬または保険給付に関する処分に不服がある場合

厚生年金保険制度における権利保護救済を迅速に行うため、特別の審査機関を設け裁判に先行させています。各号厚生年金被保険者の資格、標準報酬または保険給付に関する処分に不服がある場合は下表の審査請求先に対して不服申立てを行うことができます（法第90条）。

被保険者	審査請求先
第1号厚生年金被保険者	社会保険審査官に審査請求、社会保険審査会に再審査請求の二審制
第2号厚生年金被保険者	国家公務員共済組合審査会
第3号厚生年金被保険者	地方公務員共済組合審査会
第4号厚生年金被保険者	日本私立学校振興・共済事業団の共済審査会

第1号厚生年金被保険者が裁判所に処分の取消しの訴えを提起するのは、社会保険審査官の決定を経た後でなければできません（法第91条の3）。第1号厚生年金被保険者の審査請求をした日から2月以内に決定がないときは、審査請求人は、社会保険審査官が審査請求を棄却したものとみなすことができます。

■ 保険料その他徴収金の賦課もしくは徴収の処分等に不服がある場合

保険料その他徴収金の賦課もしくは徴収の処分等に不服がある場合については、下表の審査会に対して審査請求を行うことができます（法第91条）。

被保険者	審査請求先
第1号厚生年金被保険者	社会保険審査会
第2号厚生年金被保険者	国家公務員共済組合審査会
第3号厚生年金被保険者	地方公務員共済組合審査会
第4号厚生年金被保険者	日本私立学校振興・共済事業団の共済審査会

法第90条（審査請求及び再審査請求）
1 厚生労働大臣による被保険者の資格、標準報酬又は保険給付に関する処分に不服がある者は、社会保険審査官に対して審査請求をし、その決定に不服がある者は、社会保険審査会に対して再審査請求をすることができる。ただし、第28条の4第1項又

は第2項の規定による決定については、この限りでない。
2 次の各号に掲げる者による被保険者の資格又は保険給付に関する処分に不服がある者は、当該各号に定める者に対して審査請求をすることができる。
　一 第2条の5第1項第二号に定める者　国家公務員共済組合法に規定する国家公務員共済組合審査会
　二 第2条の5第1項第三号に定める者　地方公務員等共済組合法に規定する地方公務員共済組合審査会
　三 第2条の5第1項第四号に定める者　私立学校教職員共済法に規定する日本私立学校振興・共済事業団の共済審査会
3 第1項の審査請求をした日から2月以内に決定がないときは、審査請求人は、社会保険審査官が審査請求を棄却したものとみなすことができる。
4 第1項及び第2項の審査請求並びに第1項の再審査請求は、時効の中断に関しては、裁判上の請求とみなす。
5 被保険者の資格又は標準報酬に関する処分が確定したときは、その処分についての不服を当該処分に基づく保険給付に関する処分についての不服の理由とすることができない。
6 第2項、第4項及び前項に定めるもののほか、第2項に規定する処分についての審査請求については、共済各法の定めるところによる。

📖法第91条
1 厚生労働大臣による保険料その他この法律の規定による徴収金の賦課若しくは徴収の処分又は第86条の規定による処分に不服がある者は、社会保険審査会に対して審査請求をすることができる。
2 前条第2項第一号及び第二号に掲げる者による保険料その他この法律の規定による徴収金の賦課又は徴収の処分に不服がある者は、当該各号に定める者に対して審査請求をすることができる。
3 前条第2項第三号に掲げる者による保険料その他この法律の規定による徴収金の賦課若しくは徴収の処分又は督促若しくは国税滞納処分の例による処分に不服がある者は、同号に定める者に対して審査請求をすることができる。
4 前2項に定めるもののほか、前2項の審査請求については、共済各法の定めるところによる。

📖法第91条の3（審査請求と訴訟の関係）
第90条第1項に規定する処分の取消しの訴えは、当該処分についての審査請求に対する社会保険審査官の決定を経た後でなければ、提起することができない。

ワンポイント──障害厚生年金の審査請求
2以上の種別の厚生年金被保険者期間を有する者の障害厚生年金の処分についての審査請求は、不服の内容が事務を実施する実施機関以外に対するものであっても、とりまとめ実施機関の審査会等が審査請求の対応を行います。短期要件の遺族厚生年金についても同様です。

退職等年金給付と職域加算額

第12章

Ⅰ　退職等年金給付制度

1　退職等年金給付制度の創設

改正の要点

共済年金独自の制度である職域部分が廃止され、退職等年金給付制度が創設された。

■ 退職等年金給付制度の創設

改正前の共済年金は3階建て構造になっており、1階部分が基礎年金、2階部分が共済年金、3階部分が職域部分に分かれていました。平成27年10月1日以後は2階部分の年金が厚生年金保険に統一されたことから、共済年金独自の制度である3階部分の職域部分が廃止され、新たな3階部分として「退職等年金給付制度（年金払い退職給付）」が創設されました。退職年金、公務障害年金、公務遺族年金があります。

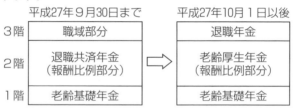

■ 退職共済年金の職域部分から退職等年金給付へ

平成27年10月1日前に退職共済年金の受給権を有している者や、平成27年9月30日までの共済年金制度の加入期間がある場合については、平成27年10月1日以後も加入期間に応じた職域部分が支給されます。一元化以後に受給する職域部分を「経過的職域加算額」といいます。平成27年9月30日までの共済年金制度の加入期間と平成27年10月1日以後の厚生年金被保険者期間の両方を有する者は、経過的職域加算額と退職等年金給付（退職年金）の両方が支給されることになります。

	平成27年9月30日までの共済期間のみ	平成27年9月30日までの共済期間と平成27年10月1日以後の厚生年金期間を有する	平成27年10月1日以後の厚生年金期間のみ
3階	職域部分	経過的職域加算額 / 退職年金	退職年金
2階	退職共済年金（報酬比例部分）	老齢厚生年金（報酬比例部分）	老齢厚生年金（報酬比例部分）
1階	老齢基礎年金	老齢基礎年金	老齢基礎年金

2 退職等年金給付の概要

▌退職年金

　退職年金は、1年以上引き続く組合員期間を有する者が退職後に65歳に達した時に支給されます。60歳以降の繰上げ、70歳までの繰下げが可能です。支給方法は、半分は終身年金（終身退職年金）、半分は有期年金（有期退職年金）となっており、支給期間は原則20年ですが、給付事由が生じてから6月以内に手続きを行った場合には、その支給期間を10年にすることができます。また、有期退職年金に代えて一時金で受給することも可能です。本人死亡の場合は、終身退職年金は終了となり、有期退職年金の残余部分は一時金として遺族に支給されます。

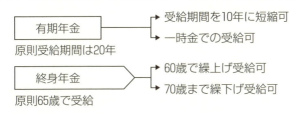

▌公務障害年金

　公務障害年金は、組合員期間内に初診日のある公務傷病により、障害認定日に障害等級の1級から3級に該当する障害状態となったときに支給されます。公務外および通勤災害は対象外です。

　「初診日」とは、該当する負傷または病気に係る傷病について初めて医師または歯科医師の診療を受けた日をいい、平成27年10月1日以降に限られます。平成27年10月1日前に初診日がある傷病（通勤災害を含む）については、経過的職域加算の対象となります。

　「障害認定日」とは、次に掲げる日の最も早い日をいいます。
・初診日から起算して1年6カ月を経過した日
・初診日から起算して1年6カ月を経過するまでにその公務傷病が治ったときは、その治った日
・初診日から起算して1年6カ月を経過するまでにその症状が固定し治療の効果が期待できない状態に至ったときは、その状態に至った日

　また、障害等級については、厚生年金保険法における障害等級と同じです。

■ 公務遺族年金

公務遺族年金は、組合員が次のいずれかに該当したときに支給されます。
① 組合員が公務による傷病により死亡したとき
② 組合員が退職後に、組合員期間中に初診日がある公務傷病により、初診日から5年以内に死亡したとき
③ 1級または2級の公務障害年金受給権者が、その原因となった公務傷病により死亡したとき

②の「初診日」とは、該当する負傷または病気に係る傷病について初めて医師または歯科医師の診療を受けた日をいい、平成27年10月1日以降に限られます。平成27年10月1日前に初診日がある傷病については、経過的職域加算の対象となります。

```
            平27.10.1
               ▼
        ┌──────────────┐
        │   組合員期間   │
        └──────────────┘
              ▲初診日（公務傷病）  ▼公務傷病により死亡
                                ┌──────────┐
                                │ 公務遺族年金 │
                                └──────────┘
```

📖 **改正後国共済法第74条（退職等年金給付の種類）**
この法律による退職等年金給付は、次に掲げる給付とする。
一　退職年金
二　公務障害年金
三　公務遺族年金

☝ **ワンポイント――在職中の停止**
退職年金は老齢厚生年金と異なり、組合員である間は年金が全額支給停止されます。公務障害年金についても障害厚生年金と異なり、組合員である間は年金が全額支給停止されます。

☝ **ワンポイント――私立学校教職員共済の「退職等年金給付」制度**
私立学校教職員共済についても、公務員の年金制度に準じた「退職等年金給付」制度が創設されました。退職年金、職務障害年金、職務遺族年金があります。

Ⅱ　職域加算額の経過措置

1　経過的職域加算額の規定の適用

改正の要点
共済加入者に支給されていた職域部分は廃止されたが、経過的に職域部分を受給できる場合について規定された。

改正前支給要件規定の適用

　共済加入者に支給されていた職域部分は、平成27年10月1日に廃止され、新たに退職等年金給付（年金払い退職給付）が創設されました。ただし、改正前共済各法の退職共済年金の職域部分および障害共済年金の職域部分の支給要件に関する規定（「改正前支給要件規定」といいます。）は、平成27年10月1日以後も旧共済組合員等期間を有する者（平成27年10月1日に改正前共済各法による退職共済年金または障害共済年金の受給権を有する者でなく、特別支給の退職共済年金または繰上げ支給の退職共済年金の受給権を有する者）に対して適用されます（改正法附則第36条）。

　この場合、改正前支給要件規定の適用に関して必要な読替えは政令で定められており、詳細については後述します（国共済経過措置政令第6条他）。

　改正前地共済法、改正前私学共済法にも同様の規定があります。以下、改正前国共済法についてのみ記載します。

改正法附則第36条（改正前国共済法による職域加算額の経過措置）
1　改正前国共済法の退職共済年金のうち改正前国共済法第77条第2項各号に定める金額に相当する給付及び改正前国共済法の障害共済年金のうち改正前国共済法第82条第1項第二号に掲げる金額に相当する給付の支給要件に関する改正前国共済法及びこの法律（附則第1条各号に掲げる規定を除く。）による改正前のその他の法律の規定（これらの規定に基づく命令の規定を含む。以下この条において「改正前支給要件規定」という。）は、旧国家公務員共済組合員期間を有する者（施行日において改正前国共済法による退職共済年金（改正前国共済法附則第12条の3又は第12条の8の規定による退職共済年金を除く。）又は障害共済年金の受給権を有する者を除く。）について、なおその効力を有する。この場合において、改正前支給要件規定の適用に関し必要な読替えその他改正前支給要件規定の適用に関し必要な事項は、政令で定める。
2　前項の規定によりなおその効力を有するものとされた改正前支給要件規定（障害を給付事由とする給付に係るものに限る。）は、その病気又は負傷に係る傷病について初めて医師又は歯科医師の診療を受けた日（以下この項及び第4項並びに附則第37条の3において「初診日」という。）が施行日前にある傷病により障害の状態となった場合について適用し、初診日が施行日以後にある傷病により障害の状態となった場合については、適用しない。

3 旧国家公務員共済組合員期間を有する者が施行日以後に死亡した場合において、その者に遺族（第5項の規定によりなおその効力を有するものとされた改正前国共済法第2条第1項第三号に規定する遺族（改正前国共済法附則第12条の2の規定の適用を受ける場合を含む。）をいう。）があるときは、改正前国共済法の遺族共済年金のうち改正前国共済法第89条第1項第一号イ（2）及びロ（2）に掲げる金額に相当する給付の支給要件に関する改正前国共済法及びこの法律（附則第1条各号に掲げる規定を除く。）による改正前のその他の法律の規定（これらの規定に基づく命令の規定を含む。以下この条において「改正前遺族支給要件規定」という。）は、当該遺族について、なおその効力を有する。この場合において、改正前遺族支給要件規定の適用に関し必要な読替えその他改正前遺族支給要件規定の適用に関し必要な事項は、政令で定める。

4 前項の規定によりなおその効力を有するものとされた改正前遺族支給要件規定は、初診日が施行日前にある傷病により死亡した場合及び初診日が施行日以後にある公務によらない傷病により死亡した場合について適用し、初診日が施行日以後にある公務による傷病により死亡した場合については、適用しない。

5 第1項又は第3項の規定によりなおその効力を有するものとされた改正前支給要件規定又は改正前遺族支給要件規定により支給される改正前国共済法による年金である給付（他の法令の規定により当該年金である給付とみなされたものを含む。以下この条、附則第37条の2及び第46条から第48条までにおいて「改正前国共済法による職域加算額」という。）については、第10項及び第11項の規定を適用する場合並びにこれらの給付の費用に関する規定を除き、改正前国共済法の長期給付に関する改正前国共済法及びこの法律（附則第1条各号に掲げる規定を除く。）による改正前のその他の法律の規定（これらの規定に基づく命令の規定を含む。）は、なおその効力を有する。この場合において、改正前国共済法第49条ただし書中「退職共済年金」とあるのは「退職共済年金若しくは遺族共済年金」と、改正前国共済法第50条ただし書中「退職共済年金及び」とあるのは「退職共済年金及び遺族共済年金並びに」と、改正前国共済法第77条第2項第一号中「組合員期間の」とあるのは「被用者年金制度の一元化等を図るための厚生年金保険法等の一部を改正する法律（平成24年法律第63号）附則第4条第十一号に規定する旧国家公務員共済組合員期間（以下「旧国家公務員共済組合員期間」という。）の」と、同項第二号中「組合員期間の」とあるのは「旧国家公務員共済組合員期間の」と、改正前国共済法第82条第1項第二号及び第2項中「組合員期間」とあるのは「旧国家公務員共済組合員期間」と、改正前国共済法第89条第1項第一号イ（2）及びロ（2）並びに第3項中「組合員期間」とあるのは「旧国家公務員共済組合員期間」とするほか、改正前国共済法の規定の適用に関し必要な読替えその他改正前国共済法の規定の適用に関し必要な事項は、政令で定める。

6～12 （略）

2 退職共済年金（経過的職域加算額）

改正の要点
退職共済年金（経過的職域加算額）の受給要件が規定された。

■ 退職共済年金（経過的職域加算額）の受給要件
1年以上の引き続く平成27年9月以前の組合員期間があり、老齢基礎年金の受給資格期間を満たしている者が65歳以上であり、かつ、退職していれば、経過的職域加算額が支給されます（国共済経過措置政令第6条により読み替えられた改正前国共済法第76条）。

受給例

1．平成27年10月1日に特別支給の退職共済年金の受給権を有している場合

2．旧共済組合員期間があり、平成27年10月1日以後受給権を有する場合

■ 退職共済年金（経過的職域加算）の額
経過的職域加算額は、平成27年10月1日前の旧共済組合員期間を基礎として、これまでの職域年金相当部分と同様に計算されます（国共済経過措置政令第8条により読み替えられた改正前国共済法第77条）。

- 旧共済期間が20年以上である場合　①＋②の額
  - ①平均標準報酬月額×1.425／1000×平成15年3月以前の旧共済期間の月数
  - ②平均標準報酬額×1.096／1000×平成15年4月以後の旧共済期間の月数
- 旧共済期間が20年未満である場合　①＋②の額
  - ①平均標準報酬月額×0.713／1000×平成15年3月以前の旧共済期間の月数
  - ②平均標準報酬額×0.548／1000×平成15年4月以後の旧共済期間の月数

※旧共済期間が20年未満であっても、20年以上とみなされる場合があります（360ページ参照）。
※従前保障の計算式が適用される場合もあります。
※給付乗率は生年月日による読替えが適用されます。

📖 **改正前国共済法第76条（退職共済年金の受給権者）　国共済経過措置政令第6条（平成24年一元化法附則第36条第1項に規定する改正前支給要件規定に関する改正前国共済法の規定の読替え）による読替え（＿＿＿部分）**

1　組合員期間を有する者が次の各号のいずれかに該当するときは、その者に旧職域加算退職給付（被用者年金制度の一元化等を図るための厚生年金保険法等の一部を改正する法律（平成24年法律第63号。以下「平成24年一元化法」という。）附則第36条第5項に規定する改正前国共済法による職域加算額のうち退職を給付事由とするものをいう。以下同じ。）を支給する。
　一　組合員期間等（組合員期間、組合員期間以外の国民年金法第5条第2項に規定する保険料納付済期間、同条第3項に規定する保険料免除期間及び同法附則第7条第1項に規定する合算対象期間を合算した期間をいう。以下同じ。）が25年以上である者が、退職した後に組合員となることなくして65歳に達したとき、又は65歳に達した日以後に退職したとき。
　二　退職した後に65歳に達した者又は65歳に達した日以後に退職した者が、組合員となることなくして組合員期間等が25年以上である者となったとき。
2　前項に定めるもののほか、組合員が、次の各号のいずれにも該当するに至ったときは、その者に旧職域加算退職給付を支給する。
　一　65歳以上であること。
　二　1年以上の組合員期間を有すること。
　三　組合員期間等が25年以上であること。

📖 **改正前国共済法第77条（退職共済年金の額）　国共済経過措置政令第8条（平成24年一元化法附則第36条第5項に規定する改正前国共済法による職域加算額に係る改正前国共済法等の規定の読替え）による読替え（＿＿＿部分）**

1　退職共済年金の額は、平均標準報酬額の1000分の5.481に相当する金額に組合員期間の月数を乗じて得た金額とする。
2　1年以上の引き続く組合員期間を有する者に支給する旧職域加算退職給付の額は、次の各号に掲げる者の区分に応じ、それぞれ当該各号に定める金額とする。
　一　組合員期間が20年以上である者　平均標準報酬額の1000分の1.096に相当する金額に組合員期間の月数と追加費用対象期間の月数を合算した月数を乗じて得た金額
　二　組合員期間が20年未満である者　平均標準報酬額の1000分の0.548に相当する金額に組合員期間の月数と追加費用対象期間の月数を合算した月数を乗じて得た金額
3　旧職域加算退職給付の額については、当該旧職域加算退職給付の受給権者の平成27年10月1日以後における組合員期間は、その算定の基礎としない。
4　（略）

3 障害共済年金（経過的職域加算額）

改正の要点
障害共済年金（経過的職域加算額）の受給要件が規定された。

■ 改正前支給要件規定の適用
障害給付の職域加算額については、その病気または負傷にかかる傷病について、初めて医師または歯科医師の診療を受けた日（初診日）が平成27年10月1日前にある傷病により障害の状態となった場合に適用され、初診日が平成27年10月1日以後にある傷病により障害の状態となった場合については適用されません（改正法附則第36条）。

■ 障害共済年金（経過的職域加算額）の受給要件

1．本来請求の障害共済年金（経過的職域加算額）
平成27年10月1日前の組合員期間中に初診日があり、障害認定日において障害等級に該当する程度の状態にある場合には、その障害の程度に応じて障害共済年金（経過的職域加算額）が支給されます。ただし、保険料納付要件を満たす必要があります（国共済経過措置政令第6条により読み替えられた改正前国共済法第81条第1・2項）。

受給例
旧共済組合員等期間中に初診日があり、
平成27年10月1日以後に障害厚生年金の受給権が発生する場合

```
                              平27.10.1
┌──────────┐
│  国家公務員  │
└──────────┘
             ▲          障害認定日（障害等級に該当）
           初診日        ▼
                    ┌─────────────┐
                    │  経過的職域加算  │
                    └─────────────┘
                    ┌─────────────┐
                    │  障害厚生年金  │
                    └─────────────┘
```

2．事後重症の障害共済年金（経過的職域加算額）
平成27年10月1日前の組合員期間中に初診日があり、障害認定日において障害等級に該当する程度の障害の状態になかった者が、65歳に達する日の前日までの間において障害等級に該当する程度の障害の状態に該当するに至ったときは、その期間内に障害共済年金（経過的職域加算額）の支給を請求することができます。ただし、保険料納付要件を満たす必要があります（国共済経過措置政令第6条により読み替えられた改正前国共済法第81条第3・4項）。

受給例
　旧共済組合員等期間中に初診日があり、
　平成27年10月1日以後に事後重症の障害厚生年金の受給権が発生する場合

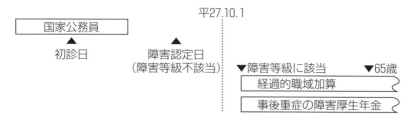

3．基準障害による障害共済年金（経過的職域加算額）

　先発の障害のあった者が平成27年10月1日前の組合員期間中に初診日のある後発の基準傷病で障害となり、基準傷病にかかる障害認定日以後65歳に達する日の前日までの間において、初めて併合して障害等級1、2級に該当する程度の障害の状態に至ったときは、基準障害と他の障害とを併合した障害の程度による障害共済年金（経過的職域加算）が支給されます。ただし、保険料納付要件を満たす必要があります（国共済経過措置政令第6条により読み替えられた改正前国共済法第81条第5・6項）。

受給例
　旧共済組合員等期間中に基準傷病の初診日があり、
　平成27年10月1日以後に基準障害の障害厚生年金の受給権が発生する場合

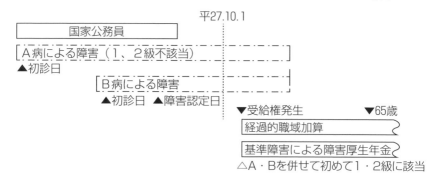

📖 改正前国共済法第81条（障害共済年金の受給権者）　国共済経過措置政令第6条（平成24年一元化法附則第36条第1項に規定する改正前支給要件規定に関する改正前国共済法の規定の読替え）による読替え（＿＿＿部分）
1　病気にかかり、又は負傷した者で、その病気又は負傷に係る傷病について初めて医師又は歯科医師の診療を受けた日（以下「初診日」という。）において組合員であったものが、当該初診日から起算して1年6月を経過した日（その期間内にその傷病が治ったとき、又はその症状が固定し治療の効果が期待できない状態に至ったときは、

当該治った日又は当該状態に至った日。以下「障害認定日」という。)において、その傷病により次項に規定する障害等級に該当する程度の障害の状態にある場合には、その障害の程度に応じて、その者に旧職域加算障害給付(平成24年一元化法附則第36条第5項に規定する改正前国共済法による職域加算額のうち障害を給付事由とするものをいう。以下同じ。)を支給する。ただし、当該傷病に係る初診日の前日において、当該初診日の属する月の前々月までに国民年金の被保険者期間があり、かつ、当該被保険者期間に係る保険料納付済期間(国民年金法第5条第2項に規定する保険料納付済期間をいう。以下同じ。)と保険料免除期間(同条第3項に規定する保険料免除期間をいう。以下同じ。)とを合算した期間が当該被保険者期間の3分の2に満たないとき(当該初診日の前日において当該初診日の属する月の前々月までの1年間のうちに当該保険料納付済期間及び当該保険料免除期間以外の国民年金の被保険者期間がないときを除く。)は、この限りでない。

2 障害等級は、平成24年一元化法第1条の規定による改正後の厚生年金保険法第47条第2項に定めるところによる。

3 病気にかかり、又は負傷した者で、その病気又は負傷に係る傷病の初診日において組合員であったもののうち、障害認定日において前項に規定する障害等級(以下「障害等級」という。)に該当する程度の障害の状態になかった者が、障害認定日後65歳に達する日の前日までの間において、その傷病により障害等級に該当する程度の障害の状態になったときは、その者は、その期間内に第1項の旧職域加算障害給付の支給を請求することができる。

4 前項の請求があったときは、第1項の規定にかかわらず、その請求をした者に同項の旧職域加算障害給付を支給する。ただし、当該傷病に係る初診日の前日において、当該初診日の属する月の前々月までに国民年金の被保険者期間があり、かつ、当該被保険者期間に係る保険料納付済期間と保険料免除期間とを合算した期間が当該被保険者期間の3分の2に満たないとき(当該初診日の前日において当該初診日の属する月の前々月までの1年間のうちに当該保険料納付済期間及び当該保険料免除期間以外の国民年金の被保険者期間がないときを除く。)は、この限りでない。

5 病気にかかり、又は負傷した者で、その病気又は負傷に係る傷病の初診日において組合員であったもののうち、その傷病(以下この項において「基準傷病」という。)以外の傷病により障害の状態にある者が、基準傷病に係る障害認定日以後65歳に達する日の前日までの間において、初めて、基準傷病による障害(以下この項において「基準障害」という。)と他の障害とを併合して障害等級の1級又は2級に該当する程度の障害の状態になったとき(基準傷病の初診日が、基準傷病以外の傷病(基準傷病以外の傷病が2以上ある場合は、基準傷病以外のすべての傷病)に係る初診日以後であるときに限る。)は、その者に基準障害と他の障害とを併合した障害の程度による障害共済年金を支給する。ただし、当該傷病に係る初診日の前日において、当該初診日の属する月の前々月までに国民年金の被保険者期間があり、かつ、当該被保険者期間に係る保険料納付済期間と保険料免除期間とを合算した期間が当該被保険者期間の3分の2に満たないとき(当該初診日の前日において当該初診日の属する月の前々月までの1年間のうちに当該保険料納付済期間及び当該保険料免除期間以外の国民年金の被保険者期間がないときを除く。)は、この限りでない。

6 前項の旧職域加算障害給付の支給は、第73条第1項の規定にかかわらず、当該障害共済年金の請求のあった月の翌月から始めるものとする。

4　遺族共済年金（経過的職域加算額）

改正の要点
遺族共済年金（経過的職域加算額）の受給要件が規定された。

■ 改正前遺族支給要件規定の適用
　旧共済組合員等期間を有する者が平成 27 年 10 月 1 日以後に死亡した場合において、その者に遺族があるときは、改正前共済各法の遺族共済年金の職域部分の支給要件に関する規定（「改正前遺族支給要件規定」）は、その遺族に対して適用されます。

　この規定は、初診日が平成 27 年 10 月 1 日以後の公務によらない傷病により死亡した場合について適用し、初診日が平成 27 年 10 月 1 日以後の公務による傷病によって死亡した場合については適用されません。

　改正前支給要件規定または改正前遺族支給要件規定により支給される改正前共済各法による年金給付については、改正前共済各法の長期給付に関する改正前共済各法およびその他の法律の規定の適用を受けます（改正法附則第 36 条第 1 項〜第 5 項）。

■ 遺族共済年金（経過的職域加算額）の受給要件
　組合員または組合員であった者が次の 1 〜 4 のいずれかに該当するときは、その者に遺族共済年金（経過的職域加算額）が支給されます。ただし、1 と 2 については、保険料納付要件を満たす必要があります（国共済経過措置政令第 6 条により読み替えられた改正前国共済法第 88 条）。

1．組合員の死亡

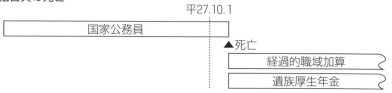

※退職等年金給付の公務障害給付を受けることができるときは支給停止されます。

2．旧共済組合員等期間中に初診日がある傷病により、その資格を喪失後にその傷病の初診日から起算して 5 年を経過する日前に死亡した場合

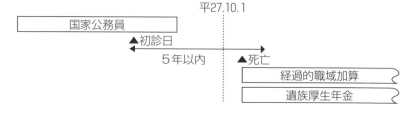

3. 障害等級の1級または2級に該当する程度の障害の状態にある障害共済年金（経過的職域加算額）等の受給権を有する者が死亡した場合

4. 退職共済年金（経過的職域加算額）等の受給権を有する者が死亡した場合。平成27年9月30日において退職共済年金、旧法による退職年金、減額退職年金および通算退職年金を受けるのに必要な期間を満たしていた者が死亡した場合

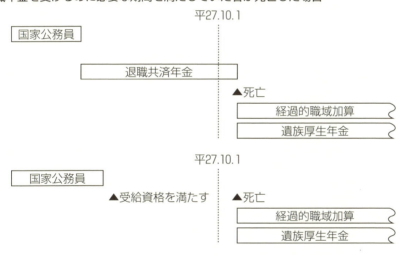

■ 遺族共済年金（経過的職域加算）の金額

遺族共済年金（経過的職域加算）の金額は、平成27年10月1日前の旧共済組合員等期間を基礎として、これまでの職域相当部分と同様に計算されます（国共済経過措置政令第8条により読み替えられた改正前国共済法第89条）。

| 短期要件の場合 | ①＋②の額 |

① 平均標準報酬月額×1.425／1000×平成15年3月以前の旧共済期間の月数×3/4
② 平均標準報酬額×1.096／1000×平成15年4月以後の旧共済期間の月数×3/4
※月数が合わせて300月未満であるときは300月あるものとみなして計算します。

> 長期要件の場合
>
> ・旧共済期間が20年以上である場合　①＋②の額
>   ①平均標準報酬月額×1.425／1000×平成15年3月以前の旧共済期間の月数×3/4
>   ②平均標準報酬額×1.096／1000×平成15年4月以後の旧共済期間の月数×3/4
> ・旧共済期間が20年未満である場合　①＋②の額
>   ①平均標準報酬月額×0.713／1000×平成15年3月以前の旧共済期間の月数×3/4
>   ②平均標準報酬額×0.548／1000×平成15年4月以後の旧共済期間の月数×3/4

※旧共済期間が20年未満であっても、20年以上とみなされる場合があります（360ページ参照）。
※従前保障の計算式が適用される場合もあります。
※長期要件の給付乗率は生年月日による読替えが適用されます。

📖 **改正前国共済法第88条（遺族共済年金の受給権者）　国共済経過措置政令第7条（平成24年一元化法附則第36条第3項に規定する改正前遺族支給要件規定に関する改正前国共済法の規定の読替え）による読替え（＿＿＿部分）**

1　組合員又は組合員であった者が次の各号のいずれかに該当するときは、その者の遺族に旧職域加算遺族給付（被用者年金制度の一元化等を図るための厚生年金保険法等の一部を改正する法律（平成24年法律第63号。以下「平成24年一元化法」という。）附則第36条第5項に規定する改正前国共済法による職域加算額（以下この項において「改正前国共済法による職域加算額」という。）のうち死亡を給付事由とするものをいう。以下同じ。）を支給する。ただし、第一号又は第二号に該当する場合にあっては、死亡した者につき、当該者が死亡した日の前日において、当該死亡した日の属する月の前々月までに国民年金の被保険者期間があり、かつ、当該被保険者期間に係る保険料納付済期間（国民年金法第5条第2項に規定する保険料納付済期間をいう。）と保険料免除期間（同条第3項に規定する保険料免除期間をいう。）とを合算した期間が当該被保険者期間の3分の2に満たないときは、この限りでない。

　一　組合員（失踪の宣告を受けた組合員であった者であって、行方不明となった当時組合員であった者を含む。）が、死亡したとき。
　二　組合員であった者が、退職後に、組合員であった間に初診日がある傷病により当該初診日から起算して5年を経過する日前に死亡したとき。
　三　障害等級の1級又は2級に該当する障害の状態にある旧職域加算障害給付（改正前国共済法による職域加算額のうち障害を給付事由とするものをいう。）又は平成24年一元化法附則第37条第1項に規定する給付（障害を給付事由とするものに限る。）の受給権者が、死亡したとき。
　四　旧職域加算退職給付（改正前国共済法による職域加算額のうち退職を給付事由とするものをいう。）又は平成24年一元化法附則第37条第1項に規定する給付（退職を給付事由とするものに限る。）の受給権者又は組合員期間等が25年以上である者が、死亡したとき。

2　前項の場合において、死亡した組合員又は組合員であった者が同項第一号から第三号までのいずれかに該当し、かつ、同項第四号にも該当するときは、その遺族が旧職域加算遺族給付を請求したときに別段の申出をした場合を除き、同項第一号から第三号までのいずれかのみに該当するものとし、同項第四号には該当しないものとする。

5　平成37年10月1日以後の遺族共済年金

改正の要点
平成37年10月1日以後に受給権が発生する遺族共済年金（経過的職域加算額）の計算方法が規定された。

■ 平成37年10月1日以後の遺族共済年金の職域加算額

　平成37年10月1日以後に受給権が発生する経過的職域加算額（公務によらない死亡に限る。）については、旧共済組合員等期間により計算した経過的職域加算額に、下表に定める割合を乗じて得た額となります（改正法附則第36条第6項）。

死亡日	乗率
平成37年10月1日～平成38年9月30日	30分の29
平成38年10月1日～平成39年9月30日	30分の28
平成39年10月1日～平成40年9月30日	30分の27
平成40年10月1日～平成41年9月30日	30分の26
平成41年10月1日～平成42年9月30日	30分の25
平成42年10月1日～平成43年9月30日	30分の24
平成43年10月1日～平成44年9月30日	30分の23
平成44年10月1日～平成45年9月30日	30分の22
平成45年10月1日～平成46年9月30日	30分の21
平成46年10月1日以降	30分の20

改正法附則第36条第6項（改正前国共済法による職域加算額の経過措置）
6　前項の規定によりなおその効力を有するものとされた改正前国共済法の遺族共済年金（公務によらない死亡を給付事由とし、かつ、その給付事由が平成37年10月1日以後に生じたものに限る。）のうち改正前国共済法第89条第1項第一号イ（2）及びロ（2）に掲げる金額に相当する給付の額は、前項の規定にかかわらず、同項の規定により読み替えて適用する同号イ（2）又はロ（2）の規定の例により算定した額に次の表の上欄（著者注：上表の左欄）に掲げる当該給付の給付事由が生じた日の属する期間の区分に応じ同表の下欄（著者注：上表の右欄）に定める割合を乗じて得た金額とする。
（以下省略）
　※　改正法附則第60条　地方公務員共済組合の場合について同様の規定あり
　※　改正法附則第78条　私立学校教職員共済の場合について同様の規定あり

6 組合員期間とみなされる期間

改正の要点
組合員期間を合算できる場合について規定された。

1年以上の期間とみなされる期間

旧国家公務員共済組合員期間を有する者のうち、1年以上の引き続く旧国家公務員共済組合員期間を有しない者であって、かつ、その期間に引き続く第2号厚生年金被保険者期間を合算した期間が1年以上となる者にかかる経過的職域加算額の適用については、1年以上引き続く国家公務員共済組合員期間を有する者とみなして適用されます（改正法附則第36条第7項）。

20年以上の期間とみなされる期間

旧国家公務員共済組合員期間を有する者のうち、旧国家公務員共済組合員期間が20年未満であって、かつ、第2号厚生年金被保険者期間を合算した期間が20年以上となる者（1年以上の引き続く旧国家公務員共済組合員期間を有する者および前述の規定により1年以上の引き続く旧国家公務員共済組合員期間を有する者とみなされる場合に限る）に対して、退職共済年金および遺族共済年金の経過的職域加算額の規定を適用するときには、組合員期間が20年以上あるとみなして適用されます（改正法附則第36条第8項）。

📖 **改正法附則第36条第7項、第8項（改正前国共済法による職域加算額の経過措置）**

7　旧国家公務員共済組合員期間を有する者のうち、1年以上の引き続く旧国家公務員共済組合員期間を有しない者であり、かつ、当該旧国家公務員共済組合員期間と当該期間に引き続く第2号厚生年金被保険者期間（附則第7条第1項の規定により第2号厚生年金被保険者期間とみなされたものを除く。次項において同じ。）とを合算した期間が1年以上となるものに係る改正前国共済法第77条第2項の規定の適用については、その者は、1年以上の引き続く組合員期間を有する者とみなす。

8　旧国家公務員共済組合員期間を有する者のうち、旧国家公務員共済組合員期間が20年未満であり、かつ、当該旧国家公務員共済組合員期間と第2号厚生年金被保険者期間とを合算した期間が20年以上となるもの（1年以上の引き続く旧国家公務員共済組合員期間を有する者及び前項の規定により1年以上の引き続く旧国家公務員共済組合員期間を有する者とみなされるものに限る。）に係る改正前国共済法第77条第2項及び第89条第1項第一号ロ（2）の規定の適用については、その者は、組合員期間が20年以上である者とみなす。

※改正法附則第60条　地方公務員共済組合の場合について同様の規定あり
※改正法附則第78条　私立学校教職員共済の場合について同様の規定あり

7 改正前国共済法の規定が適用されない場合

 改正の要点
経過的職域加算額に適用されない規定が明記された。

■ 経過的職域加算額に適用されない規定

改正前国共済法の経過的職域加算額は国家公務員共済組合連合会が支給します。また、改正前国共済法の次の規定は適用されません（改正法附則第36条第9項、第10項）。

第43条（遺族の順位）
第44条（同順位者が2人以上ある場合の給付）
第72条の3から6（再評価率の改定等）
第77条第4項（退職共済年金の退職改定）
第79条（組合員である間の退職共済年金の支給の停止等）
第80条（厚生年金保険の被保険者等である間の退職共済年金の支給の停止）
第87条（組合員である間の障害共済年金の支給の停止等）
第87条の2（厚生年金保険の被保険者等である間の障害共済年金の支給の停止）

📖 **改正法附則第36条第9項、第10項（改正前国共済法による職域加算額の経過措置）**
9　改正前国共済法による職域加算額は、国家公務員共済組合連合会が支給する。
10　改正前国共済法による職域加算額については、第5項の規定にかかわらず、改正前国共済法第43条、第44条、第72条の3から第72条の6まで、第77条第4項、第79条、第80条、第87条及び第87条の2の規定その他の政令で定める規定は、適用しない。
※改正法附則第60条　地方公務員共済組合の場合について同様の規定あり
※改正法附則第78条　私立学校教職員共済の場合について同様の規定あり

【著者プロフィール】

脇　美由紀（わき・みゆき）

特定社会保険労務士、社会福祉士、精神保健福祉士。中央大学法学部卒業。
地方銀行および社会福祉協議会勤務を経て、2006年に社労士として開業。年金業務を専門にし、北海道から沖縄の各地において、企業内研修、年金相談を行い、社労士試験受験指導、障害年金請求支援等にも携わる。また、服部年金企画の研修講師として福岡教室を担当している。

【編者プロフィール】

株式会社　服部年金企画

公的年金について、①社会保険労務士会への研修、②金融機関職員・生命保険外交員への年金基礎研修および業務推進研修、③一般企業での退職セミナー・総務向けセミナー、④個人向け研修、⑤外国年金の請求手続き、⑥特定契約者との電話年金相談、⑦障害年金サポート、⑧提携企業等との社会貢献支援事業、⑨年金関連図書販売事業、等を行っている。
出版物には「公的年金のしくみ」「年金の取り方と年金の手続き」（服部年金企画）等数々。

◆社是：正しい公的年金知識の啓蒙・普及に努め、人々の幸福実現に貢献する。

■所在地　〒164-0011　東京都中野区中央3-13-11　MGビル405号
　　　　　TEL：03-6427-8688　FAX：03-5348-6550
　　　　　http://www.hattori-nenkin.co.jp

実務に役立つ　被用者年金一元化法の詳解
―― 改正の要点と準拠法令 ――

2016年9月10日　初版第1刷発行

編　者　服　部　年　金　企　画
著　者　脇　　美　由　紀
発行者　酒　井　敬　男

発行所　株式会社ビジネス教育出版社

〒102-0074　東京都千代田区九段南4－7－13
電話　03（3221）5361（代）　／　FAX　03（3222）7878
E-mail▶info@bks.co.jp　URL▶http://www.bks.co.jp

印刷・製本／壮光舎印刷株式会社　　装丁・イラスト／㈱イオック

落丁・乱丁はお取り替えします。

ISBN 978-4-8283-0624-7

本書のコピー、スキャン、デジタル化等の無断複写は、著作権法上での例外を除き禁じられています。購入者以外の第三者による本書のいかなる電子複製も一切認められておりません。